宗教與生死

宗教哲學論集

劉見成 ◎ 著

獻辭

虔將此書敬獻我的雙親

水有源　樹有根

人生莫忘父母恩

自　序

　　人生在世，必有一死。死亡是在世存有的終極問題，可以不去理
會，甚至故意忽略，但無法迴避。總有一天，每個人終要直面相對，
不論願不願意、喜不喜歡，無可倖免。黃河九曲，終必東流；人生在
世，終有一死。事雖如此，理卻難悟。誠能了悟是理，生命必然已受
衝擊，業經反思，歷覆考研，於理方得真切體會。陸游即有詩云：「蕭
條白髮臥蓬蘆，虛讀人間萬卷書；遇事始知聞道晚，抱痾方悔養生疏。」
古云：「以銅為鏡，可以正衣冠；以史為鏡，可以明興替；以人為鏡，
可以知得失。」若然，以死為鏡，可以彰實相、立價值、安生命。人
自出生之日起即一步一步邁向死亡，人生在世終有一死。此一死亡的
必然性乃彰顯吾人生命的有限性，存在沒有永遠。更無奈的是，必然
的死亡何時、何處、何種方式發生卻是不可預測的，這又彰顯此一有
限生命的無常，存在也無永恆。死亡彰顯生命有限與無常之實相，對
此實相之了知體悟，攸關存在價值之確立與生命意義之安頓。不少臨
終病人誠言直到大限來到，終嘆該做的沒做，而想做的為時已晚並且
無能為力，方悔一生白活。死亡是反映生命整體意義的一面明鏡，故
有詩云：

　　　　生死由來無人免，只緣迷癡難直面；
　　　　年輪常轉誰得饒，不亡待盡死神牽。
　　　　出生入死命有限，無常幻滅彈指間；
　　　　白駒過隙天地客，不知意義空度年。
　　　　日過一日不復返，但得無悔成眾善；
　　　　珍惜此身盡職分，善死善生方功圓。

　　直面死亡必然通向宗教，宗教是人類的終極關懷，而死亡乃人生的終極問題，沒有死亡就沒有宗教，生死事大，宗教一家。談生論死終必涉入宗教，方得究竟圓滿；宗教化世尤以超克死亡安立生命為其基本義理與核心精神。死亡在根本上乃構成生命實相的究竟環節，要能真正活出生命，就得直面死亡。直面死亡，在宗教上，就是對生命的終極關懷，其核心精神即在於：掌握生命實相，善生善死，得生死兩安之善果，這也就是超越生死的解脫之道。此所以本書取名《宗教與生死》之義涵。

　　筆者開始真正嚴肅而認真地思考生死問題，乃緣自於攻讀博士學位期間的一樁死亡事件：所裡一位正值盛年、學術研究出色的優秀教授，卻選擇自殺結束其外人眼中美好的生命。此事件令我震驚，難以釋懷，不禁納悶：活得好好為何尋死？死生情事常盈腦際，揮之不去，這就迫使自己進入思想文化的歷史洪流中試圖尋求解答。對此問題之思考研究從未間斷，陸陸續續撰寫一些論文。書寫乃為自己解惑，釐清思路，明確觀念，期以安頓浮動不安之心。本書即收集 1998 年至2010 年之間於各類學術期刊中所發表的相關論文 16 篇，雖非美玉，卻是樸石，盡皆一己理解會意如實之言。此番結集出版，一來是對過去十幾年個人就此問題學思成果的暫時歸結，為進一步的探究提供一個方便的基礎，二則期盼帶給對此問題有興趣之同道後學一些有用的思考指引與觀念啟發，更期待得到各方善知識之不吝賜教，進而深入義諦，持續撰文析義闡理，利益眾生。是為序。

劉見成

庚寅年暮冬於涵宇書齋

目　次

死亡與生命的意義：孔孟的觀點

盡其道而死者，正命也。

——《孟子・盡心上》

《論語・述而篇》記載：「子不語怪力亂神」，這種「不語」的態度正代表孔子對於死亡與鬼神這兩個問題的基本立場，而這兩個問題與孔子有關生命意義的觀點息息相關。孔子為何對死亡與鬼神的問題抱持「不語」的態度？從孔子回答季路的話中大略可以知道其中的原因：

季路問事鬼神。子曰：「未能事人，焉能事鬼？」
曰：「敢問死？」曰：「未知生，焉知死？」（《論語・先進篇》）

很明顯，孔子把「事人」置於「事鬼」之上，亦把「生」列於「死」之上，即以人為本，以生為重。孔子並非否認鬼神與死亡的存在，孔子之所以「不語」，在其有所側重，以人生為主要的關懷，是以對鬼神之事與死亡情狀抱持「存而不論」的態度。雖然如此，孔子還是相當重視死亡與祭祀的，這突顯出孔子的別具用心，其所關心的乃是死亡的社會道德意含。

孔子當然也知道人生而必死，所謂「死生有命」（《論語・顏淵篇》），但孔子更強調：「朝聞道，夕死可矣。」（《論語・里仁篇》）宋儒朱子對此解釋曰：

道者，事物當然之理。苟得聞之，則生順死安，無復遺恨矣。
（《四書章句集註》）

道是事物當然之理，也就是為人之道，亦即完成仁義道德的生命價值。死有重於泰山輕於鴻毛，生命若能圓成道德，雖死無憾。生死大

1

事，端在義利之分，生若不能成就道德，就是人禽有別，這樣的存在，生無異於死，所以「志士仁人，無求生以害仁，有殺生以成仁。」(《論語・衛靈公篇》)死雖無可避免，但要死得其所，死得有價值，如此即死而無憾，而這正是生命的意義所在，此即宋儒朱子所言：

> 人受天所賦許多道理，自然完具無闕，需盡得這道理無欠闕，到那死時，乃是生理以盡，安於死而無憾。(《朱子語類》三十九)

又曰：

> 生死大事，仲尼云，朝聞夕死。然則道之未聞，死不得也，不但死不得，雖生在世，亦在鬼窟裡度日。蓋其死也久矣，何必死而謂之死。亦須生得，然後死得，其所以死乃所以生者也。故曰：未知生，焉知死。程子曰：死之道，即生是也，更無別理。(《古今圖書集成》明倫彙編人事典卷九十二〈生死部〉)

生命的意義在死而無憾(安於死而無愧)，死而無憾即道德生命的完成。《禮記・檀弓篇》曰：「君子曰終，小人曰死。」君子是盡到職分，圓成道德，完成做人的使命之後安然就死，這種道德生命的完成叫做「終」，此在根本上截然不同於凡庸小人輕於鴻毛的「死」。[1]孔子雖不畏死，但有終生之憂：「君子疾沒世而名不稱焉。」(《論語・衛靈公篇》)孔子之所憂並非死後遭人遺忘，而是擔心無德以供後人稱道其名。孔子曾言：

> 齊景公有馬千駟，死之日，民無德而稱焉。伯夷叔齊餓於首陽之下，民到于今稱之。(《論語・季氏篇》)

「死之日民無德而稱」，此即孔子之所憂也。明儒羅倫曰：

---

[1] 陳兵，《生與死——佛教輪迴說》，內蒙古人民出版社，1994，頁197。

> 生而必死，聖賢無異於眾人也。死而不亡，與天地並久，日月並明，其唯聖賢乎！（《一峰詩文集》）[2]

人皆有死，聖賢與眾人無異，然聖賢則有立德之不朽，「死而不亡，與天地並久，日月並明」。文天祥「人生自古誰無死，留取丹心照汗青」的詩句，正是孔子對於死亡態度的最佳寫照。

基本上，孔子對生、死及死後的關懷，都把焦點放在道德的層面，因此對於鬼神的態度，雖不否認，但也抱持存而不論的立場，這從孔子尊崇祖先、重視祭祀喪葬的情形可以看出，只是孔子並不在此議題上多所著墨，因其所側重的旨趣並不在此。孔子基本上是就傳統之宗教信仰與予一種徐復觀先生所謂之「價值的轉換」[3]，將傳統宗教的鬼神崇拜轉換為道德意識的呈現。

事實上，孔子對於祭祀鬼神非常重視並且相當認真，其言：「所重民、食、喪、祭」（《論語·堯曰篇》），「務民之義，敬鬼神而遠之」（《論語·雍也篇》），又讚美大禹說：「菲飲食而致孝乎鬼神」（《論語·八佾篇》）。從孔子對於鬼神存而不論卻又重視祭祀鬼神的態度來看，其之所重乃在祭祀這一面，而非鬼神那一方；亦即孔子之所重乃是道德上的虔敬而非鬼神之信仰崇拜，此儒家之所以不是宗教。[4]這也就是為什麼孔子說「祭鬼神」而又要「遠之」，指出「祭如在，祭神如神在」之後還要強調「吾不與祭，如不祭」的道理。很明顯，孔子對於敬事鬼神並不是從鬼神之受祭面來立論，而是從祭者的這一面向來彰顯其意義。[5]基本上，對儒家而言，祭是為生人而設的社會禮儀的一部分[6]，其主旨在於生人透過此一禮節儀式表達內心對受祭者的誠

---

[2] 轉引自鄭曉江，《中國死亡智慧》，東大圖書公司，1994，頁 31。

[3] 《中國人性論史·先秦篇》，台灣商務印書館，1982，頁 81-82。相同的觀點亦可見陳榮捷，《中國哲學與文化要義》，聯經出版事業公司，1984。

[4] 楊慶堃，〈儒家思想與中國宗教之間的功能關係〉，收於段昌國、劉紉尼、張永堂譯，《中國思想與制度論集》，聯經出版事業公司，1976，頁 319-347。

[5] 勞思光，《新編中國哲學史》（一），台北三民書局，1988，頁 140。

[6] 蒲慕州，《墓葬與生死──中國古代宗教之省思》，聯經出版事業公司，1993，頁 228-232。

敬之心、哀痛之情與思念之意。因此，若祭時不親祭（「吾不與祭」），則此禮節儀式就只是一種形式虛文，祭也就完全失去其實質意義，故「如不祭」，孔子並未認真考量是否真有鬼神在享祭。若真有鬼神在享祭並以此為著眼點，則不親祭亦有其意義，因找人代祭，鬼神亦可享祭。然而對孔子而言，其所重者乃生者所處的社會層面，祭之禮儀固在表示誠敬哀思，亦在維持現世的社會秩序，此即「禮」之精神所在。是故，孔子在論孝之意義時說：

> 生，事之以禮。死，葬之以禮，祭之以禮。（《論語・為政篇》）

「禮」者，乃純就生者而言，故孔子即反對鬼神祭拜之祈福消災的祭祀義，故說：「非其鬼而祭之，諂也。」（《論語・為政篇》）

總言之，孔子的道德取向是很明白的，在劉向《說苑・辨物篇》中所記載子貢問孔子「人死後有無知覺」一事亦清楚表明此一立場：

> 子貢問孔子：「人死，有知將無之也？」
>
> 孔子曰：「吾欲言死人有知，孝子仿生以送死也。吾欲言死人
> 　　無知也，恐不孝子孫棄親不葬也。賜欲知人死友知
> 　　將無知也，死余自知之，猶未晚矣。」

孔子並未對人死之後是否還有知覺做出明白的表示，其所著重的還是在道德意義上。王充對此倒是做了一個有趣的註解，其言：

> 聖人懼開不孝之源，故不明死無知之實。（《論衡・薄葬篇》）[7]

荀子則對孔子這種道德取向的立場做了最明白而適切的表述：

> 祭者，⋯⋯其在君子，以為人道也；其在百姓，以為鬼事也。
> （《荀子・禮論篇》）

---

[7]　王充反對鬼神的存在，他認為人死回歸自然之氣不能成鬼，有鬼之說不過是人的幻想錯覺所致。《論衡・薄葬篇》曰：「凡天地間，有鬼，非人死精神為之也，皆人思念存想之所致。」王充即是站在他「人死不為鬼」的觀點上做出此註解，但「懼開不孝之源」一語卻也突顯了儒家道德取向的立場。

而其宗旨即在於「慎終追遠，民德歸厚」的道德教化，是人道而非鬼事。

孟子之生死觀乃直承孔子的思想，亦以道德為中心。與孔子「疾沒世而名不稱」一樣，孟子亦有「終身之憂」：

> 君子有終身之憂，無一朝之患也。乃若所憂則有之；舜，人也；
> 我，亦人也。舜為法於天下，可傳於後世，我猶未免為鄉人也，
> 是則可憂也。憂之如何？如舜而已矣。（《孟子・離婁下》）

孟子之所憂即孔子之所疾，當我們的生命結束以後，是否有所成就德性功業傳於後世，為天下人之模範。

孟子也知道「死生有命」，雖然如此，我們還是要依道德而生而死，生時要成就道德，死時也要為道德而亡，道德是生的價值同時也是死的意義。生不生、死不死的抉擇端在道不道德。因此，當生命與道德有所衝突時，就必須放棄生命以成就道德。孟子論述曰：

> 魚，我所欲也；熊掌，亦我所欲也；二者不可得兼，捨魚而取
> 熊掌者也。生，亦我所欲也；義，亦我所欲也；二者不可得兼，
> 舍生而取義者也。生亦我所欲，所欲有甚於生者，故不為苟得
> 也。死亦我所惡，所惡有甚於死者，故患有所不避也。如使人
> 之所欲莫甚於生，則凡可以得生者，何不用也？使人之所惡莫
> 甚於死者，則凡可以避患者，何不為也？由是則生而有不用
> 也，由是則可以避患而有不為也。是故，所欲有甚於生者，所
> 惡有甚於死者，非獨聖賢有是心，人皆有之，賢者能勿喪耳。
> （《孟子・告子上》）

孟子在此以「魚與熊掌」譬喻「生與義」，雖然生與義二者皆是我之所欲，但若生義不可得兼，甚或生而有害於義，就必須「捨生取義」。人們皆欲生惡死，但不能背義而苟生，亦不可違義而避死。「所欲有甚於生者，所惡有甚於死者。」人有人之所以為人之道，生要遵之，死亦須循之，這是超乎生死的道德價值，這也是生命意義之所在，故孟子曰：

> 盡其道而死者，正命也。（《孟子·盡心上》）

生命之意義即在於「盡其道而死」，盡其道也就是無時無刻地做道德的修養，而道德修養的心境會在吾人形體中展現出某種光輝氣象。此即孟子的「踐形觀」，孟子說：

> 君子所性，雖大行不加焉，雖窮居不損焉，分定故也。君子所性，仁義禮智根於心，其生色也，睟然見於面，盎於背，施於四體。（《孟子·盡心上》）

孟子之性善論指出，仁義禮智等德性是天所賦予我們的天性，不會因吾人之得志窮困而有所增損。君子存心養性，誠於中而形著於外，故其容貌舉止乃自然顯發出一種「充實而有光輝」之氣象。孟子又曰：

> 形色，天性也；惟聖人然後可以踐形。（《孟子·盡心上》）

形色指形體容貌，人有人之形色，禽獸有禽獸之形色，皆秉之於天，故亦稱之為「天性」。但人與禽獸有所差別之幾希，則在於與生俱來的道德本性。所謂「踐形」，就是把人之所以為人之仁義禮智的道德本性，具體表現於形色舉止之中。[8] 若徒有人之形色而不能盡人之所以為人之善性，便不能算其為人，以其未能踐形之故，踐形實即盡性。[9] 人皆有善性，但並非人人皆可盡性，雖說人人皆可成聖，但並非人人皆是聖人，故孟子說：「惟聖人然後可以踐形」。人能踐形盡性

---

[8] 蔡仁厚教授指出，孟子所謂「踐形」可有二層意思：一是把人之所以為人的仁義之性，具體而充分地實現於形色動靜之間；二是把五官百體所潛存的功能作用，徹底發揮出來，以期在客觀實踐上有所建樹。（《孔孟荀哲學》，學生書局，1990，頁 258）前者可稱之為「道德義的踐形」，後者為「生理功能義的踐形」。然孟子在此是說「惟聖人然後可以踐形」，當是指「道德義的踐形」。若言「生理功能義的踐形」，則聖人亦有所不能踐之處，反到小人凡夫亦有踐形之功。是故，「道德義的踐形」方為孔孟義理之旨趣所在。

[9] 焦循《孟子正義》曰：「按此章乃孟子言人性之善，異乎禽獸也。形色即天性。禽獸之形色不同乎人，故禽獸之性不同乎人。惟其為人之形，人之色，所以為人之性。聖人盡人之性，正所以踐人之形。苟拂乎人性之善，則以人之形而入於禽獸矣，不踐形矣。」焦循之說，即以踐形為盡性。

就是聖人，聖人踐形盡性，則其視聽言動渾全只是德性天理在其形色之中的具體展現，善性自然流露於其形色之光輝氣象中，動容行止無不合乎仁義道德。

　　依上所述，孔孟有關死亡與生命意義之觀點，可稱之為「道德的生死觀」，其根本精神不在追求死後生命的解脫，而在於完成現世生命道德人格的圓滿。

死亡與生命的意義：荀子的觀點

人之所欲生甚矣，人之所惡死甚矣，然而有從生成死者，
非不欲生而欲死也，不可以生而可以死也。

——《荀子·正名篇》

一、引言

　　死生雖然事大，但「何謂生？」「何謂死？」依然是一難解之結。

　　孔子「未能事人，焉能事鬼」之言，似乎隱含人死之後尚有某種生命形式存在之意，但又是孔子所「不語」者，顯然此非其所重，其旨要還在於「事人」。是故，基於孔子「未知生焉知死」之訓示，儒者其一輩子的重大使命乃在於為個人的生命活出意義與價值，亦即成就道德人格之圓滿。一個體生命若不能活出意義，則雖生猶死；反之，則雖死猶生，德稱其名乃得一精神性之不朽。這就是儒家「道德的生死觀」。[1]

　　荀子之思路並非儒家正宗的重仁系統，[2]然其對生命的基本態度仍是儒家的立場。相對而言，荀子對於「何謂生？」「何謂死？」則有確切的界定，而且明白地表示無鬼的存在，根本上否定人死後仍有某種生命形式（死後生命，after-life）的存在。

二、生死之義

　　荀子關於生與死的基本看法，表現於下述命題：

1　劉見成，〈死亡與生命的意義：孔孟的觀點〉，頁 49。
2　蔡仁厚，《孔孟荀哲學》，頁 530。

> 生，人之始也；死，人之終也。（《荀子・禮運篇》）

出生是個體人生的開端，死亡則是個體生命的終結。荀子所界定的生命即指一個人從出生到死亡之間活著的期限。如此的看法即蘊涵「無死後生命」的觀念，通俗地說就是人死並不為鬼。

三、無鬼論

與孔子關於鬼之「存而不論」的立場不同，荀子是徹底否定鬼之存在的。既然無鬼，但為何又會有見鬼之說？對此荀子舉了一個有趣的例子：

> 夏首之南有人焉，曰涓蜀梁。其為人也，愚而善畏。明月而宵行，俯見其影，以為伏鬼也；仰視其髮，以為立魅也。背而走，比至其家，失氣而死，豈不哀哉？（《荀子・解蔽篇》）

涓蜀梁的悲劇正說明了：所謂的「鬼」，是由於人心無知畏懼所產生的一種錯覺、幻覺，人在神智不情、精神恍惚之時，就很容易把某某東西誤認為鬼，此即荀子所謂：

> 凡人之有鬼，必以其感忽之間、疑玄之時正之。此人之所以無有而有無之時也。（《荀子・解蔽篇》）

依此，在荀子看來，迷信有鬼是既愚蠢又可笑，就如有人因風濕麻痺，不去求醫，卻打鼓殺豬去驅鬼，結果只是打破了鼓，白殺了豬，卻根本無法把病治好。[3]

總之，荀子是抱持「無鬼論」的思想，根本否定鬼的存在。「死，人之終也」，肉體的死亡就是個體生命的完全終結，人死並不為鬼。而荀子「無鬼論」的思想，與其「形具而神生」之「氣的宇宙論」思想是一致的。

---

[3] 《荀子・解蔽篇》：「故傷於濕而痺，痺而擊鼓烹豚，則必有蔽鼓喪豚之費矣，而未有俞疾之福也。」

四、氣的宇宙論

《荀子・王制篇》中提到：

> 水火有氣而無生，草木有生而無知，禽獸有知而無義，人有氣
> 有生有知亦且有義，故最為天下貴也。

在這段文字裡，重要的思想有兩點：第一，天地萬物皆有氣，也就是說，氣是構成天地萬物與人類的基本物質，雖然人與水火、草木、禽獸有很大的差別，而「最為天下貴」，但皆是由氣所構成的。第二，荀子的話中，隱含著一種「存在階層論」的思想，[4]雖然所有的存在皆由氣所構成，但下層的存在即不具有上層存在的屬性：

水火：氣
草木：氣＋生
禽獸：氣＋生＋知
人類：氣＋生＋知＋義

荀子在此將天地萬物之存在分為四個層次：最為天下貴的最高層次是有氣、有生命、有知覺與有仁義道德的人，第二層次是有氣、有生命、有知覺但無仁義道德的禽獸（動物），第三層次是有氣、有生命，但沒有知覺亦無仁義道德的草木（植物），但第四層次則是僅有氣而無生、無知亦無義的水火（指無機物）。人、動物、植物與無機物雖是不同的存在，但有一共同處即它們皆「有氣」，這也就是說，氣是構成這些不同存在的共同要素。以氣作為基礎，天地萬物皆是陰

4　英國學者李約瑟先生指出，荀子在此表現出一種「靈魂階梯」的理論。（李約瑟，《中國古代科學思想史》，頁 26-28）但依荀子唯氣（物）的自然主義立場，這種非物質性的靈魂觀念，並不恰當，易生誤解。事實上，荀子在此所表示的是一種「唯氣（物）的存在階層論」。此外，基於荀子對於生死之界定，「死，人之終也」，人死並不為鬼，則李氏靈魂之說，實是錯誤的解釋。

陽氣化的自然結果，一切都是「天地之變，陰陽之化」（《荀子‧天論篇》），這就是荀子陰陽氣化的自然觀。

荀子又指出此大自然的運行有其常則，不會因人們之好壞喜惡而有所改變，其云：

> 天行有常，不為堯存，不為桀亡。
> 天不為人之惡寒也，輟冬；地不為人之惡遼遠也，輟廣。（《荀子‧天論篇》）

而且此大自然（天地）的運行乃是無有作為、無有目的的自然而然，即「不為而成，不求而得，夫是之謂天職。」（《荀子‧天論篇》）大自然之職務如此（天職），則四時行焉，萬物生焉，荀子如此總結陰陽氣化天地萬物的自然過程，他說：

> 列星隨旋，日月遞炤，四時代御，陰陽大化，風雨博施，萬物各得其和以生，各得其養以成，不見其事而見其功，夫是之謂神。皆知其所以成，莫知其無形，夫是之天「功」。（《荀子‧天論篇》）

在此大自然的運行中，我們僅看到大自然生成萬物的結果，而看不到它生成萬物的過程形跡，故稱之為「神」（不可測度之奧秘），或「天功」。人作為萬物之一，亦是大自然無為自然的生成結果。而也就是由於此天職、天功自然作用的結果，人乃有了形體以及耳目口鼻心等生理器官，進一步在此生理器官的基礎上，人的精神活動亦因此而產生出來，人之好惡喜怒哀樂等情感即含具其中，因其受之自然，故稱之為「天情」。而人之五官各有其不同的功能作用而不可相互代替，心則是五官之主，統合五官之作用，此即荀子所謂：

> 天職既立，天功既成，形具而神生，好惡喜怒哀樂藏焉，夫是之謂天情。耳目口鼻形能各有接而不相能也，夫是之謂天官。心居中虛，以治五官，夫是之謂天君。（《荀子‧天論篇》）

　　荀子在揭示了「形具而神生」之一般性綱領後，又指出吾人的眼、耳、鼻、口、身等五官能「各有接而不相能」，即不同的感官有其特殊的精神機能，而心除了「居中虛，以治五官」之外，亦有其特殊之精神作用。具體之分析如下：

> 形體、色、理，以目異；聲音清濁，調竽奇聲，以耳異；甘、苦、鹹、淡、辛、酸、奇味，以口異；香、臭、芬、郁、腥、臊、漏、庮、奇臭，以鼻異；疾、癢、凔、熱、滑、鈹、輕、重，以形體異；說、故、喜、怒、哀、樂、愛、惡、慾，以心異。（《荀子・正名篇》）

這段文字說明了，吾人關於色、聲、香、味、觸等外部感覺的區辨是奠基在眼、耳、鼻、口、形不同的生理基礎之上的，而內在的心理狀態則因心而有不同。此外，心除了有其自身的特殊機能之外，它尚有治五官的統整機能，此機能是使目能見色、耳能聞聲等作用之所以可能的必要條件，由此亦構成吾人之認知，其言：

> 心不使焉，則白黑在前而目不見，雷鼓在側而耳不聞。（《荀子・解蔽篇》）

又言：

> 心有徵知。徵知，則緣耳而知聲可也，緣目而知形可也。然而徵知必將待天官之當薄其類然後可也。（《荀子・正名篇》）

徵知即所謂的知覺（perception），心的知覺作用是奠基在五官的感覺（sensation）上，文中所謂「徵知必侍天官之薄其類」，「薄」指接觸、收受之意。此皆顯示出心對於吾人形體與精神之主宰地位，故荀子說：

> 心者，形之君也，而神明之主也。（《荀子・解蔽篇》）

　　荀子此一「形具而神生」的觀點，乃指出精神活動對於吾人生理器官（即形體）之依附性，精神活動必須在生理器官之中才能具體發

13

用，而且形體在時間、次序上乃是先於精神之產生而為首出的，亦即形乃神產生的必要條件。若如此理解得當的話，則荀子「形具而神生」的觀點即邏輯地蘊涵「形亡神滅」的結論。此一觀點即構成荀子界定生死之義與無鬼說的理論基礎：形亡神滅無知覺，「死，人之終也」，人死即歸於虛無並不為鬼。

五、禮運：依禮成文

荀子言：「禮者，謹於治生死者也。」（《荀子‧禮運篇》）但如上所述，既然無鬼，則事生送死喪祭之禮其主要功能為何？根據傳統的看法，禮始於遠古先民的祭祀。[5] 所以，許慎《說文解字》：「禮，履也，所以事神致福也。」，此意味著禮有著濃厚的鬼神崇拜、祈福消災之義。然這樣的意思恰恰是荀子所反對的，基於自然主義的觀點，荀子批判了此種祈福消災的鬼神迷信，其言曰：

> 雩而雨，何也？曰：無何也，猶不雩而雨也。日月食而救之，天旱而雩，卜筮然後決大事，非以為得求也，以文之也。故君子以為文，而百姓以為神。（《荀子‧天論篇》）

祭神求雨而下了雨就好像不祭神而下雨一般，乃自然的現象，並非求神降福所致。像日月蝕發生時的打鼓擊盤呼救、久旱不雨的祈禱祭祀求雨、遭逢大事時的占卜吉凶以作決定等等的儀式，並不是因為真能祈求到什麼，而是一種政事上的文飾；也就是說，這些儀式並非對鬼神祈福消災之舉，而是一種人文化成的活動。相同地，作為事生送死的禮其根本精神就不是鬼神的祭祀，也是一種人文化成的儀式活動。「禮之大凡：事生，飾歡也；送死，飾哀也。」（《荀子‧大略篇》）事生送死之禮根本上是一種文飾活動，非關鬼神之事，故荀子言：

5　韋政通，《荀子與古代哲學》，頁 189。

> 禮者，謹於治生死者也。生，人之始也。死，人之終也。終始
> 俱善，人道矣，故君子敬始而慎終。終始如一，是君子之道，
> 禮義之文也。（《荀子・禮運篇》）

生是人的開始，而死是人的結束，禮的主要功能即是用以處理這些生
死大事，而且從生至死都要始終如一，生要事之以禮，死亦要葬之以
禮，祭之以禮，此是「人道」，是「君子之道，禮義之文」，非關鬼事，
其義甚明。

此外，荀子之論喪葬祭祀之禮，其義皆貫徹一致：

> 喪禮者，以生者飾死者也，大象其生以送其死也。故事死如生，
> 事亡如存，始終一也。……凡禮，事生，飾歡也；送死，飾哀
> 也；祭祀，飾敬也。……故喪禮者，無它焉，明死生之義，送
> 以哀敬而終周藏也。故葬埋，敬藏其形也；祭祀，敬事其神也，
> 其銘誄繫世敬傳其名也。事生，飾始也；送死，飾終也；終始
> 具而孝子之事畢，聖人之道備矣。（《荀子・禮運篇》）

喪葬祭祀之禮主要在於明「死生之義」──「生，人之始也；死，人
之終也」，而用一種哀思誠敬的心將其形體埋葬並祭祀之。此即孔子
論孝之本義：「生，事之以禮。死，葬之以禮，祭之以禮。」（《論語・
為政篇》）祭祀，在君子而言是用來表達對死者的哀敬思慕之情，然
而一般老百姓不明事理卻以為是在祭拜鬼神，消災祈福。此即荀子
所言：

> 祭者，志意思慕之情也，忠信愛敬之至矣，禮節文貌之盛
> 矣。……其在君子，以為人道也；其在百姓，以為鬼事也。……
> 哀夫！敬夫！事死如事生，事亡如事存，狀乎無形影，然後成
> 文。（《荀子・禮運篇》）

由上所述，明顯可見荀子以喪葬祭祀之禮皆為「人道」而非「鬼事」，
其宗旨在於成就忠信愛敬禮節文貌至盛之人文教化。

六、大哉、死乎！

生死大義在於「生，事之以禮。死，葬之以禮，祭之以禮」，這是一個從生至死依禮成之的過程。《荀子・大略篇》中記載了一段子貢與孔子之間的精彩對話：

> 子貢問於孔子曰：「賜倦於學矣，願息事君。」
> 孔子曰：「《詩》云：『溫恭朝夕，執事有恪。』事君難，事君
> 孔子曰：焉可息哉！」
> 孔子曰：「然則賜願息事親。」
> 孔子曰：「《詩云：『孝子不匱，永錫爾類。』事親難，事親焉
> 孔子曰：可息哉！》」
> 孔子曰「然則賜願息於妻子。」
> 孔子曰：「《詩》云：『刑于寡妻，至于兄弟，以御於家邦！』
> 孔子曰「妻子難，妻子焉可息哉！」
> 孔子曰「然則賜願息於朋友。」
> 孔子曰：「《詩》云：『朋友攸攝，攝以威儀。』朋友難，朋友
> 孔子曰「焉可息哉？」
> 孔子曰：「然則賜願息耕。」
> 孔子曰：「《詩》云：『晝爾於茅，宵爾索綯，亟其乘屋，其始
> 孔子曰：播百穀。』耕難，耕焉可息哉！」
> 孔子曰：「然則無息者乎？」
> 孔子曰：「望其壙，皋如也，巔如也，鬲如也，此則知所息矣。」
> 子貢曰：「大哉，死乎？君子息焉，小人休焉。」

孔子告誡子貢，從生至死之事君、事親、事妻子、事朋友、事耕等人生中的種種，這些都是吾人要戰戰兢兢、永不懈怠而且是至死方休的實踐過程。在整個從生至死依禮成文的人生過程中，生要依乎禮，死也依乎禮，如此就是成就德行操守，才是一個完美的人。「生

乎由是，死乎由是，夫是之謂德操。德操然後能定，能定然後能應，能定能應，夫是之謂成人。」（《荀子・勸學篇》）誠如孟子所言「生亦我所欲，死亦我所惡」，人們皆欲生惡死，但「所欲有甚於生者，所惡有甚於死者」（《孟子・告子上》），荀子亦言：

> 人之所欲生甚矣，人之所惡死甚矣，然而有人從生成死者，非不欲生而欲死也，不可以生而可以死也。（《荀子・正名篇》）

　　人之欲生惡死極甚，卻有人棄生就死，端在於「不可以生而可以死」，這其中的「可以不可以」，就是「生乎由是，死乎由是」的依禮成德，亦即「義之所在，生死以之。」[6]荀子言：「君子……畏患而不避義死。」（《荀子・不苟篇》）所以，吾人雖皆欲生惡死，但不可背義而苟生，亦不可違義而避死。義是生的規範同時也是死的依據，吾人生不生、死不死的抉擇端在於義之可與不可，而這就是吾人生命意義之所在。生命本身是沒有意義的，它就只是活著，光只是活著本身並非生命的意義，但它是一切意義的基礎，吾人必須在這基礎之上依義活出價值，其實踐是從生至死無法懈怠的過程。死亡之要義在於為此生命意義的實踐劃上一個完美的句點——死無愧而德不朽。

6　蔡仁厚，《孔孟荀哲學》，頁135。

參考文獻

北大哲學系（1983），《荀子新注》（台北：里仁書局）。

熊公哲（1984），《荀子今註今譯》（台北：商務印書館）。

蔣南華等（1995），《荀子全譯》（貴州人民出版社）。

馮友蘭（1991），《中國哲學史新編》（台北：藍燈文化事業股份有限公司）。

蔡仁厚（1980），《孔孟荀哲學》（台北：學生書局）。

韋政通（1992），《荀子與古代哲學》（台北：商務印書館）。

李約瑟（1990），《中國古代科學思想史》（江西人民出版社）。

劉見成（1998），〈死亡與生命的意義：孔孟的觀點〉，《中國文化月刊》，第
225 期，頁 43-50。

死亡與生命的意義：《列子》中的觀點

矜一時之毀譽，以焦苦其神形，要死後數百年中餘名，豈足潤枯骨？何生之樂哉？

——《列子‧楊朱篇》

有耳莫洗潁川水，有口莫食首陽蕨。
含光混世貴無名，何用孤高比雲月。
吾觀自古賢達人，功成不退皆殞身。
子胥既棄吳江上，屈原終投湘水濱。
陸機雄才豈自保，李斯稅駕苦不早。
華亭鶴唳詎可聞，上蔡蒼鷹何足道。
君不見吳中張翰稱達生，秋風忽憶江東行。
且樂生前一杯酒，何須身後千載名。

——李白《行路難》三首之三

有生必有死，早終非命促。
昨暮同為人，今旦在鬼錄。
魂氣散何之？枯形寄空木，
嬌兒索父啼，良友撫我哭；
得失不復知，是非安能覺！
千秋萬歲後，誰知榮與辱；
但恨在世時，飲酒不得足。

——陶淵明《挽歌》三首之一

一、引言：列子其人其書

列子其人，並不見立傳於司馬遷之《史記》中，而《莊子・天下篇》在綜述各家要旨時亦未談及列子，因此難怪有人要懷疑列子可能只是一個子虛烏有的寓言人物，實無其人，如宋代高似孫即說：

> 觀太史公殊不傳列子，如莊周所載許由、務光之事。漢去古未遠也，許由、務光往往可稽，遷猶疑之，所謂（列）禦寇之說，獨見於寓言耳，遷於此詎得不致疑耶？周之末篇（《莊子・天下篇》）敘墨翟、禽滑厘、慎到、田駢、關尹之徒以及于周，而禦寇獨不在其列，豈禦寇者，其亦所謂鴻蒙，列缺者歟？（子略卷二）[1]

雖然太史公的《史記》並未為列子立傳，但列子的事蹟卻散見於《莊子》、《戰國策》、《呂氏春秋》、《韓非子》、《尸子》等先秦典籍之中。[2]此外，雖說《莊子・天下篇》中也沒有提到列子，但《莊子》書中〈逍遙遊篇〉、〈應帝王篇〉、〈至樂篇〉、〈達生篇〉、〈田子方篇〉、〈讓王篇〉中均有陳述列子其人及其事蹟，並有〈列禦寇篇〉之專章。而《戰國策・韓策》中亦記載了韓使者史疾研究列子學說之事蹟：

> 史疾為韓使楚，楚王周曰：「客何方所循？」
> 曰：「治列子圉（通禦）寇之言。」
> 曰：「貴正。」
> 王曰：「王亦可為國乎？」
> 曰：「可。」
> 王曰：「楚國多盜。正可以圉盜乎？」曰：「可。」

---

[1] 轉引自莊萬壽，《新譯列子讀本》（三民書局，1993 七版），頁 1。
[2] 參見莊萬壽，《新譯列子讀本》，徐漢昌，《先秦諸子》（台灣書店，1997），何淑貞，《走出頹廢的列子》（尚友出版社，1981）。

此明言韓使者史疾研究列子學說（治列子圄寇之言），則列子應該不是子虛烏有的人物了。[3]今之學者大抵認為列子實有其人。[4]

　　列子實有其人，但《列子》其書則更多爭議，眾說紛紜，莫衷一是。或謂《列子》一書不可信，乃晉人所偽。[5]或謂秦漢之際治黃老言者所綴輯而成。[6]或說是根據列子殘卷，糅雜了秦漢以前的一些古書（主要是莊子）及魏晉資料編集而成，代表某些魏晉人的思想。[7]或言《列子》雖非先秦全書，雖有後人薈萃補綴之跡，然其中蘊藏了列子之真言。[8]

　　茲不論《列子》之成書過程如何，是否為列子所作，此書到了唐天寶元年被封為《沖虛真經》，與《道德真經》（即《老子》）、《南華真經》（即《莊子》）並奉為道教的三大聖典，而列子其人也被尊封為「沖虛真人」。[9]

　　此外，僅就我們所要探討的主題而言，《列子》一書中表現了某種深刻的生死觀，這種一般稱之為享樂主義的生死觀，雖然與中國思

---

[3]　莊萬壽，《新譯列子讀本》，頁 1-2。

[4]　參見宇野精一主編，邱棨鐊譯，《中國思想之研究(二)道家與道志思想》（幼師文化事業公司，1979 再版），何淑貞，《走出頹廢的列子》，楊伯峻，《列子集釋》（華正書局，1987），羅光，《中國哲學思想史——先秦篇》（學生書局，1987），徐復觀，《中國人性論史》（台灣商務印書館，1988 九版），莊萬壽，《新譯列子讀本》，徐漢昌，《先秦諸子》等。

[5]　參見《偽書通考》（宏業書局，1979 再版），胡適，《中國哲學史大綱（卷上）》（里仁書局，1982），鄭樹良編，《續偽書通考》（學生書局，1984），楊伯峻，《列子集釋》，慕容貞點校，《道教三經合璧》（浙江古籍出版社，1991），錢憲民，《快樂的哲學——中國人生哲學史》（洪葉文化事業有公司，1996）。

[6]　參見徐復觀，《中國人性論史》。

[7]　參見何淑貞，《走出頹廢的列子》，莊萬壽，《新譯列子讀本》，嚴靈峰，《列子辯誣及其中心思想》（文史哲出版社，1994）。

[8]　參見周紹賢，《列子要義》（台灣中華書局，1983）。

[9]　《舊唐書‧儀禮志》：「天寶元年（七四二年）二月丙申，詔史記古今人表，玄元皇帝昇入上聖，莊子號南華真人，文子號通元真人，列子號沖虛真人，庚桑子號洞虛真人。改莊子為南華真經，文子為通玄真經，列子為沖虛真經，庚桑子為洞虛真經。」

想文化主流格格不入，似乎是難登大雅之堂，但卻是世俗生活世界中佔有重要地位的人生哲學。

二、生死大義

　　《列子》一書中關於生死之基本論點，可以「有生必有死」一命題表示之，在〈天瑞篇〉及〈楊朱篇〉中反覆論述了此一觀點。

　　〈天瑞篇〉中記載，列子游於太山，見榮啟期行乎郕之野，粗裘帶索，鼓琴而歌。列子問曰：「先生所以樂，何也？」書中即透過九十歲的榮啟期答以人生三樂，而帶出「死者人之終也」的觀點。[10]綜觀人之一生，死亡是人生變化的最後一個階段：

> 人自生至終，大化有四：嬰孩也，少壯也，老耄也，死亡也。
> （〈天瑞篇〉）

　　若有人不知此「有生必有死」、「死者人之終」之理，而妄求長生不死，則是生命的一大迷惑：

> 生者，理之必終者也。終者不得不終，亦如生者不得不生。而欲恒其生，畫其終，惑於數也。（〈天瑞篇〉）

　　〈楊朱篇〉中記載孟孫陽問楊朱：「有人於此，貴生愛身，以蘄（同祈，求之意）不死，可乎？」楊朱即堅決而斷然回答他說：「理無不死。」因此在〈楊朱篇〉中即加強了「人皆有死」的論證，其中有兩段文字是具有強大說服力的，其一：

> 楊朱曰：「萬物所異者生也，所同者死也。生則有賢愚貴賤，
> 是所異也；死則有臭腐消滅是所同也。……十年亦死，百年亦

---

[10] 榮啟期之三樂：天生萬物，唯人最貴。而吾得為人，是一樂也。男女之別，男尊女婢，故以男為貴。吾既得為男矣，是二樂也。人生有不見天日不免襁褓者，吾既已行年九十矣，是三樂也。

死。仁聖亦死，凶愚亦死。生則堯舜，死則腐骨；生死桀紂，死則腐骨。腐骨一矣，孰知其異？」（〈楊朱篇〉）

其二：

> 楊朱曰：「天下之美歸之舜禹周孔，天下之惡歸之桀紂。……凡彼四聖者，生無一日之歡，死有萬世之名。名者，固非實之所取也。雖稱之弗知，雖賞之不知，與株塊無以異矣。……彼二凶也，生有從欲之歡，死被愚暴之名。實者，固非名之所與也，雖毀之不知，雖稱之弗知，此與株塊奚以異矣。彼四聖雖美之所歸，苦以至終，同歸於死矣。彼二凶雖惡之所歸，樂以至終，亦同歸於死矣。」（〈楊朱篇〉）

人生在世，十年也好，百年也好，是有德的賢人，還是凡夫俗子，是聰明還是愚笨，是富貴還是貧賤，最後終不免一死，死後就是白骨一堆，再也沒有什麼差別。縱使像舜禹周孔等聖人，「死有萬世之名」，像桀紂等暴君，「死被愚暴之名」，也都是「同歸於死」，而死後「雖稱之弗知，雖賞之不知，雖毀之不知，與株塊無以異矣。」「死者人之終也」，人有生必有死，人同歸於死，這是《列子》書中有關生死大義之基調，明白可見。但是，從生至死的大化過程是何般景況？生與死之關係又如何呢？

人不只是必有一死，確切地說，人的一生就是步步邁向死亡的過程，〈天瑞篇〉中所言：「人自生至終，大化有四：嬰孩也，少壯也，老耄也，死亡也。」死亡本身就是人生大化中密切相屬的一部份，而且是人生的最後一個階段，「死者人之終也」的意涵正在於此。人，正如德國哲學家 M. Heidderger 所言，是「向死的存在」（Being-unto-death），《列子》書中則是如此表述此一意思：

> 物損于彼者盈于此，成於此者虧於彼。損盈成虧，隨世（生）隨死。……亦如人自世至老，貌色智態，亡日不異；皮膚爪發，隨世（生）隨落，非嬰孩時有停而不易也。（〈天瑞篇〉）

生與死之關係：生命過程就是邁向死亡的過程，死亡是生命的一部份，死亡是生命的終點、結束。然而，人們難免好奇而疑問，人死之後又是如何呢？《列子》書中明確肯斷死亡的終極性，人死即一了百了，白骨一堆，別無他物。前述舜禹周孔桀紂死後所被之美名惡名，「稱之弗知」、「毀之不知」、「賞之不知」，人死之後一如木頭土塊，再無知覺，並無死後生命（life after death）之存在。〈天瑞篇〉中即以「杞人憂天」的故事，以明「生不知死，死不知生」的情況：

> 杞國有人憂天地崩墜，身亡所寄，廢寢食者；又有憂彼之所憂者，因往曉之。……子列子聞而笑曰：「言天地壞者亦謬，言天地不壞者亦謬。壞與不壞，吾所不能知也。雖然彼一也，此一也。故生不知死，死不知生；來不知去，去不知來。壞與不壞，吾何容心哉？」

天地是否崩墜，是吾人所不能知也，同理，吾人活著之時，並不能經驗死亡，故而生不知死；而當吾人已死，則再也不能經驗到生，故死不知生。「生不知死，死不知生」，正如古希臘哲學家伊壁鳩魯之言：

> 一切惡中最可怕的──死亡──對我們是無足輕重的，因為當我們存在時，死亡對於我們還沒有來，而當死亡時，我們已經不存在了。因此死對於生者和死者都不相干；因為對於生者來說，死是不存在的，而死者本身根本就不存在了。[11]

死亡作為生命密切相關的一部份，僅僅在於死亡是生命的終點，死後的世界根本與生命無關，這就是奧地利哲學家 L. Wittgenstein 所言：「死亡不是生命中的事件。我們無法活著經歷死亡。」[12]

---

[11] 伊壁鳩魯，〈致美諾寇的信〉，收於《古希臘羅馬哲學資料選輯》（仰哲出版社，1987），頁 379。

[12] L. Wittgenstein, *Tractatus Logico-Philosophicus*, 6.4311 Death is not an event in life: we do not live to experience death. Translated by D. F. Pears & B. F. McGuinness (Routledge & Kegan Paul, 1961).

總結以上所論，《列子》一書中有關生死的基本觀念，可陳述為下面三個命題：

（1）有生必有死。

（2）死者人之終。

（3）生不知死，死不知生。

三、天道自然論：自然生死論

《列子》書中「有生必有死」之觀點與其天道自然論息息相關。依「天道自然論」，天地萬物不過是天道自然不息之常生常化，〈天瑞篇〉云：

> 有生不生，有化不化。不生者能生生，不化者能化化。生者不能不生，化者不能不化，故常生常化。常生常化者，無時不生，無時不化，陰陽爾、四時爾。不生者疑獨，不化者往復。往復，其際不可終，疑獨，其道不可窮。……故生物者不生，化物者不化。自生自化，自形自色，自智自力，自消自息。謂之生化、形色、智力、消息者，非也。

而所謂的生，所謂的死，不過是指天道陰陽因形移易之變化罷了，〈周穆王篇〉曰：

> 有生之氣，有形之狀，盡幻也。造化之所始，陰陽之所變者，謂之生，謂之死。窮數達變，因形移易者，謂之化，謂之幻。造物者其巧妙，其功深，固難窮難終；因形者其巧顯，其功淺，故隨起隨滅。

造物者（指天道）自然因形移易之變化難窮難終，因形者隨起隨滅，後者相較於前者，可稱為幻化。故所謂生死不過就是天道陰

陽因形移易之變化。詳言之，生不過就是「天地之委和」[13]，即天道所託付之陰陽和合。而死就是形滅之後的「反其極」，返回其本源天道：

> 人自生至終，大化有四：嬰孩也，少壯也，老耄也，死亡也。……其在死亡也，則之於息焉，反其極矣。（〈天瑞篇〉）

是「德之徼」，德者，得也；徼者，歸也：

> 人胥知生之樂，未知生之苦；知老之憊，未知老之佚；知死之惡，未知死之息也。晏子曰：「善哉古之有死也！仁者息焉，不仁者伏焉。」死也者，德之徼也。古者謂死人為歸人。（〈天瑞篇〉）

是「歸其真宅」：

> 生者，理之必終者也。終者不得不終，亦如生者之不得不生。而欲恒其生，畫其終，惑於數也。精神者，天之分；骨骸者，地之分。屬天清而散，屬地濁而聚。精神離形，各歸其真；故謂之鬼。鬼，歸也，歸其真宅。黃帝曰：「精神入其門，骨骸反其根，我尚何存？」（〈天瑞篇〉）

精神離形即人之死亡，人死為鬼，鬼者歸也，精神離體升天，骨肉歸土而化，各歸其真。是故天道陰陽變化，因形而起，即謂之生，至形滅而返，就稱之為死。由「天道自然論」，我們論及「自然生死論」，生死就是天道因形起滅之自然變化，由「自然生死論」，進一步可論及「生死天命論」。

---

[13] 〈天瑞篇〉：舜問乎蒸曰：「道可得而有乎？」曰：「汝身非汝有也，汝何得有夫道？」舜曰：「吾身非吾有，孰有之哉？」曰：「是天地之委形也。生非汝有，是天地之委和也。性命非汝有，是天地之委順也。孫子非汝有，是天地之委蛻也。」

四、生死天命論

　　《列子》書中所講之「命」，其含義與一般所說宿命之「命」不同。〈力命篇〉言：

> 農赴時，商趨利，工追術、仕逐勢，勢使然也。然農有水旱，商有得失，工有成敗，仕有遇否，命使然也。

由是可知命之含意乃指種種條件之構成，非人力所能移改者。〈力命篇〉中引楊朱之言曰：「不知所以然而然，命也。今昏昏昧昧，紛紛若若，隨所為隨所不為。日去日來，孰能知其故？皆命也夫。」「不知所以然而然」就是天命如此，天命亦不過是指天道自然而必然之生成變化，非人力所能變易。〈力命篇〉首節即假託力與命之爭論，結果是力不勝命，命曰：

> 既謂之命，奈何有制之者邪？朕直而推之，曲而任之，自壽自夭，自窮自達，自貴自賤，自富自貧，朕豈能認之哉？朕豈能識之哉？

　　人之壽夭、窮達、貴賤、富貧如此，人之生死更是如此，自生自死，「死生自命也」（〈力命篇〉），生死非外物人力所能左右，皆命定之事。所以生所以死之理，窈然漠然，不知所以然而然，皆乃天道自然而必然之運行、會聚，「生者，理之必終者也。終者不得不終，亦如生者不得不生。」（〈天瑞篇〉），皆天命如此。〈力命篇〉中詳言曰：

> 生非貴之所能存，身非愛之所能厚；生亦非賤之所能夭，身亦非輕之所能薄。故貴之或不生，賤之或不死；愛之或不厚，輕之或不薄。此似反也，非反也；此自生自死，自厚自薄。或貴

之而生，或賤之而死；或愛之而厚，或輕之而薄。此似順也，
非順也；此亦自生自死，自厚自薄。

可以生而生，天福也；可以死而死，天福也。可以生而不生，
天罰也；可以死而不死，天罰也。可以生，可以死，得生得
死，有矣；不可以生，不可以死，或死或生，有矣。然而生
生死死，非物非我，皆命也。智之所無奈何。故曰：「窈然
無際，天道自會；漠然無分，天道自運。」天地不能犯，聖
智不能幹，鬼魅不能欺。自然者默之成之，平之寧之，將之
迎之。

「生生死死，非物非我，皆命也。」對此，若吾人可以「知命」，
知「死生皆命」，則可「當死不懼」（〈力命篇〉），因死不過就是天道
自然而必然的生成變化。當了悟生死命定之理，則可知了「未嘗生，
未嘗死」之境界，〈天瑞篇〉中記述了子列子適衛遇見髑髏之故事：

子列子適衛，食於道，從者見百歲髑髏，攓蓬而指，顧謂弟子百
豐曰：「唯予與彼知而未嘗生未嘗死也。此過養乎？此過歡乎？」

子列子已了悟生死之理，髑髏已歷經過生死，二者皆臻於「未嘗
生未嘗死」之境，何憂？何歡？如此，自然「不知樂生，不知惡死，
故無天殤。」（〈黃帝篇〉）即「信命者，無壽夭」（〈力命篇〉）。是故
「怨天折者不知命者也。」（〈力命篇〉），但人性之實然卻是「壽者人
之情，死者人之惡」（〈天瑞篇〉），「人所憂者莫急乎死，已所重者莫
過乎生」（〈說符篇〉），依子列子之見，此皆不知命使然，似杞人憂天，
徒增煩惱。

五、享樂主義之人生觀

有生必有死，死是生之終，自生自死，死生自命，死何時降臨遠
不可知，生不知死，死不知生。如是，死亡就是一種對生命的隨時提

醒，你在不可預測的隨時隨地都有可能失去生命，那麼你當下所能做也是必須做的，就是好好地珍惜你現時的生命，也許我們珍惜的方式大異其趣，但對生命的珍惜則別無二致。《列子》書中所提出的方式，是一般所謂的「享樂主義的人生觀」。但在論述此人生觀之前，我們要先看看其面對死亡的態度以及送死之道，如此方可真確瞭解其養生之大義。

（一）面對死亡的態度

子列子當然也知道一般人是欲生惡死的，〈說符篇〉中即言：「人所憂者莫急乎死，已所重者莫過乎生。」此乃人性之常，實不足為奇。但依子列子之見，此之所憂所重卻是不知天命所致：人之所以生、所以死，皆是天道陰陽自然而必然的生成變化，生死乃天命如此，生者不得不生，死者人之終也，終者亦不得不終。人終有一死，縱使我們多麼地不情願，多麼地不捨，這是任誰也改變不了的事實，既是如此，對死亡的任何憂懼，非但是不必要的，更明顯是不智的。知此，我們就應建立一種面對死亡的正確態度：「知命」故「當死不懼」（〈力命篇〉）。就是這種面對死亡的態度，使得榮啟期可以「得終而無憂」[14]，也讓東門吳能夠「子死而不憂」[15]，更有進者，不只無憂不懼，還能臨死而歌：「季梁之死，楊朱望其門而歌。」（〈仲尼篇〉）何故？〈力命篇〉云：「可以死而死，天福也。」楊朱之所以歌季梁之死，歌其「可以死而死」，享天福也。楊朱可以臨死而歌，林類更能以死為樂。

---

[14] 〈天瑞篇〉：孔子遊於太山，見榮啟期行乎郕之野，鹿裘帶索，鼓琴而歌。孔子問曰：「先生所以樂，何也？」對曰：「吾樂甚多：天生萬物，唯人最貴。而吾得為人，是一樂也。男女之別，男尊女婢，故以男為貴。吾既得為男矣，是二樂也。人生有不見天日不免襁褓者，吾既已行年九十矣，是三樂也。貧者士之常也，死者人之終也，處常得終，當何憂哉？」孔子曰：「善乎！能自寬者也。」

[15] 〈力命篇〉：魏人有東門吳者，其子死而不憂。其相室曰：「公之愛子，天下無有。今子死不憂，何也？」東門吳曰：「吾常無子，無子之時不憂。今子死，乃與嚮無子同，臣奚憂焉？」

林類是個靠拾遺穗為生近百歲的老者，死期將至，依然拾穗行歌如是，子貢大惑不解：

> 子貢曰：「壽者人之情，死者人之惡。子以死為樂，何也？」
> 林類曰：「死之與生，一往一反。故死於是者，安知不生於彼？故吾（安）知其不相若矣，吾又安知營營求生非惑乎？亦又安知吾今之死不愈昔之生乎？」（〈天瑞篇〉）

一般人之所以惡死，在於他們只是「知死之惡，未知死之息也。」（〈天瑞篇〉）林類已經體認到「死之與生，一往一反。」生死不過就是天道自然的生成變化，我們因之而生，故有數十年的人生，有生必有死，「死也者，德之徼也。」（〈天瑞篇〉），死亡就是回歸我們的老家。回歸老家有雙層意義，一方面回家才能真正得到安息，我們的一生因著死亡得到真正的安息，此正如《莊子・大宗師》中所言：「夫大塊載我以形，勞我以生，佚我以老，息我以死，故善吾生者，乃所善吾死也。」另一方面，回歸老家就是又重回天道生成變化的洪流中去，等待再一次的生生死死，此生之死不過就是再一次生死的開始，也許還可能是更好的生死，如此，又何必汲汲求生惡死呢？林類之所以能以死為樂，端在其知天命若是，了悟生死而達到豁達樂觀的心境。

（二）送死之道

面對死亡，知天命而建立一種正確的態度，是生命中的大事，至於送死之道只不過是枝節小事。《列子》書中借托晏平仲與管夷吾之對話，凸顯出此點：

> 既死，豈在我哉？焚之亦可，沈之亦可，瘞之亦可，露之亦可，衣薪而棄諸溝壑亦可，袞衣繡裳而納諸石椁亦可，唯所遇焉。（〈楊朱篇〉）

人死之後，燒掉，投水，土埋，露屍，棄溝，裝棺皆無不可，「唯所遇焉」。處理遺體方式之不同，只顯示了各地民情風俗之殊

異，並無一定之儀式。〈湯問篇〉中，就記載了三則死亡異俗的
事例：

> (1) 越之東有輒沐之國，其長子生，則鮮而食之，謂之宜弟。
> 其大父死，負其大母而棄之，曰：鬼妻不可以同居處。
>
> (2) 楚之南有炎人之國，其親戚死，其肉而棄之，然後埋其骨。
> 乃成為孝子。
>
> (3) 秦之西有儀渠之國者，其親戚死，聚柴積而焚之。熏則煙
> 上，謂之登遐，然後成為孝子。

送死之道，除「唯所遇」之外，還要「死相捐」。何謂「死相捐」？
〈楊朱篇〉云：

> 相捐之道，非不相哀也；不含珠玉，不服文錦，不陳犧牲，不
> 設明器也。

死要相捐，何故？〈楊朱篇〉中言及：「十年亦死，百年亦死。
仁聖亦死，凶愚亦死。生則堯舜，死則腐骨；生則桀紂，死則腐骨。
腐骨一矣，孰知其異？」人死之後腐骨一堆，珠玉文錦犧牲明器之類，
于腐骨何益？此所以死要相捐之理。

（三）養生之方：享樂主義的人生觀

人生之生死兩端，所以生，所以死，乃天命如此，人力無可奈
何，我們所能掌握的就是生死兩端之間的生命歷程，也就是我們的
人生。那麼人生的價值為何？誠如羅光教授所言：「人生之道首先
要講人的生死，明白了生死的意義，便可決定生活的途徑。」[16]《列
子》一書中有關人生意義的觀點即是奠基在其對生死大義之上
的，「且趣當生，奚遑死後」即其人生哲學之全部。[17]「且趣當生，

---

[16] 羅光，《中國哲學──先秦篇》，頁 724。
[17] 馮友蘭，《人生哲學》（出版社，年月不詳），頁 102。

奚遑死後」的人生哲學所呈現的是一種享樂主義的人生觀，而《列子》一書，尤其是其中的〈楊朱篇〉可說是中國古代文化中最集中地闡述這種人生觀的典籍。[18]這種「享樂主義人生觀」之所重，在享受生前之樂，不求死後之美名讚譽。人生終有一死，死後則是腐骨一堆，死後之美名讚譽，既無益於腐骨，亦無利於人生。〈楊朱篇〉云：

> 天下之美歸之舜禹周孔，天下之惡歸之桀紂。……
>
> 凡彼四聖者，生無一日之歡，死有萬世之名。名者，固非實之所取也。雖稱之弗知，雖賞之不知，與株塊無以異矣。……彼二凶也，生有從欲之歡，死被愚暴之名。實者，固非名之所與也，雖毀之不知，雖稱之弗知，此與株塊奚以異矣。彼四聖雖美之所歸，苦以至終，同歸於死矣。彼二凶雖惡之所歸，樂於至終，亦同歸於死矣。

舜禹周孔「生無一日之歡，死有萬世之名」，桀紂「生有從欲之歡，死被愚暴之名」，但皆「同歸於死」，既死，則「稱之弗知，賞之不知，毀之不知」，與株塊無異。死後之美譽，無濟於生前之苦，死後之惡名亦無損生前之樂，既是如此我們又何必汲汲營營地去追求那世俗的毀譽、死後之虛名，而置人生於困頓之境？因此，〈楊朱篇〉中語重心長地告誡道：

> 太古至於今日，年數固不可勝紀。但伏羲已來三十餘萬歲，賢愚好醜，成敗是非，無不消滅；但遲速之間耳。矜一時之毀譽，以焦苦其形神，要死後數百年中餘名，豈足潤枯骨？何生之樂哉？

「矜一時之毀譽，以焦苦其形神，要死後數百年中餘名，豈足潤枯骨？何生之樂哉？」這段話正是「且趣當生，奚遑死後」人生哲學的最好批註，也是享樂主義人生觀的基本義旨。

---

[18] 紫竹編，《中國傳統人生哲學縱橫談》（齊魯書社，1992），頁119。

　　依楊朱之見，人之生命苦短，而且大部份的歲月，根本就稱不上是人生：

> 百年，壽之大齊。得百年者千無一焉。設有一焉，孩抱以逮昏老，幾居其半矣。痛疾哀苦，亡失憂懼，又幾居其半矣。量十數年之中然而自保亡介焉之慮者，亦無一時之中爾。（〈楊朱篇〉）

　　百歲是壽命的極限，但真能活上百歲的，千人之中也難得一見。就算有人活了一百歲，懵懂無知的嬰孩期以及糊裡糊塗的老年期，就幾乎占去一半，而晚上睡覺的時間加上白天浪費掉的時間又占去所剩時間的一半，加上其他疾病、哀傷、痛苦、迷惘、憂懼又占去所剩時間的一半。如此，生命之中能夠悠然自在無牽無掛的時間，根本所剩無幾。人生既如此短暫，死後亦歸斷滅死寂，那麼在短暫的人生中，就應該及時行樂，不追求那死後的虛幻美名：

> 太古之人，知生之暫來，知死之暫往，故從心而動，不違自然所好；當身之娛非所去也，故不為名所勸。從性而遊，不逆萬物所好；死後之名非所取也，故不為刑所及。名譽先後，年歲多少，非所量也。（〈楊朱篇〉）

　　人生苦短，行樂及時，要享受「當身之娛」，不求「死後之名」，因為「名無實，實無名。名者，偽而已矣。」（〈楊朱篇〉）若為虛名而實受憂苦，「守名而累實」大可不必，除非此美名足以使生活逸樂，則此美名亦可以守：

> 今有名則尊榮，亡名則卑辱。尊榮則逸樂，卑辱則憂苦。憂苦犯性者也；逸樂，順性者也；斯實之所系矣。名胡可去？名胡可實？但惡夫守名而累實；守名而累實，將恤危亡之不救，豈徒逸樂憂苦之同哉？（〈楊朱篇〉）

　　人生苦短，行樂須及時，也就是要「從心而動」「從性而遊」，享受「當身之娛」，即「順性之逸樂」也。倘受禮義之虛名所累，犯性

而憂苦，若是如此，則不如死去，〈楊朱篇〉中朝穆曰：「而欲尊禮義
以誇人，矯情性以招名，吾以此為弗若死矣。」人生苦短，活著的時
候順性盡情地享受耳目與食色之樂，才是最實在的，至於死後是譽是
毀，是與人生不相干的，這就是《列子》書中所揭櫫的養生論：「為
欲盡一生之歡，窮當年之樂。唯患腹溢而不得恣口之飲，力憊而不得
肆情於色；不遑憂名聲之醜，性命之危。」（〈楊朱篇〉）其綱要就是
管夷吾在回答晏平仲問養生時所說的：「肆之而已，勿雍勿閼」（〈楊
朱篇〉）養生之方端在放縱生命，不使吾人情性受到任何的遏止壅塞。
其詳細的要目，管夷吾進一步論述如下：

> 恣耳之所欲聽，恣目之所欲視，恣鼻之所欲向，恣口之所欲言，
> 恣體之所欲安，恣意之所欲行。夫耳之所欲聞者音聲，而不得
> 聽，謂之閼聰，目之所欲見者美色，而不得視，謂之閼明；鼻
> 之所欲向者椒蘭，而不得嗅，謂之閼顫；口之所欲道者是非，
> 而不得言，謂之閼智；體之所欲安者美厚，而不得從，謂之閼
> 適；意之所欲為者放逸，而不得行，謂之閼性。凡此諸閼，廢
> 虐之主。去廢虐之主，熙熙然以俟死，一日、一月、一年、十
> 年，吾所謂養。拘此廢虐之主，錄而不舍，戚戚然以至久生，
> 百年、千年、萬年、非吾所謂養。（〈楊朱篇〉）

「閼聰」、「閼明」、「閼顫」、「閼智」、「閼適」、「閼性」，凡此種
種對於耳目感官之欲的壅塞，都是殘害生命的主要原因。若能去除這
些禍因，順性歡樂地生活直到死去，不論是一天、一個月、還是一年、
十年，這就是養生之方。若不能去此禍首，而憂苦地活到百年、千年、
萬年，甚至長生不死，也非養生之道。依此之見，吾人寧可快樂而生一
日，也不要憂苦而久生。早死晚死根本不是問題所在，重要的是吾人的
生命是否順性逸樂，快樂地生活直到死亡的到來。「既生，則廢而任之，
究其所欲，以俟於死；將死，則廢而任之，究其所之，以放於盡。無不
廢，無不任，何遽遲速於其間乎？」（〈楊朱篇〉）要言之，「順性樂生以
俟於死」就是《列子》一書中的享樂主義所要呈現給世人的生死智慧。

六、結語：政治與生命的意義

《列子、楊朱篇》云：

> 十年亦死，百年亦死。仁聖亦死，凶愚亦死。生則堯舜，死則
> 腐骨；生則桀紂，死則腐骨。腐骨一也，孰知其異？且趣當生，
> 奚遑死後？

這是極為深刻的一段話，其所陳述的事實亦不容置疑。人既然必有一
死，那麼我所要珍視的正是當下的人生。人皆有死，死則腐骨，腐骨
一矣，莫知其異，然而生為堯舜桀紂，仁聖凶愚，則不一也。生命之
價值取捨應在生之不同，而非死之無異。生之不同正顯其生命意義之
所在。生為堯舜桀紂、仁聖凶愚之不一表現在兩方面，一在德性之圓
成與否，一在生前歡樂之有無。《列子》一書中所標舉的享樂主義之
人生觀，明顯地是把生命的意義奠基在生命逸樂的有無之上，而非以
德性之圓成與否作歸趨，取後者而舍前者。當然，縱情耳目感官之逸
樂，享受當身之娛，可以是我們面對人生的一種方式。然而這樣的人
生觀，正如徐復觀先生之評論，它所反映的卻是對時代及人生的一種
絕望，是政治黑暗時代的產物：

> 此派思想是反映時代及人生的絕望；也是對現實問題採取消極
> 態度的虛無主義，最容易走上的歸趨。他說「百年猶厭其多，
> 況久生之苦也」？這說明他們之所以主張縱欲，正是對時代、
> 人生絕望的結果。他們實際上並無縱欲的資具；他們所說的縱
> 欲，在實質上只是表示對生命自身的唾棄。凡在歷史黑暗絕望
> 時期，必定出現與此性質相同的思想或生活態度；這是「世紀
> 末」的意識形態。[19]

---

[19] 徐復觀，《中國人性論史》，頁 429。

在政治黑暗的時代中，一般人的利益、價值根本就是被忽略、漠視的，人們的生活不只沒有遠景，甚至連生命也朝不保夕，在這種情形之下，還奢談什麼生命的理想與意義，若非荒謬，也總不免太強人所難了。在一個人民幾乎沒有任何自主、自我決定的政治環境中，人民無法選擇自己想賴以生活的價值原則，那麼他的生命大部份將只是無可奈何，既無可奈何，只好安之若命，如此，生命的毀譽說起來也就了無意義了，能夠滿足當身之欲的滿足，反倒才是最切實的。可以說，沒有自我的抉擇，生命也就沒有意義可說，政治是否能夠提供人民這種自我抉擇的空間，攸關甚巨。誠如美國政治學家道爾（Robert A. Dahl）在其名著《論民主》（*On Democracy*）書中所言：

> 只有民主政府才能夠為爾人提供最大的機會，使他們能夠運用自我決定的自由，也就是在自己選定的規則下生活。
> 民主較之其他可能的選擇，能夠使人性獲得更充分的發展。[20]

誠如道爾氏之所言，若捨政治背景不談而光論生命的意義，就顯得不切題了。縱欲享樂本是政治黑暗時代的產物，雖說，縱欲享樂的人生觀，並無助於政治黑暗的改善，反倒可能更助長了政治的黑暗。但當吾人思及政治與生命意義的密切關係之時，我們就無需苛責《列子》書中所揭示之享樂主義人生觀的淺薄了，畢竟它正反映了在一個政治黑暗時代中一種非常切實的生命態度。

---

[20] Robert A.Dahl, *On Democracy,* 李柏光・林猛譯《論民主》（聯經出版事業公司，1999），頁 69。道爾指出實施民主政治的長處還有下列各項：

1.民主有助於避免獨裁者暴虐、邪惡的統治。

2.民主保証它的公民享有許多的基本權利，這是非民主制度不會去做，也不能做到的。

3.民主較之其它可行的選擇，可以保証公民擁有更為廣泛的個人自由。

4.民主有助於人們維護自身的根本利益。

6.只有民主的政府才能為履行道德責任提供了最大的機會。

8.只有民主政府才能造就相對較高的政治平等。

9.現代代議制民主國家彼此沒有戰事。

10.擁有民主政府的國家，總是比非民主政府的國家更為繁榮。

參考文獻

張湛，《列子注釋》，華聯出版社，1969。

楊伯峻，《列子集釋》，華正書局，1987。

嚴捷、嚴北溟，《列子譯注》，文津出版社，1987。

莊萬壽，《新譯列子讀本》，三民書局，1993 七版。

張震點校，《老子‧莊子‧列子》，岳麓書社，1989。

慕容貞點校，《道教三經合璧》，浙江古籍出版社，1991。

何淑貞，《走出頹廢的列子》，尚友出版社，1981。

羅肇錦，《列子──御風而行的哲思》，時報文化，1998。

周紹賢，《列子要義》，台灣中華書局，1983。

嚴靈峰，《列子辯誣及其中心思想》，文史哲出版社，1994。

徐漢昌，《先秦諸子》，台灣書店，1997。

王雲五主編，《經子解題》，台灣商務印書館，1957。

《中國大百科全書‧哲學卷》，中國大百科全書出版社，1987。

夏乃儒主編，《中國哲學三百題》，上海古籍出版社，1988。

《中國歷代哲學文選──兩漢隋唐篇》，木鐸出版社，1985。

宏業書局編輯部編，《偽書通考》，宏業書局，1979 再版。

鄭良樹編著，《續偽書通考》，學生書局，1987。

胡適，《中國哲學史大綱》卷上，里仁書局，1982。

黃公偉，《中國哲學史》，帕米爾書店，1971 再版。

蔣維喬，《中國哲學史綱要》，台灣中華書局，1986 六版。

周世輔，《中國哲學史》，三民書局，1987 修訂五版。

羅光，《中國哲學思想史──先秦篇》，學生書局，1987。

馮友蘭，《中國哲學史新編》(四)，藍燈文化事業股份有限公司，1991。

馮友蘭，《人生哲學》，出版社，出版年月不詳。

徐復觀，《中國人性論史》，台灣商務印書館，1988 九版。

錢憲民，《快樂的哲學──中國人生哲學史》，洪葉文化事業有限公司，1996。

喬長路，《中國人生哲學──先秦諸子的價值觀念和處事美德》，中國人民大
　　學出版社，1990。

紫竹編，《中國傳統人生哲學縱橫談》，齊魯書社，1992。

鄭曉江，《生死智慧——中國人對人生觀及死亡觀的看法》，漢欣文化事業有限公司，1997。

鄭曉江，《生死兩安》，廣西人民出版社，1998。

袁陽，《生死事大——生死智慧與中國文化》，東方出版社，1996。

死亡與生命的意義：一個哲學的省思

蕭條白髮臥蓬蘆，虛讀人間萬卷書；
遇事始知聞道晚，抱痾方悔養生疏。

——陸遊：〈病少癒偶作〉

惡之事實，是現實中一個真實的部分。畢竟在後來，這些惡有
可能成為生命意義的最佳鑰匙，也可能是那唯一幫助我們開眼
看到最深刻真理的途徑。

——William James：《宗教經驗之種種》

一、沒有死亡的世代

我們身處的這個時代，誠如社會學家傅爾通（R. Fulton）所言，
是一個「沒有死亡的世代」（death-free generation）[1]。也就是說，一
個人打從出生、嬰幼期到青少年，到長大成人、就業結婚生子，從未
經驗到至親好友的死亡。死亡似乎是一個奇怪、異常的事件，在我們
的生活中不佔有任何恰當的位置。雖然死亡已經不再是一種禁忌
（taboo），但它仍然是一個隱蔽的話題。[2]死亡在公共場域中被隔絕出
去了，我們根本無法再公開地遭遇死亡。我們處在一個與死隔絕的世

---

[1] R. Fulton, *Death and Identity*, 轉引自 Charles A. Corr, 'Death in Modern Society',
in *Oxford Textbook of Palliative Medicine*(2nd Edition), Edited by D. Doyle, G. W.
C. Hanks & N. MacDonald, Oxford University Press, 1999, p.33.

[2] Philip A. Mellor, 'Death in High Modernity : the Contemporary Presence and
Absence of Death', in *The Sociology of Death*, Edited by David Clark, Blackwell,
1996, p.11.

界中，在一個無法順其自然學習到死亡的狀況下生活著，人的死亡已經逐漸從現實環境中消失了。[3]現代人的死亡已經很少發生在家中的親朋好友之間，而大多出現在醫院的病房、急診室或太平間。真實的情況是，在臨終的過程中，親人不再能為他做任何的事情，因此倉促地盡快把他送到醫院的急診室。其實醫生此時也已無能為力愛莫能助，於是臨終者又被送出病房，而孤獨地在某個角落死去。[4]國際上享有盛譽的生死學大師、精神醫師庫柏羅絲（E. Kubler-Ross）如此感慨地敘述這般景況：

> 今日的臨終在許多方面都是更可怕而且令人厭惡的，亦即更為孤獨、機械化和非人性化。……臨終變得孤獨而無人情味，是因為病人被迫從自己所熟悉的環境中運出來，而匆匆忙忙地送到急診室。[5]

連死亡之後的事務也不用我們操心，殯葬業者可以從頭到尾包辦一切、安排細節，你唯一要做的事就是花錢，連哀悼都可以透過消費來完成，甚至無需自己親身上場。

現代人否定了永恆與無限，試圖藉由科技的力量，要做這個有限時空的主人。生命有限，人生苦短，所以快速而高效率的生活，便是我們追求的目標。然而死亡卻像是一道隔絕在我們面前無法踰越的高牆，它讓我們察覺到自己的無能，並時時提醒我們，儘管在此世有限的時空中，我們還是無法真正做得了主，因為死亡隨時隨地都可能降臨，結束我們的存在，不可預知。所以，死者──儘管是自己所愛的人，在臨終或死後，都會「有效率」地從我們眼前移除。死亡妨礙了

---

[3]　柏木哲夫，曹玉人譯，《用最好的方式向生命揮別──臨終照顧與安寧療護》，方智出版社，2000，頁33。

[4]　Jurgen Moltmann, *Das Kommen Gottes: Christliche Eschatologie*, 曾念粵譯，《來臨中的上帝──基督教終末論》，道風書社，2002，頁74。

[5]　E. Kubler-Ross, *On Death and Dying*, Touchstone, New York, 1969, p.21.

我們正常而有效率的生活，所以，人們盡其所能地快速排除死亡所帶來的干擾。神學家莫特曼（J. Moltmann）諷謔地說：

> 只有在交通事故時，我們才親自經歷死亡。交通事故發生的如此突然，屍體很快就被處理掉，而肇事的車輛很快就被開走。在極短的時間之後，一切好像沒發生過一樣。「交通必須維持暢通」。[6]

如此，生命中的死亡便被現代人所壓抑了。

拜醫藥發達之賜，現代人類壽命也就越來越長，死亡的日子自然也就向後延了。今日，在日常生活中，能夠直接接觸到臨終者或者死人的機會，可說是越來越少了。與死亡接近面對，不再是生活中尋常可見之事，因此，在一般人每天生活的感知中，便自然而然很容易把人間有死亡這件事給淡化、遺忘了。[7]就是這種對死亡的遺忘與前述的壓抑，造成了我們這個「沒有死亡的世代」。

對於死亡的壓抑與遺忘，讓我們忽略了自己的死亡，不願去正視，甚至連想都不敢想，過者一種好像沒有死亡的生活，就如同我們會永遠活著一般。但是，壓抑遺忘死亡的任何想法以及錯誤地認為我們沒有死亡而會永遠活著的生活態度，會使我們「活得很表面而且麻木不仁」[8]。神學家莫特曼指出，被壓抑遺忘的死亡意識，就像其它的意識一樣，會「活現在潛意識當中，並且對意識發生作用，進而影響到我們的感覺和行動」，這包括了「癱瘓我們的生命力」、「焦慮」、「飢渴」、「感覺的無趣」、「靈魂的呆滯」與「麻木不仁」等。[9]基本上，我們事實上都非常明白，我們可能在任何時刻、任何地點，因任何一件事情而遭遇到死亡。因此，這種壓抑遺忘死亡的意識而活著的

---

[6]　同註 3，頁 75。

[7]　N. Elias, 李松根譯，《當代臨終者的孤寂感》，http://dlearn.ndhu.edu.tw/sync/commu/doc1/臨終孤寂.htm，頁 4。

[8]　同註 4，頁 67。

[9]　同註 4，頁 68。

生命態度，究其實是剝奪了我們與真實的接觸，其後果就是導致對生命的否定。我們活著，但卻是在虛幻不實中過日子，日復一日，直到死亡。

　　雖然現代人壓抑遺忘死亡，但人們畢竟還是不可避免地經常獲悉他人的死亡，不管是從報章雜誌、傳播媒體或是親朋好友口中得知，這是不可否認的事實——死亡似乎無孔不入，而且刻正向我們步步進逼而來。所以，無論現代人如何壓抑遺忘死亡，終究否認不了此一事實——「人終將一死」，於是在死亡的威逼脅迫下，存在是短暫的，人是焦慮的，這種焦慮「表現在生命急促的步調上：趕快！只有步調較快的，才能更多的掌握生命。」[10]為了掌握更多，人們每天匆忙地過活，依循著既有的生活模式——求學、工作、結婚、購屋、置產、生兒育女……，存在不過是一陳不變的生活慣性，日復一日，「我們的生活似乎在代替我們過日子，生活本身具有的奇異衝力，把我們帶得暈頭轉向；到最後，我們會感覺對生命一點選擇權也沒有，絲毫無法做主。」[11]這似乎是現代人壓抑遺忘死亡，不願正視死亡所付出的代價。壓抑遺忘死亡，只會使自己更遠離生命本質的真相。正如哲學家海德格（M. Heidegger，1889-1976）所言：「死亡是此在最本己的可能性。」[12]有生必有死，生命的本質就是向死的存在，死亡是生命本身無可避免的最大可能性，任何對死亡的閃躲逃避就是一種「非本真的向死存在」[13]，這就遠離了生命本質的真相。遠離了生命本質的真相，就無法本真的活著，而活得很表面，這可說是我們現代人普遍的存在實況。

---

[10]　同註4，頁76。

[11]　Sogyal Rinpoche, *The Tibetan Book of Living and Dying,* 鄭振煌譯，《西藏生死書》，張老師文化，1996，頁35。

[12]　M. Heidegger, *Sein und Zeit,* 陳嘉映、王慶節合譯，《存在與時間》，三聯書店，1987，頁315。

[13]　同上註，頁310。

二、面對死亡的矛盾心理

宗教哲學家希克（J. Hick）指出，在與死亡的關係上，人類在所有動物之中是最為獨特的：一方面，人們知道他有一天終將會死；一方面卻又不相信他終將會死。希克稱此為「雙重的獨特性」[14]。人類對於死亡的這種獨特性，即明顯地表現在人們面對死亡時所產生的微妙矛盾心理之中：在理性認知上，人們確實了解到人必將一死，情意感受上不得不面對卻又無法接受或不願接受。人們對待死亡的這種矛盾心理的態度，在社會生活中即呈現出一種極不協調的詭異景況：一方面非常避諱去談論死亡，從而形成一種趨吉避凶的文化禁忌；一方面卻又常將死字掛在嘴邊，毫無忌諱地說個不停。

避諱談論死亡所形成的禁忌文化，其主要原因可能在於，人們對「死」之概念已深深地烙印上負面的意義。《禮記‧禮運篇》云：「飲食男女，人之大欲存焉。死亡貧苦，人之大惡存焉。」死亡是生命中的一大惡事，就跟貧困苦難一樣，當然避之唯恐不及，好似不去理它、不去談論它，它就離我們的人生遠遠的，也就與我們無關，而一但去談論到它，就可能惹禍上身、自討沒趣，是蹙霉頭的不祥之事，因此就有「長者面前不言死」之忌諱，以免徒生兔死狐悲之傷感，而給生活徒增不快。在現代醫院中不編號四樓（死樓），否則病人那敢住院，所以改稱福樓；車牌號碼不要 164（一路死），否則怎敢開上路，最好是 168（一路發）。甚至「死」這一字詞也盡量避免使用，而盡可能以其他修飾語取代之。在中國悠久的歷史文化中，有關死的委婉詞（euphemism）相當豐富，諸如「作古」、「百年」、「歸天」、「歸真」、「羽化」、「仙遊」、「回老家」等，成語如：「駕鶴西歸」、「香銷玉損」、「蘭摧玉折」、「玉樓赴召」、「蒙主寵召」等等，不勝枚舉。[15]

---

[14] J. Hick, *Death and Eternal Life*, Macmillan, 1985, p.55.

[15] 參見沈錫倫，《語言文字的避諱‧禁忌與委婉表現》，台灣商務印書館，1996，頁 74-80。

精神醫師庫柏羅絲在其有關臨終病人瀕死的心理反應研究所歸納的結論，即著名的「瀕死心理反應五階段論」，也可作為這種忌諱心態提供有利的佐證。依庫柏羅絲之見，瀕死心理反應的第一階段就是「否認」（denial）[16]。當病人被醫生告知不久人世之時，對此石破天驚的噩耗當下的反應就是否認：「不是我！這不可能是真的！」、「不可能是我！」他會質疑醫生是否病歷或檢驗報告拿錯、看錯了，這種事情怎會發生在自己頭上。這種否認的態度根深蒂固，似可視為死亡禁忌的心理根源之一。

另一方面，人們雖然對死亡充滿禁忌避諱，但又不自覺地常將死掛在嘴邊，說個不停。比如在日常生活之中我們常會說，也經常聽到的話：「餓死了」、「累死了」、「渴死了」、「忙死了」、「煩死了」、「無聊死了」、「愛死你了」、「想死你了」、「恨死你了」、「氣死我了」等等多不勝數。在電視連續劇中，甚至可以看到如此的情節，張太太對一夜未歸而剛進門的丈夫咆哮：「你這『死』鬼，一夜未歸，究竟『死』到哪裡去了？也不打個電話回來，害我擔心『死』了。下次再犯，我『死』都不會原諒你。」一段話就包含四個「死」字，一個真實的生命可承受不起四次死亡。

人們對待死亡的矛盾心理，細細想來，頗有意思。試問：若有人當面對著你說：「我愛死你了！」不知你的感受會是如何？是欣喜若狂？還是膽顫心驚？

三、死亡的邏輯觀點

人生在世，必有一死。不論我們是刻意地遺忘，還是無意識的壓抑，實情終究是實情，總要面對。然這人所必有而又令人畏懼的一死，究竟是怎麼一回事，則使人困惑難解。誠如法國思想家巴斯卡（B.

---

[16] 同註 5，p.51。瀕死心理反應的其它階段為：第二階段：「憤怒」（Anger）；第三階段：「討價還價」（Bargaining）；第四階段：「沮喪」（Depression）；第五階段：「接受」（Acceptance）。

Pascal，1623-1662）所言：「我所明了的全部，就是我很快地就會死亡，然而我所最為無知的又正是這種我所無法逃避的死亡本身。」[17]情況似乎就是如此。

對於死亡性質的一個簡單明白而且歷史悠久的普遍觀點是：死亡就是生命一切的結束（death ends all），此一看法可稱之為「死亡的邏輯觀點」，這是純粹理性思惟的合理結論。古希臘哲學家依比鳩魯（Epicurus，341-271 B.C.）對此觀點有一經典式的論述：

> 一切惡中最可怕的──死亡──對於我們來說是無足輕重的，因為當我們存在時，死亡對於我們還沒有來，而當死亡時，我們已經不存在了。因此，死對於生者和死者都不相干；因為對於生者來說，死是不存在的，而死者本身根本就不存在了。[18]

依比鳩魯的論述頗符合一般的常識性見解，亦有其邏輯的合理性。確實，當我還活著時，只要一息尚存，死亡就不存在，而當我死的時候，我也就不再活著了。我們根本無法思考、想像自己的死亡（不存在），因為一但你試圖思考、想像自己的不存在，這恰恰證明了你自己的存在。所以，死亡不在生命可以理解的範疇之中，死亡與生命無關。二十世紀偉大的哲學家維根什坦（L. Wittgenstein，1889-1951）承繼了此一觀點，而有一現代的重述：

> 死亡不是生命中的一個事件：我們無法活著經驗死亡。[19]

「死亡的邏輯觀點」蘊涵一個重要的意義，這也是依比鳩魯此番論述的基本旨趣所在：恐懼、害怕死亡是愚蠢的非理性態度。依比鳩

---

[17] B. Pascal，*Pensees*，何兆武譯，《思想錄──論宗教和其它主題的思想》，北京商務印書館，1997，頁 93。

[18] 依比鳩魯，〈致美偌寇的信〉，收於《古希臘羅馬哲學資料選輯》，仰哲出版社，1987，頁 379。

[19] L. Wittgenstein, *Tractatus Logico-philosophicus*: 6.4311 Death is not an event in life: we do not live to experience death. Translated by D. F. Pears & B. F. McGuinness, Routledge & Kegan Paul, 1961.

魯可能是第一個告誡我們不要害怕死亡的哲學家。[20]因為我們根本遭遇不到死亡，也就沒有道理去害怕一個我們根本碰不到的東西。所以，害怕死亡就像杞人憂天一樣，是愚蠢的非理性態度。怕死是非理性的觀點，羅馬哲學家盧克萊修（Lucretius，99-55 B. C.）對此有進一步的發揮：

> 死對於我們不算什麼，和我們也無半點關係⋯⋯悲哀和疾病如果正在等待著，那麼，那一個災禍能降落在身上的人，必須本身是在那裡，在那個時候。但死亡已取消這個可能，因為他不能把生命給予那個人，那個這種煩惱憂慮能群聚其身的人。所以，應該承認：死沒有什麼值得我們害怕，對於那不再存在的人，痛苦也全不存在，正如他從來就未被生出來一樣，當不朽的死神把有死的生命取去的時候。[21]

依盧克萊修之見，我們在死後將沒有任何的感官知覺，就如同在未出生前沒有感官知覺一樣，當死亡降臨我們身上時，我們對他不會有任何感知，所以，死亡與我們一點關係都沒有，根本不用害怕死亡。

四、對死亡的恐懼

「死亡的邏輯觀點」條理分明，簡潔易懂。我們活著的生命就是從生到死的一段有限時間的存在，在出生之前我們並不存在，而在死後我們也不再存在了。我們既然不須懼怕「生前的不存在」，那麼也就沒有理由懼怕在我們死後同樣的不存在（「死後的不存在」）。事實是否如此，頗有疑問。

---

[20] Louis P. Pojman, *Life and Death: Grappling with the Moral Dilemmas of Our Time*, Jones and Bartlett, 1992, p.38.

[21] 盧克萊修，〈怕死的愚蠢〉，收於《古希臘羅馬哲學資料選輯》，仰哲出版社，1987，頁 475-477。

　　《列子‧力命篇》中記載有一則東門吳子死不憂的的故事，提供了一個平行事例，足以說明其中的問題：[22]

> 魏人有東門吳者，其子死而不憂。其相室曰：「公之愛子，天下無有。今子死不憂，何也？」東門吳曰：「吾常無子，無子時不憂。今子死，乃與嚮無子同，臣奚憂焉？」

東門吳此人非常疼愛他的小孩，但是孩子死的時候，卻一點也不憂傷，令人費解。東門吳的回應可如此表述：「無子時不憂，子死同無子時，故子死不憂。」東門無子死不憂的表現，違反人之常情，若非如莊子妻死鼓盆而歌一樣已了悟生死，就是冷漠無情，否則就是頭腦不清了。東門吳的論述，就邏輯的論證形式而言是有效的（valid），但是犯了一個明顯的歧義謬誤（fallacy of ambiguity）：偷換概念。第一個前提「無子時不憂」中的「無子時」是指擁有小孩之前沒有小孩的時候，第二個前提「子死同無子時」中的「無子時」則指擁有小孩之後又失去他的情況，二者之語言符號形式雖然相同，其所傳達的意義其實全然不同，應將其視為兩個不同的概念，否則就犯了推論上偷換概念的謬誤。

　　「死亡的邏輯觀點」基本上犯了相同的謬誤，我們有必要區分兩種的不存在：「存在前的不存在」與「存在後的不存在」，二者確實不同，否則生命的存在就顯得荒謬了。一個人若從未曾擁有，那也就無所謂的失落，而一但擁有之後，失去就會造成痛苦，甚至釀成悲劇。沒有戀愛也就沒有失戀，然而愛過的分手令人傷心欲絕、痛不欲生；富有之後的破產十分悲慘；功成名就之後的失意則相當淒涼。同理，在我們出生之前，我們確實不存在，因此也就沒有什麼東西好失去的。我們之所以如此懼怕死亡，煩憂存在之後的不存在，實在是因為我們真的很害怕失去生命，就像母親害怕失去心愛的寶貝，歌手害怕失去嗓音，舞者害怕失去雙足，演員害怕失去表演舞台，作家害怕江

---

[22] 嚴捷、嚴北溟，《列子譯注》，文津出版社，1987。

郎才盡。死亡是生命中最大的失落，我們生命中所擁有的一切最終都會被他剝奪殆盡，所有人生中雄心壯志的偉大報負都將落空，一切所珍愛、所不捨的人事物都將永不得見，所以懼怕死亡其實是相當合理的事，因為我們珍愛我們的生命。也就是說，我們所擔心害怕的正是依比鳩魯所指出的情況：「當我們死時，我們就不存在了。」我們正是害怕死亡把我們生命中所曾經擁有的一切剝奪一空，除非你的生命是一種不幸、一場災難。所以，對死亡的恐懼讓我們更能珍惜生命，活出存在的價值，而愈幸福的人似乎愈害怕死亡，二者幾乎可說是成正比的關係。依比鳩魯論證所欲達到的目的，適得其反，倒反證了恐懼死亡的合理性。不過伊比鳩魯所言「死是一切惡中最可怕的」這點，卻是我們生命中的基本真理。德國哲學家叔本華（A. Schopenhauer，1788-1860）稱之為「不變的自然之聲」：死亡是威脅人類的最大災禍，亦即，死亡意味著生命的毀滅與存在的無價值。[23]對死亡的憂慮就構成我們生命中最大的恐懼，但這種對死亡的恐懼（thanaphobia）是正常的：我們怕死，因為我們不願失去生命，這也是出於自我保存的基本需求；是合理的：我們怕死，因為我們珍愛生命中一切的美好、價值。對死亡的恐懼是一種「理性的恐懼」（rational fear），此與「非理性的恐懼」（irrational fear）截然不同。[24]理性的恐懼讓我們可以避免一些可能的傷害，譬如：害怕被火燒傷，那就離火遠一點，或者小心用火；怕得肺癌，那就戒菸；擔心死後下地獄，那生前就注意自己的言行，諸惡莫做，眾善奉行；從而達成某些正面的價值，如生命安全、身體健康與進入天堂。相反地，非理性的恐懼則是一種毫無理由的莫名焦慮，為了無法改變的事實，終身抱怨自責，如此杞人憂天，非但無濟於事，對人們生命的成長更是一種災難。

---

[23] A. Schopenhauer，金玲譯，《愛與生的苦惱》，北京華齡出版社，1996，頁144。
[24] 同註20，pp.38-39.

五、對死亡的進一步反思

人生在世無論幾十寒暑，每個人對宇宙人生的種種都會形成一定的信念，這些信念進而影響了他面對自己、他人以及外界事物的一種基本態度，從而成了一個人自我認知、了解他人、與人交際、判斷事情與決定行為的準則。這些信念的形塑，來自錯綜複雜的多樣途徑，諸如家庭背景、早期生活經驗、教育學習歷程、社會文化傳統、大眾傳播媒體的影響與宗教信仰之薰陶等等。這些信念構成了人們對宇宙人生問題的一個常識性觀點。不過我們必須了解到，這些常識性的觀點往往是在某個特定的社會文化背景中，在我們從小到大的學習生活經驗中，不自覺地逐漸形塑而成的，而且大都是在未經反省批判思考的情形之下就接受了的，它可能如實地反映了在特定文化傳統、生活習性、教育理念、價值體系與宗教信仰之下所形成的先入為主偏見。有關死亡的問題，也不例外。

「死亡的常識性觀點」的基本義涵可表述為下列兩個命題：「死亡就是斷氣」與「人死後為鬼」。「死亡就是斷氣」此命題指出一個人呼吸停止就是死亡。「人死後為鬼」此命題則意含死亡不是人們生命的結束，人在死後會以某一種生命形式（即鬼的形式）繼續存在。這似乎是一般人確信不疑的信念。

在現代醫學臨床上，判定死亡的標準是心肺功能的停止運作或腦死。[25]但無論是「心肺標準」還是「腦死標準」，二者究其實就是指人

---

[25] 心肺死（cardiopulmonary death）是傳統的死亡定義、醫學上的判準，以心臟停止跳動、呼吸機能終止運作作為臨床死亡的客觀依據。但是隨著心臟按摩、電擊、心率調整器、呼吸器等救命方法與人工維生系統的發展，一個腦功能完全喪失的病人仍可藉助這些人工裝置繼續維持心跳與呼吸的機能。1967 年全球第一例心臟移植手術成功，更突顯心肺標準之侷限。1968 年由麻醉學教授畢契爾醫師（Henry K. Beecher）所主持的哈佛醫學院特設委員會，提出了一個新的死亡標準，即腦死（brain death）。此標準將死亡定義為不可逆的昏迷（irreversible coma），並訂出四條判別標準：1.沒有感受性與反應性：病人

身體生理功能的喪失，這是人們肉體生命的結束，可稱之為「身死」（bodily death），這個「身死」就是我們常說的「人生在世必有一死」所指的那個「必有的一死」。「死亡的醫學標準」明確地指出了人們具有肉體的生命終有一天必將結束，這是無庸置疑的事實，但這並不代表我們對死亡大事的一個認知上的結束。醫學臨床上的死亡判準，根本上可以說只是為了維持現世社會正常運作的一套權宜措施，並不意味著死亡問題的最終解決。

在「身死」此一無可置疑的事實基礎上，我們自然會進一步思考：「身死」是否就是一個人真正的死亡（稱之為「人死」）？亦即，「身死」是否就是「人死」（human death）？對此問題的反省思考，其結果不外有兩種可能的觀點。第一種可能的觀點是「身死即是人死」：身死就是一個人生命的全然結束，就如燈滅火熄，一了百了，與草木同朽，最後化作白骨一堆，別無他物。第二種可能的觀點是「身死並非人死」：身死只是肉體的消解，並非一個人生命真正的結束，而是另一種生命（非肉體形式生命）的開始，身體的死亡只是從一種生命形式轉換到另一種生命形式的過度關卡。這兩種「死亡的哲學觀點」基本上是對立的，一個主張「死亡是斷滅」──生命的絕對終結，生命因死亡之斷而絕對滅絕；另一則主張「死亡是斷續」──生命的形式轉換，此世生命隨著身體死亡之斷而進入身死之後延續的生命世界。二者事實上無法並存，若其中一個成立，另外一個也就被駁斥了，但是它們在邏輯上都是可能的，因為目前並無決定性的論據足以證成何者事實上為真。這是哲學思考所以不同於醫學臨床事實之處，哲學思考的結論僅表達一種邏輯的可能性（logical possibility），只要沒有

完全喪失了對外在刺激與內在需求的一切感受能力，以及由此而引發的反應功能。2.沒有動作或呼吸：病人不再有自發性的肌肉動作，人工呼吸器關閉三分鐘後仍沒有自發性的呼吸。3.沒有反射作用：所有反射機能均已喪失，瞳孔固定擴散，對強光沒有反應。4.腦電圖平直：逾十分鐘仍不見腦電波出現。凡符合以上判準，並在 24 或 72 小時內反覆多次測試，結果沒有變化，即可宣告死亡。但有兩種情況例外，病人體溫過低，低於華氏 90 度（攝氏 32.2 度），或剛服用過巴比妥酸鹽（barbiturates）之類的神經系統抑制劑的病例。

自相矛盾，言之成理，即可自成一說。前述依比鳩魯的「死亡的邏輯觀點」只代表了其中一種有關死亡的哲學觀點，絕非全部的答案。當然這種可能性將來有可能被科學發現的事實所證成或否證。而值得注意的是，人們對於死亡的這兩種可能性的哲學觀點，雖然尚無確實根據，卻總是傾向於相信其中某觀點為真，並且堅信不疑。這種對死亡的堅信立場，可以稱之為「死亡的宗教觀點」，這裡所謂的宗教是指廣義的信仰，而不是歷史性的制度宗教教義。[26]「死亡的宗教觀點」是人們對死亡性質的一種堅定信仰，一種相信為真的觀點，相信為真雖然排除了可能為真的懸浮不定，但它遠遠還不是事實為真。[27]

六、由死亡所彰顯的生命實相

死亡的本質為何？究竟是斷滅還是斷續？對此似乎尚無最終定論，不過身體的死亡卻是生命中確定不移的根本事實。由此必然的死亡觀照我們的人生，以死鑑生，乃彰顯出生命的基本實相。

活著（living）是我們當下存在的實況，「人生在世皆有一死」此一命題所表述的是死亡的必然性。此不可避免的死亡揭示了我們有一天將不再活著，死亡是生命不可逾越的關卡，是肉體生命的終點，無

---

[26] 科學、哲學與宗教之間的不同，正區分三種不同的真理。要言之，科學是事實為真，哲學是可能為真，宗教則是相信為真。英國大哲學家羅素（B. Russell, 1872-1907）對此三者之區別有一內涵明確的陳述：「所有確定的知識均屬科學之範疇，所有超越確定知識的教條乃屬神學，而其間的無人境界即為哲學。」（B. Russell, *A History of Western Philosophy*, Routledge & Kegan Paul, 1991, Introduction.）

[27] 此處將宗教信仰界定為「相信為真」的說法，是就一般信仰的情形而論，並不透徹。若確實考量到歷史上各大宗教的創始者，如耶穌（基督教）、穆罕默德（伊斯蘭教）、釋迦牟尼（佛教）、那納克（錫克教）等人深刻的宗教經驗，不論是天啟還是悟道，他們似乎是掌握了宇宙人生的超越真理，並由此而獲得巨大的心靈力量。就他們而言，這超越的真理是再真實不過的事，他們的教化人間，就是宣揚這些真理，但就一般信眾而言，畢竟不到如此之生命境界，他們的信仰也就只能是相信教主所說的為真。

一人可以倖免，而人們打從出生之日起即一步一步地趨向此死亡終點，所以說人是向死的存在。更透徹地說，活著即死去（living is dying），死亡其實是生命的本質，德國哲學家舍勒（Max Scheler，1874-1928）指出：

> 每一種生命（包括我們自己）經驗的本質都包含著這樣一點，即：這種經驗具有指向死的方向。死屬於那種形式和結構，在其中被給予我們的只是每一種生命，我們自己的生命以及其它各種生命，以及內在的和外在的生命。死不是一個偶而添加到個別心理或生理程序的形象上的架構，而是一個屬於形象本身的架構，沒有它，就沒有生命的形象了。[28]

死亡是生命的背景舞台，沒有死亡舞台，任何生命的戲劇就無法演出，「死伴隨著整個生命」[29]。在整體的意義下，生命的前景只有在死亡的背景中才是可能的。[30]在醫學臨床上，一個有病將死的人，稱為「瀕死病人」（dying patient）。事實上，每一個活著的人本質上都是「瀕死的人」（dying person），活著即死去，只不過無致命疾病在身而已。

關於人的必死性，佛經中有一則芥菜子的故事說到必死的普遍性。[31]有位悲傷得心煩意亂的年輕母親，為了她早夭的嬰兒而悲慟不已，於是她去請佛陀為她開示。她說他非常悲痛，一直無法克服這個具有毀滅性的損失。佛陀要她去她村子裡的每戶人家，向家中沒有遭遇過死亡的家庭要一顆芥菜子，然後再把所有蒐集到的種子拿回來給

---

[28] Max Scheler, Tod, *Fortleben und Gottesidee*, 孫周興譯，《死、永生、上帝》，漢語基督教文化研究所，1996，頁 20-21。

[29] 同上註，頁 26。

[30] Michael C. Kearl, *Endings: A Sociology of Death and Dying*, Oxford University Press, 1989, p.3. "In the sense of gestalt, the foreground of life is only possible with the background of death."

[31] 轉引自 L. Marinoff, *Plato Not Prozac!*, 吳四明譯，《柏拉圖靈丹》，方智出版社，2001，頁 330。

他。她很認真地挨家挨戶去問，當她空著手離開時，她才了解，沒有一個人家未曾碰過死亡的問題。她沒有帶半顆芥菜子回到佛陀那裡，佛陀告訴她自己已經親眼所見的事：她並不孤獨。死亡是會發生在我們每一個人、每一個家庭的事，那只是時間的問題罷了。

意義治療（logotherapy）創始者弗蘭克醫師（Viktor E. Frank，1905-1997）在其名著《活出意義來——從集中營到存在主義》一書中說了一個「德黑蘭死神的故事」，形象鮮明地說明了人對死亡的無所逃。[32]一個有財有勢的波斯人有天和他的僕人在花園中散步，僕人大叫大嚷，說他剛剛碰上死神，後者威脅要取他性命。他請求主人給他一匹快馬，他好立刻啟程，逃到德黑蘭去，當晚就可到達。主人答允了，僕人於是縱身上馬，放蹄疾馳而去。主人才回到屋裡，就碰上死神，便質問他：「你為何恐嚇我的僕人？」死神答道：「我沒有恐嚇他呀！我只是奇怪他怎麼還在這裡而已。今天晚上，我打算在德黑蘭跟他碰面呢！」

俄國大文豪托爾斯泰（Leo Tolstay，1828-1910）則引用東方的寓言，以文學藝術的手法描繪了他對人類必死情境的觀點。[33]一個旅行者在草原上遇著一頭猛獸。為了躲避猛獸，旅行者跳入一口枯井，但他看到一條龍伏在井底，張開大口要吞噬他。於是這個不幸的人，既不敢爬出來，怕被猛獸咬死，又不敢跳下井底，怕被龍吞掉，只好抓住長在井壁裂縫中的野生樹杈子，吊在上面。它的手勁快用完了，他感到，他不久就要聽任在兩邊等著他的死神的擺佈，但他一直堅持著，他環顧四周，看到有兩隻老鼠，一隻黑的，一隻白的，在他抓住的那根樹杈上從容地爬著、啃著。眼看這樹杈子就要折斷，他掉下去必然落入龍口。旅行者看到這一點，而且知道，他難免一死。但當他還吊在樹杈上時，他四下張望，發現樹葉上有幾滴蜜，於是就伸出舌

---

[32] Viktor E. Frankl, *Man's Search for Meaning*, 趙可式、沈錦惠合譯，《活出意義來》，光啟出版社，1998 七版，頁 78。

[33] Leo Tolstoy, *The Confessions*, 馮增義譯，《托爾斯泰懺悔錄》，北京華文出版社，2003，頁 35-36。

頭舔蜜。說完故事，托爾斯泰接著自述：「我也是這樣掛在生命的枝丫上面，知道那隻準備把我撕裂的龍一定在等著我死，而且不理解為什麼我會遭到這樣的折磨。我也想飲吸原來使我感到快慰的蜜，但那幾點蜜已經不能使我高興了，而白鼠和黑鼠，即白天和黑夜，都在啃著我牢牢抓住的樹枝。我清楚地看到龍，蜜對我來說也不甜了。我看到的只有躲避不了的龍和老鼠，而且也不能把我的視線從它們身上移開。這不是寓言，而是真實的、無可辯駁的、每個人都能理解的真理。」

我們的生命無法逃出死亡的魔掌，「死亡的不可避免性」彰顯的生命基本實相就是「生命的有限」：我們並不能永遠的活著，終有一天我們將結束存在。同樣重要的是，我們對此必有的一死，卻一點也無法預料它何時、何地、會以何種方式降臨到我們頭上。此「死亡的不可測性」所彰顯的生命基本實相就是「生命的無常」。俗諺云：「天有不測風雲，人有旦夕禍福。」世事無常，人生無常，而死亡是生命中最大、最終的無常，恰如西藏俗諺所言：「明天還是來生那個先到，任誰心中也無定譜。」（There is no certainty whether tomorrow or the next life will come first.）

七、死亡對生命意義的啟示

身死的必然性（inevitability）與不確定性（uncertainty）彰顯了吾人生命中的兩項基本實相：「生命的有限」與「生命的無常」，有關此兩點的真切體悟了知，對我們的生命意義有著極其深刻的啟示。

我們的必死性這一事實，對生命的意義而言，可以是驚恐性的，也可以是解放性的。[34]必死性對生命之所以是驚恐性的，其實就是伊比鳩魯所指出的情況：「當我們死時，我們就不存在了。」死亡畢竟是每一個生命的終結，我們人生中所曾擁有的一切，最終都將被它剝奪殆盡，死亡是生命價值的最大毀滅者，是生命中最大的惡。《聖經》

---

[34] J. Hick, *The Fifth Dimension: An Exploration of the Spiritual Realm*, 王志成、思竹譯，《第五維度——靈性領域的探索》，四川人民出版社，2000，頁 337-338。

上說：「與一切活人相連的，那人還有希望，因為活著的狗比死了的獅子更強。活著的人知道必死。死了的人毫無所知，也不再得賞賜，他們的名無人紀念，他們的愛，他們的恨，他們的忌妒，早都消滅了。在日光之下所行的一切事上，他們永不再有分了。」[35]生命的必死性逼顯了我們存在的根本侷限，德國哲學家雅斯培（K. Jaspers，1883-1969）稱之為「人類的界限情境」（boundary situation）[36]。死亡這個「界限情境」雖然對我們的存在是毀滅性的災難，但它同時也為我們的生命提供了一個意義的來源。因為「伴隨著對必死性的一種現實感，我們對於如何去生存的決定，就呈現出別的造物很可能沒有的意義。」[37]生命的必死性侷限了我們存在的期限，死亡的不可測性則告訴我們此一有限的生命何時會結束無法預知，這就意味著我們在世所想從事的任何行動，都必須在此有限而又無常的生命中去完成，這同時也就迫使我們在各種行動的目標上，定出優先次序的判斷，並依此作出價值的選擇，某個目標必須先做，而另一個目標在後，因而決定了我們實際的行動策略。如此，毀滅性的死亡災難成了生命中的重大事件，它是生命意義的催化劑。宗教哲學家希克（J. Hick）稱之為「死亡的創造性作用」，他說：

> 必死性的作用是使時間變得寶貴。生死之間的分界給人施加了一種壓力，賦予我們的生命以迫切的意義。由於我們不能永遠活著，我們不得不在我們打算要做的無論什麼事上取得進展。而由於我們是恆常流變的創造物，我們有可能甚至更為充分地實現我們身上的潛能。[38]

---

[35] 《聖經・舊約・傳道書》第九章 4-6。聯合聖經公會（United Bible Societies），新標準和合本，1996，頁 721。

[36] K. Jaspers, *Philosophie*, Vol.2., p.220.雅斯培將死亡（death）與苦難（suffering）、衝突（struggle）、罪惡（guilty）合稱為人類的界限情境。

[37] I. Singer, *Meaning in Life: The Creation of Value*, 郜元寶譯，《我們的迷惘》，廣西師範大學出版社，2002，頁 58。

[38] 同註 34，頁 333-334。

假如我們能夠長生不死，那麼人生在世也就沒有什麼事是急迫得非馬上去辦不可，畢竟我們有無限的時間，隨時都可以去做這些事，等到想去做的時候再做就可以了，根本不用急於此時。但是，我們並沒有無限的時間，有一天我們的生命終會結束。因此，死亡在威脅我們生命的同時，也揭示了我們存在的意義。索甲仁波切說的好：「死亡是反映生命整體意義的一面鏡子。」[39]當一個人真誠地面對他的死亡時，他是在向自己提問生命的意義：我這一輩子有沒有白活？我存在的價值是什麼？此點也就是死亡對生命最大的啟示，正如哲學家辛格（I. Singer）所做的精闢闡述：

> 如果抽離了生命的意義，死亡也便沒有意義可言。死亡之所以是人類存在的一個極其重要的問題，無非是因為它加入了我們對生命意義的探究。關於死亡的一切思考，都反映了我們對生命意義的思考。[40]

生與死二者的意義，可以說是深度地交錯參涉與相互地闡明揭示，有關生命的深刻理解總伴隨著對死亡的嚴肅考量。生與死是生命共振的兩極，任何一端的騷動，都會引發另一端的迴響。古希臘哲學家蘇格拉底（Socrates，469-399B.C.）說過：「未經檢視的生命是不值得活的。」（Life without examination is not worth living.）因為我們不只是要活著，而是要活得更好。對生命的檢視必得面對死亡，因為「思索死亡只是要了解我們該如何來活得更好、更具意義。」[41]可以說，死亡是對我們生命的一個隨時的提醒，隨時提醒我們生命有限而且無常，我們應該審慎思量自己的生命需要完成什麼目標，並在這種認知了悟中正確的過生活，而使我們更能全心投入生命，以成就存在的價值。所以，死亡就是生命意義的指標。因為，我們面對生命的態度，總是反

---

[39] 同註 11，頁 25。

[40] 同註 37，頁 74。

[41] M. Rawlings, *Beyond Death's Door*，《死——怎麼回事？》，橄欖翻譯小組譯，橄欖基金會，1997，頁 47。

映出我們和死亡的關係，而且在死的那一刻可以顯明，我們的生命曾是多麼的有意義或是無意義。[42]

八、結語：面對死亡活出生命

宗教哲學家鮑克（J. Bowker）指出：重新找回死亡的價值（value of death）以及在死亡中的價值（value in death）對我們來說相當重要，其重要性並不下於醫學專業與安寧療護運動。[43]其言甚是。死亡的重大價值就在於其對生命意義的安立，進而讓我們活出本真的存在。如果我們對死亡沒有答案，對生命也就沒有答案。事實上，我們甚至無法找到具有終極意義的生活方式。[44]這就是生命弔詭之處。正如陸游年老臥病時的深沉感慨：「遇事始知聞道晚，抱痾方悔養生疏。」好似只有當人們面對其人生中的不如意、挫敗、失落時，才赫然警醒生命中所缺乏的是什麼，頓然了悟什麼才是生命中根本的價值，當此之時，驀然回首，方知未曾好好認取與珍惜。病後始知健康的重要，失去方知曾經擁有的美好，分手方知愛過情深，書到用時方恨少，離鄉方知念家苦。我們在真正面對死亡時，也會萌生相同的心境，這種心境對我們生命意義的反思安立，相當根本而且極其重要。那些瀕死病人在臨死前最大的遺憾，就是感嘆一生從未好好活過。庫柏羅絲醫師在回顧其大半生照顧臨終病人的深刻感受就是如此，她說：

> 有人問我，在死亡的問題上，那些臨終病人到底教導了我什麼？我本想提供他們一個醫學上的解釋，但是這樣做也許會誤導讀者。絕症並人告訴我的不僅僅是臨終的感受、死亡的感覺。他們教導我的比這多得多。他們向我訴說：這一生中有很

---

[42] 同註 3，頁 73。

[43] J. Bowker, *The Meaning of Death*, Cambridge University Press, 1991, p.42.

[44] A. Morgan, *What Happens When We Die?*, 屈貝琴譯，《認識死後的世界》，校園書房，1999，頁 14。

多事情他們該做卻都沒做，直到一切都太遲了，他們病了、身體虛弱了、配偶過世了，才開始後悔。回首自己的一生，他們教導我，人生中哪些東西是真正有意義的。這些東西都跟死亡無關，他們關係到生活和生命。[45]

當一個人即將面臨死亡時，往往是最真實剖析自己的時刻，人之將死其言也善，這對依然健在的我們具有重大的啟示。但是，如果生命總是必須等到臨終之時方能體認到它的價值所在，那真是太悲哀了。臨死方悔一生白活，多麼不甘心！但人們總是很健忘，終是不見棺材不掉淚，因此必須時常被提醒或自我提醒。死亡就是我們生命的一個絕不寬容的導師，一個直言不諱的忠實諍友，它隨時在旁提醒我們：生命是可貴的，活著是難得的，你要珍惜，不可浪擲虛度，活出存在的價值。庫柏羅絲醫師在她七十歲的自傳中，總結她一輩子探究死亡的結論時說：

活了一輩子我終於明白：未經徹骨寒，那得臘梅香——沒有痛苦就沒有歡樂。試問，如果沒有悲慘的戰爭，我們能體會和平的可貴嗎？如果沒有愛滋病，我們會注意到人類生存正面臨威脅嗎？**沒有死亡，我們怎會珍惜生命**？人間如果沒有仇恨，我們怎能領悟人生的終極目標是愛？[46]

沒有人喜歡死亡，但「沒有死亡，我們怎會珍惜生命？」真誠地面對死亡，就是在向自己提問生命的意義何在？此一真誠的提問將帶來生命的覺醒，而活出本真的存在。死亡並非只有結束生命這樣消極的意義，它同時具有提醒我們要珍惜生命的積極內涵，誠如哲學家威廉詹姆士（W. James，1842-1910）的深邃洞見：

---

[45] E. Kulber-Ross, *The Wheel of Life: A Memoir of Living and Dying*, 李永平譯，《天使走過人間——生與死的回憶錄》，天下文化，1998，頁202。

[46] 同註45。

惡之事實，是現實中一個真實的部分。畢竟在後來，這些惡有可能成為生命意義的最佳鑰匙，也可能是那唯一幫助我們開眼看到最深刻真理的途徑。[47]

如此，死亡這個生命中的大惡、存在中的黑暗，確是賦予生命意義的必要之惡，給存在帶來光明的黑暗。在光明之處我們看不清黑暗角落的實況，而在黑暗中，既知曉自身處境，亦清楚看到光明所在。

[47] W. James, *The Varieties of Religious Experience*, 蔡怡佳、劉宏信譯，《宗教經驗之種種——人性的探究》，立緒文化，2001，頁 202。

死亡、後世與生命的意義：《古蘭經》中的生死觀

我們的主啊！
求你在今世賞賜我們美好的生活，
在後世也賞賜我們美好的生活，
求你保護我們，免受火獄的刑罰。

——《古蘭經》2：201

一、引言

　　生從何來？死往何去？活著又為何？這是人生的三個基本大問題。人活著是不爭的事實，但人為什麼活著？活著的意義是什麼？此外，人既有生，又為何會死？死亡的意義究竟是什麼？人生自古誰無死，但這人皆有之的一死，又是什麼？是人死燈熄、灰飛煙滅？還是人死之後死灰復燃，尚有不同形式的生命持續下去？人有今世殆無疑義，是否還有來生，則有待追究。雖然我們無法理性地証明來生的存在，但這是有關人生命意義的根本信仰，接不接受這個信仰，將導致完全不同的人生。[1]《古蘭經》中的生死觀，就是很明顯地以來生（後世）的虔誠信仰來界定今世生命意義的一個典型。本文的目的即在於展示《古蘭經》中的此一基本義理，我們也將看到，這一切事實上都是偉大的真主安拉神聖意志的展現，而《古蘭經》是真主安拉所啟示的對人生的引導與恩惠。

---

[1]　劉見成，（2001）。

二、安拉與《古蘭經》

伊斯蘭教的宗教信仰有其基本信條，《古蘭經》中記載：

> 信道的人們啊！你們當確信真主和使者，以及他所降示給使者
> 的經典，和他以前所降示的經典。誰不信真主、天神、經典、
> 使者，末日，誰確已深入迷誤了。（4：136）[2]

經文中所提，信真主、信天神、信經典、信使者及信末日即是伊斯蘭
教的五大基本信條，而信真主安拉則是最重要的信條，整個信仰的核
心。在阿拉伯語，ALLAH 即上帝（The God）之意。一個穆斯林
（Muslim，信仰伊斯蘭教者）不只是信真主安拉，而且是信主獨一（The
Oneness of God），阿拉伯語稱之為 Tawhid。從真主安拉啟示給使者穆
罕默德（Muhammad）的神聖經典——即《古蘭經》，我們可以得知，
真主安拉是獨一無二、至無高上、全知、全能、全善的永恆存在，他
是宇宙萬物的來源，天地間的一切都歸於他：

> 他是真主，是獨一的主，真主是萬物所仰賴的，他沒有生產也
> 沒有被生產；沒有任何物可以做他的匹敵。（112:1-4）

> 真主，除他外絕無應受崇拜的；他是永生不滅的，是維護萬物
> 的；瞌睡不能侵犯他，睡眠不能克服他；天地萬物都是他的；
> 不經他的許可，誰能在他那裏替人說情呢？他知道他們面前的
> 事，和他們身後的事；除他所啟示者外，他們絕不能窺測他的
> 玄妙；他的知覺，包羅天地。天地的維持，不能使他疲倦。他
> 確是至尊的，確是至大的。（2:255）

---

[2] 本文所引《古蘭經》經文，除有特別註明外，均以馬堅譯《古蘭經》（中國社
會科學出版社，1996）為準。所引經文之後均註明章節，如 4:136 即指第 4
小章第 136 節。

真主安拉獨一無二與至高無上，任何事物均無以匹敵，因此若有人認為存在與真主地位並駕齊驅的事物，而以物配主者，則是非常嚴重的罪惡。

天地萬物的存在，日月星辰的運行，這種種都是「萬能者全知者的佈置。」（6:96）「一切事情，只歸真主安排。」（2:210）我們可以這麼說，整個宇宙人生不過就是真主安拉神聖意志的展現，對此神聖意志，人們只能敬畏只能順從。伊斯蘭（Islam）此一阿拉伯字的意義就是「順從上帝的意志」（submission to the will of God）。伊斯蘭教根本而言就是信奉此獨一真主之意志的宗教。信真主安拉是伊斯蘭宗教信仰的核心與基礎，其它信條不過是此信仰的補充。[3]

真主安拉創造了宇宙，也創造了人類，並賦予人類行善作惡的能力以及選擇善惡的能力；也就是說，真主賦予人類自由意志，來考驗人類是否順從安拉的意志，順從者享福報，不從者受懲罰，由此得以彰顯真主安拉至高無上的神聖意志。《古蘭經》中如此地陳述：

> 我必以些微的恐怖和飢饉，以及資產、生命、收穫等的損失，試驗你們，你當向堅忍的人報喜。他們遭難的時候，說：「我們確是真主所有的，我們必定只歸依他。」這等等人，是蒙真主的保佑和慈恩的；這等人確是遵循正道的。（2:155-157）

> 今世的生活，只是虛幻的享受，你們在財產方面和身體方面必定要受試驗，你們必定要從曾受天經的人和以物配主的人的口裡聽到許多惡言，如果你們堅忍，而且敬畏，那麼，這確是應該決心做的事情。（3:185-186）

---

[3] 使者是接受啟示，真主意志在人世間的訊息傳達者；經典是真主的意志透過使者之啟示的文字匯集；天使是執行真主意志之助手；後世之信仰則是展現真主全能、全知與全善意志之神聖計劃最重要的設計。

整個人生其實就是真主安拉考驗我們的歷程，而信道順主就是人生的正路。「你應當順從我，這是正路。」（43:61）《古蘭經》這部匯集真主安拉通過先知穆罕默德曉諭之啟示的神聖經典，事實上就是真主安拉所降示的對人生的指南，其主旨在於使人們在真主安拉的引導之下走上正路。

> 信奉天經的人啊！我的使者確已來臨你們，他要為你們闡明你們所隱諱的許多經文，並放棄許多經文。有一道光明，和一部明確的經典，確已從真主降臨你們。真主要借這部經典指示被追求其喜悅的人走上平安的道路，且依自己的意志把他們從重重黑暗引入光明，並將他引上正路。（5:15-16）

《古蘭經》中類似啟示內容的經文處處可見，茲引數則如下：

> 這是從至仁至慈的主降下的啟示。這是一部節文詳明的天經，是為有知識的民眾而降示的阿拉伯文的《古蘭經》可以做報喜者和警告者。（41:2-4）

> 一切讚頌，全歸真主！他以端正的經典降示他的僕人，而未在其中製造任何偏邪，以使他警告世人，真主要降下嚴厲的懲罰；而向行善的信士們報喜，告訴他們將受優美的報酬，而永居其中。（18:1-3）

> 這部《古蘭經》必引導人於至正之道，並預告行善的信士，他們將要享受最大的報酬。不信後世者，我已為他們預備了痛苦的刑罰。（17:9-10）

> 這些是《古蘭經》——判別真偽的經典——的節文，是信者的向導和佳音。信道者謹守拜功，完納天課，篤信後世。不信後世者，我確已為他們而裝飾了他們的行為，故他們是徘徊歧途的。這等人是應受嚴刑的，他們在後世確是最虧折的。（27:1-5）

真主安拉即是如此通過《古蘭經》,「闡明他的跡象,以便你們遵循正道。」(3:103)何謂正道?「你應當順從我,這是正路。」(43:61)「真主的引導,才是正導。」(6:71)信主順主就是人生的正路。通過《古蘭經》,真主安拉以後世的獎懲向信道者報喜,並向不信者與偽信者作出警告。信道行善者在後世將享受樂園的報酬,背道行惡者則將受到火獄的懲罰。善有善報,惡有惡報,「他們要被秉公判決,不受冤枉。」(10:54)每個人在死後的後世裡都要承受自己在今世行為的公正報酬。《古蘭經》一再地告誡:「誰遵循正道,誰自受其益;誰誤入迷途,誰自受其害。」(17:15)因此,人生在世最大的任務就是信道順主,行善去惡,如此才能為後世進入樂園的福報,創造有利的條件。可以這麼說,每一個穆斯林他一生所追求的目的就是為進入樂園而走正路。[4]

三、死亡

宇宙人生都是真主安拉神聖意志的創造與安排,人的生命如此,人的死亡也是如此,更重要的是:人死後必將復活。創生——死亡——復活原本就是真主安拉神聖計劃中息息相關的環節,《古蘭經》中對此有詳盡的描述:

> 我確已用泥土的精華創造人,然後,我使他變成精液,在堅固容器中的精液,然後我把精液造成血塊,然後我把血塊造成肉團,然後,我把肉團造成骨骼,然後,我使肌肉附著在骨骼上,然後我把他造成別的生物。願真主降福,他是最善於創造的。此後,你們必定死亡,然後,你們在復活日必定要復活。(23:12-16)

---

[4] 楊啟辰,(1995:173)。

創生──死亡──復活三者環環相扣，其中死亡一事，在真主安拉的神聖計劃中居於關鍵性的地位，死亡是一個重大的關卡，饒富深刻的意義。《古蘭經》中的死亡觀念及其意義分幾點敘述如下：

（一）人皆有死

人生在世，必有一死。《古蘭經》中一再重申，人人都要嘗死的滋味。(3:185，21:35，29:57) 人們雖總是一再地想逃避死亡，延遲死亡，但終究要死。「你們無論在什麼地方，死亡總要追及你們，即使你們在高大的堡壘裡。」(4:78)

（二）死亡是靈魂與身體的分離

依伊斯蘭教的觀點，人是由肉體與靈魂所組成。[5] 而死亡就是靈魂與肉體的分離。(56:83-88) 而這整個過程是由真主安拉所主導：「你們到了死亡的時候真主將他們的靈魂取去。」(39:42)

（三）死亡歸屬於真主安拉的意志

真主安拉不只主導整個死亡的過程，取走靈魂，根本上而言，死亡一事亦是真主安拉神聖意志之展現，死亡的到來必須得到真主的允諾：

> 不得真主的許可，任何人都不會死亡；真主已注定各人的壽限了。(3:145)

真主創造天地萬物，只讓他們「存在至一定期」(46:3)，而且「壽限一到，真主絕不讓人延遲。」(63:11)

（四）死亡不是生命的結束而是一個過渡的關卡

創生──死亡──復活此一偉大藍圖所揭示的主要意義就是：死亡不是一個人生命的結束，它只是過渡到另一個生命的關卡：

5　Bowker，(1993:187)。

真主使你們生，然後使你們死，然後在毫無疑義的復活日集合你們；但世人大半不知道。」（45:26）

創生──死亡──復活這個主題，在《古蘭經》中一再地出現，一次又一次地被強調。（2:28，20:55，22:66，30:40，56:60-62，80:19-22）在伊斯蘭教的信仰中，人類的生命並不會結束，它包含兩個階段：死前的生命（a life before death）與死後的生命（a life after death）。[6]死前的生命就是我們現在活著的人生（今世，現世），死後的生命又稱之為後世或來生（After life，Hereafter）。今世的生命是暫時的、有限的，這是真主所已注定好了的，而後世的生命則是永恆的存在，更好或者更壞，端視個人在現世生命中是否信主行善而定。

（五）死亡是回歸真主安拉

真主安拉創造了人類的生命，最後也將回歸於祂，死亡就是回歸的最後期限：

> 我確是使人生、使人死的，我確是最後的歸宿。（50:43）

> 每一個有息氣的，都要嘗死的滋味，然後，你們將被召歸於我。（29:57）

為什麼要回歸真主？回歸之後又會發生什麼事情？在一段著名的經文中是這麼說的：

> 他使你們在夜間死亡，他知道你們在白晝的行為。然後，他使你們在白晝復活，以便你們活到已定的壽限。然後，你們只歸於他，他要將你們的行為告訴你們。他是宰制眾僕的，他派遣許多天神來保護你們。等到死亡降臨你們中的任何人的時候，我的眾使者，將使他死亡，他們毫不疏忽。然後，世人要被送歸真主

6　Alkhuli，（1982:37）。

——他們的真主。真的，判決只歸他，他是清算最神速的。
（6:60-62）

人死之後要被送歸真主，最主要的是接受真主的判決。「他要將你們的行為告訴你們」，依照每個人在今世中的行為表現，接受真主的清算，做出判決——進樂園或下火獄。

（六）死亡是真主對人類考驗的最後期限

整個人生是真主對人類考驗的歷程，正如《古蘭經》中所揭示的：

> 多福哉擁有主權的主！他對於萬事是全能的。他曾創造了死與生，以便他考驗你們誰的作為是最好的。（67:1-2）

但是此一人生的考驗並不是個沒完沒了的過程，死亡就是這個考驗的最後期限，之後要被送歸真主，依其在世上的所做所為接受真主的清算判決。因此，死亡的目的，就在於設置一個緩行的最後期限，在此期限中，個人能夠自由（在真主創世意志決定並許可的範圍裡）選擇或者沿著回歸神的捷經去引導自己的生活；或者加入卡菲爾人（Kafirun）去做那反抗和棄絕真主的勾當。[7]

（七）死亡是生命覺醒的重要關鍵時刻

因為死亡是真主考驗人類的最後期限，死亡的存在對於我們生命的覺醒具有重大的啟示。人死後，在他的背後就築起了一堵不可踰越的高牆，他再也不能重回人間或重新經受其人生考驗：[8]

> 等到死亡降臨他們中，一旦有人臨危時，他才說：「我的主啊！求你讓我返回人間，也許我能借我所遺留的財產而行善。」絕

---

[7]　Bowker，（1993:182）。
[8]　Bowker，（1993:195）。

> 不然！這是他一定要說的一句話，在他們的前面，有一個屏
> 障，直到他們復活的日子。（23:99-100）

如此，死亡的存在乃「逼迫個人完全客觀地來看自己如何過了這一
生」[9]，時時提醒吾人檢視我們的生命是否一直維持在正道之上，不
要死到臨頭，才發覺一切都來不及了：

> 真主只赦宥無知而作惡，不久就悔罪的人；這等人，真主將
> 赦宥他們。真主是全知的，是至睿的。終身作惡，臨死才說：
> 「現在我確已悔罪」的人，不受赦宥；臨死還不信道的人，
> 也不蒙赦宥。這等人，我已為他們預備了痛苦的刑罰。
> （4:17-18）

這可說是死亡存在最重要的意義了，這層意義，透過《古蘭經》的啟
示警告，人們將可提前學到教訓，不至於死到臨頭，才知後悔莫及，
正如一段震憾且振奮人心的經文所指示的：

> 臨死的昏迷，將昭示其真理。這是你一向所逃避的。號角將被
> 吹響，那是警告實現之日。每個人都要到來，驅逐的天神和見
> 証的天神，將與他同行。你確忽視此事，現在我已揭開你的蒙
> 蔽，所以你今日的眼光是銳利的。（50:19-22）

四、後世

死亡既然不是人們生命的結束，在人死之後就進入了死後生命的
階段。此一信仰，除信主獨一之外，可說是最重要的了。《古蘭經》
也一再重申：「篤信後世，……是遵守主的正道的。」（2:4）而「不
信後世者，確是偏離正路的。」（23:74）

---

[9]　Smith，（1998:331）。

後世可以說是真主安拉最偉大的設計與最高明的安排，同時也是其神聖意志最高的體現，體現其全知、全能、慈愛與公正。而就人類的立場而言，也就是因為有後世，這才彰顯人們今世生命的意義與目的；事實上，確切而言，現世生命不過是為死後永恆的生命預作準備。

（一）今世與後世

人類的生命以死亡作為分界點，劃分為兩個不同的階段：死亡前的生命——今世，與死亡後的生命——後世。二者均屬真主安拉神聖計劃中的一環，息息相關。今世是後世的田園，後世如何收穫，就看你在今世如何播種、耕耘。而在後世，「各人只得享受自己的勞績。」（53:39）「人人都得享受自己行為的完全的報酬，毫無虧枉。」（3:25）在今世，是真主考驗人們的階段，真主賦予人們選善擇惡、為善去惡的能力，讓我們在今世有一輩子的時間去經營後世自嘗的果實。死亡就是考驗的結束。死後我們都要送歸真主依照各人在今世的行為表現接受真主的判決，決定一個人是否有更好的或更壞的後世生活。依《古蘭經》的警示，人生最大的迷失，就是否認後世的獎懲，而只貪圖今世的享受：

> 哀哉不信道的人，他們將受嚴厲的刑罰。他們寧要今世，而不要後世，並阻礙真主的大道，而且想在其中尋求偏邪道，這等人是在深深的迷誤之中的。（14:2-3）

> 不信後世的人們是在刑罰和遙遠的迷誤中。（34:8）

要走出迷誤，就要認清真相不要再讓今世生活中的種種享受所欺騙，相信後世的獎懲，這才是正道：

> 你們應當知道：今世生活，只是遊戲、娛樂、點綴、矜誇，以財產和子孫的富庶相爭勝；譬如時雨，使田苗滋長，農夫見了非常高興，嗣後，田苗枯槁，你看他變成黃色的，繼而零落。

在後世，有最嚴厲的刑罰，也有從真主發出的赦宥和喜悅；今
世生活，只是欺騙人的享受。（57:20）

關於後世，人們能知道些什麼呢？我們只能透過真主所降示的經典獲
得相關的訊息。就看看《古蘭經》中苦口婆心的諄諄教誨吧：

你們欲得今世的浮利，而真主願你們得享後世的報酬。（8:67）

難道你們願以後世的幸福換取今世的生活嗎？今世的享受比
起後世的幸福來是微不足道的。（9:38）

他們因今世的生活而歡喜，然而今世的生活比起後世的生活
來，只是一種暫時的享受。（13:26）

後世確是品級更高、優越更甚的。（17:21）

今世的生活，只是一種享受，後世才是安宅。（40:39）

你們選擇今世的生活；其實後世是更好的，是更長久的。
（87:16-17）

後世於你，確比今世更好。（93:4）

後世是更為美好的，我們不要把眼光侷限在今世的生活上並迷戀其
中。但後世的美好並無白吃的午餐，它不是平白地由天空掉下來的，
那是各人在今世生活中努力經營得來的，而信道順主行善就是正確的
經營之道，那些信守正道者，將會有一個美好的後世：

今世的享受，是些微的；後世的報酬，對於敬畏者，是更好的。
（3:77）

今世的生活，只是嬉戲和娛樂；後世，對於敬畏的人，是更優
美的。（6:32）

後世的報酬，對於信道而且敬畏的人，確是更好的。（12:57）

> 凡你們所受賜的，無論什麼，都是今世生活的享受。在真主那裡的報酬，是更優美的，是更長久的，那是歸於信道而只信托真主者。（42:36）

但那些不信後世，迷誤於今世生活享受的人，在後世將受火獄的嚴懲，那是更糟的淒慘歲月：

> 《古蘭經》……是信道者的嚮導和佳音，信道者謹守拜功，完納天課，篤信後世。不信後世者，我確已為他們而裝飾了他們的行為，故他們是徘徊歧途的。這等人是應受嚴刑的，他們在後世是最虧折的。（27:1-5）

> 悖逆而且選擇今世生活的人，火獄必為他的歸宿。（79:37-39）

（二）復活與審判

人死後復活，召歸於真主面前，依各人生前所為接受審判，這是真主神聖計劃中最高潮的情節，但這也是最讓人不可思議，普遍受到懷疑的事情，這種懷疑是《古蘭經》中一再出現的主題。先知穆罕默德必須經常回應來自否認後世復活的不信者之質疑，甚至被要求讓他們的祖先復活重現以為証明：

> 他們說：「只有我們的今世生活，我們死的死，生的生，只有光陰能使我們消滅。」他們對於那事，一無所知，他們專事猜測。有人對他們宣讀我的明顯的跡象的時候，他們只是借口說：「你們把我們的祖先召喚回來吧，如果你們是說實話的。」你說：「真主使你們生，然後使你們死，然後在毫無疑義的復活日集合你們；但世人大半不知道。」（45:24-26）

有關真主安拉神聖意志的計劃，人們知道多少呢？如經文所示，我們大半一無所知，對於這一切，我們不過只是猜測罷了。不過，「在真

主那裡，的確有關於復活時的知識。」（31:34）有關復活的種種，我們似乎只能接受《古蘭經》中的啟示：

> 我從大地創造你們，我使你們復返於大地，我再一次使你們從大地復活。（20:55）

> 我只憑真理而創造天地萬物，復活時是必定來臨的（15:85）

人死後必定要復活，死亡與復活之間的狀態，稱為 Barzakh[10]，即墳墓中的階段（period in the grave）。此一階段在《古蘭經》中有明白的揭示，但沒有詳細的論述[11]：

> 復活確是要來臨的，毫無疑義，真主要使墳墓裡的人復活起來。（22:5-7）

> 他從雲中降下有定量的雨水，借雨水而使已死的地方復活。你們將來要這樣從墳墓中被取出來。（43:11）

> 他曾創造他，並預定他發育的程序。然後，他使他的道路平易。然後，他使他死，並安葬他。然後，當他意欲的時候，他使他復活。（80:19-22）

復活日什麼時候會發生呢？「當他意欲的時候，他使他復活。」這也是只有真主自己才知道的事。不論復活何時會發生，有關復活日的情景，《古蘭經》中則有令人驚心動魄的生動描述：號角聲響起，蒼穹破裂，日月無光，星宿黯淡飄墮，天崩地動，海水泛濫，雲

---

[10] Ali，（1950:267）。

[11] 依 Bowker（1993:183）所述，墳墓中的階段在哈地斯（Hardith）聖訓中有過詳細的討論。在墳墓中，兩個天使蒙卡（Munker）和納克（Nakir）降臨以審訊死者。天使問道：「你崇拜的是誰？誰是你的先知？」如果死者回答是安拉和穆罕默德，他就將安息直至復活最後審判日的來臨。若非如是的回答，就將立即遭到天使的懲罰或者帶他們去看那在最後審判後等待著他們的折磨。

霧盡散，山巒變成散沙四處飛揚，死者從墳墓中蜂湧而出，奔向真主。

在復活日的重頭戲，就是審判。真主將依據各人在今世善功惡行的表現，予以清算，作出判決，以定賞罰，善者進樂園，惡者入火獄。審判的主題徹底彰顯了生死復活計劃的重大意義，也充分體現了真主的偉大意志與神聖屬性。真主安拉創造了我們的生命，賦予我們選擇善惡、為善去惡的能力，也降示經典以指引我們人生的正路，並給予我們今世一輩子的生活作為期限，以考驗我們生命中種種行為上的抉擇。死亡是這段考驗的截止點，因此真主規定了人必有一死。對人類考驗的最終審判是在死後復活時進行的：

> 人人都要嘗死的滋味。在復活日，你們才得享受你們的完全的報酬。（3:185）

在復活的審判日中，那本詳載各人一切行為的功過簿將在每個人面前展開：

> 我必定要使死人復活，我必定要記錄他們所做的善惡，和他們的事跡；我將一切事物，詳明地記錄在一冊明白的範本中。（36:12）

> 在復活日，我要為每個人取出一個展開的本子，「你讀你的本子吧！今天，你已足為自己的清算人。」（17:13-15）

在復活日那天，人人都將發現自己今世所做一切行為的記錄，無論多麼細微，多麼隱蔽，都會鉅細彌遺地陳列在自己的面前。《古蘭經》如此描述了作惡者震驚的反應：

> 功過簿將展現出來，所以你將會看到罪人們畏懼其中的記錄。他們說：「啊呀！這個功過簿怎麼啦？不論小罪大罪，都毫不遺漏，一切都加以記錄。」他們將發現自己所做的事都一一記錄在本子上。你的主不虧枉任何人。（18:46）

作惡者看到自己的行為記錄，當然會感到震驚、畏懼，因為在審判中「人人都得享受自己行為的完全的報酬」（2:281），「各人要享受自己所行善功的獎賞，要遭遇自己所作罪惡的懲罰。」（2:286）因此每個人的行為都將被公正的衡量，這是《古蘭經》中一再所揭示的真主的承諾：

> 在復活日，我將設置公道的天秤，任何人都不受一點兒冤枉；他的行為雖微如芥子，我也要報酬他；我足為清算者。（21:47）。

> 真主不致使你們的信仰徒勞無酬。（2:143）

這個承諾，可稱之為「真主的公正原則」，對此原則，《古蘭經》中有進一步的論述：

> 我沒有徒然地創造天地萬物，那是不信道者的猜想。悲哉！不信道的人們將受火刑。難道我使信道而且行善者，像地方作惡者一樣嗎？難道我使敬畏者，像放肆的人一樣嗎？（38:27-28）

> 難道作惡者以為我要使他們像信道而且行善者一樣，而使他們的生死相等嗎？他們的判斷真惡劣！真主本真理而創造天地，以便每個人都因其行為而受報酬，他們將來不受虧枉。（45:21-22）

「真主的公正原則」所揭櫫的就是「善有善報，惡有惡報」的宗教倫理，在伊斯蘭教中，每個人在審判日都會依據自身行為確切的評價而獲得相應的報酬，「行善者自受其益，作惡者自受其害。」（45:15）每個人完全為自己今世的生活負責，在此沒有交換條件的可能，旁人祈禱說情或願代人贖罪也不可能。[12]在真主神聖的計劃中，已經將善惡到頭

---

[12] 那麼真主安拉神聖意志的介入可不可能改變既已決定了的狀況？有一段經文似乎隱含這種可能性：「在那日懲罰將要降臨，每個人須經真主的允許才得發言，他們當中有薄命的，有幸福的。至於薄命的，將進入地獄，他們在其中

終有報的期限延後至人死後復活的審判中，以便有充足的時間來考驗人們。既有真主通過經典與先知的引導與警告，加上有充足的考驗時間，如此，在審判日一個人就得承擔自己所選擇之行為表現的一切後果。

（三）樂園與火獄

在審判日，人們行為善惡的總清算必須定出賞罰：

> 不信道者，將一隊一隊地被趕入火獄。（39:71）

> 敬畏主者，將一隊一隊地被邀入樂園。（39:73）

在此充分彰顯了《古蘭經》二元對立的基本精神。[13]在終極意義上，人被分為兩大類，進樂園或者入火獄；更直接明白地說，人被分為信道者與不信道者，信道者進樂園而不信道者入火獄。這種賞善罰惡二元對立的主題，在《古蘭經》中處處可見。

樂園與火獄在《古蘭經》中有很多形象生動的描寫。信道行善者在樂園中所過的是平安祥和無憂無懼的日子，他們住在園圃之中，泉源之濱，常年有漫漫之樹蔭；穿著綾羅綢緞，享用金鐲和珍珠作裝飾，相向而坐，享受種種果蜜；還有長生不老的少年輪流服待，並有美目白皙的天堂美女作伴；其中還有水質不腐的水河，乳味不變的乳河，飲者稱快的酒河與蜜質純潔的蜜河；在此聽不到任何惡言和謊話，卻充滿從至慈主所發出的「平安！」祝辭。

火獄則是另一番完全不同的景象，極為陰森恐怖。火獄中烈火熊熊燃燒，不信道者被作為燃料燃燒；他們穿火衣、墊火褲、蓋火被；

將要嘆氣，將要哽咽。他們將天長地久地永居其中。除非你的主所意欲的，你的主確是為所欲為的。至於幸福的，將進入樂園，而天長地久地永居其中，除非你的主所意欲的。那是不斷的賞賜。」（11:105-108）整個宇宙人生畢竟只是真主神聖意志的展現，似乎只要真主願意，則任何事情皆可改變，甚至改變審判之後所定獎懲的判決，但基於「真主的公正原則」：真主不致使人們的信仰徒勞無酬，再加上真主安拉是信守承諾的，因此我們可以肯切地說，真主絕不會如此行事。

[13] Bowker，（1993:201）。

以沸水解渴，以膿汁為飲料，以生長在火獄底層之欖楂木的果實充飢，吃下後在腹中像開水、熱油般沸騰；在烈火中，他們的皮膚馬上被燒焦，但新的皮膚立刻被換上，再燒，如此反覆無窮；他們還受沸水澆頭，鐵鞭抽打；進火獄者永遠無法逃出火獄，也永遠不得入樂園。

　　這些有關樂園火獄繪聲繪影形像鮮活生動的描述，究竟真是後世好壞生活的實相？或者只是精神享樂受苦的隱喻？伊斯蘭教的立場在下面所引《古蘭經》的一段經文中有了明確的答案：

> 樂園的居民將大聲地對火獄的居民說：「我們確已發現我們的
> 主所應許我們的是真實的。你們是否也發現你們的主所應許你
> 們的是真實的嗎？」他們說：「是的。」（7:44）

依《古蘭經》中所降示的訊息，這些有關樂園火獄的描述絕不是一種隱喻，而是後世生活的實況。樂園火獄是真主安拉創生──死亡──復活此一神聖計劃中環環相扣的一個環節。對於一個穆斯林來說，進樂園或者入火獄只不過是去真安所創造的另一個世界而已，這是真主為人們所創造的有別於今世的後世的生活方式，而此一實相也只有在復活後的審判之日才能得到証實。[14]

五、結語：生命的意義

　　依據真主安拉創生──死亡──復活審判的神聖計劃，人們在死後復活必須按其今世之生活言行接受審判，並因此進入樂園或被打入火獄。一個人在後世究竟是可以進入真主所祝禱的樂園享福，還是被判入火獄接受懲罰，完全依照各人在今世生活中的行為表現，是否能遵循真主阿拉所引導的正道而行。

　　人生不過是真主安拉神聖計劃中的一部份，真主降示《古蘭經》使人們知曉其神聖意志之展現，並為人們指出一條人生的正道。人生

---

[14] Bowker，（1993:220）。

的正道就是信主依道行善。人生因而成了對真主信仰的一種考驗，這個考驗要一直持續到生命的終了——死亡，這是一段漫長而艱辛的歷程。但堅持忍耐是值得的，因為真主不致使依道行善者的信仰徒勞無酬，事實上，他早已為他們準備好了幸福的樂園生活，而那些不信道者則將接受火獄嚴厲的懲罰。

人生最終是否能夠獲得幸福的結果，還是導致不幸的遭遇，就端視人們在今世生活中是否能確實地遵循真主所指引的正道而行。後世的獎懲賞罰讓人生的意義昭然朗現，今世生活的目的就在於信主行正道，以便在後世得以入樂園享福。不信邪者，終將自招惡果，到時可就後悔莫及了。

> 眾人啊！從你們的主發出的真理，確已降臨你們。誰遵循正道，誰自受其益；誰誤入歧途，誰自受其害。……你應當遵從你所受的啟示，並應當堅忍，直到真主判決，他是最公正的判決者。（10:109）

參考文獻

王俊榮，馮今源（2000），《伊斯蘭教學》，北京，當代世界出版社。

田海華，陳麟書（1997），《世界主要宗教》，中華民國宗教哲學研究社。

金宜久主編（1997），《伊斯蘭教》，北京，宗教文化出版社。

周燮藩（1994），《真主的語言──《古蘭經》簡介》，中國社會科學出版社。

馬堅譯（1996），《古蘭經》，中國社會科學出版社。

馬賢，馬忠杰主編（1997），《伊斯蘭教基礎知識》，上海，東方出版中心。

秦惠彬主編（1999），《伊斯蘭文明》，中國社會科學出版社。

秦惠彬主編（1999），《中國伊斯蘭教基礎知識》，北京，宗教文化出版社。

楊啟辰主編（1995），《古蘭經哲學思想》，寧夏，人民出版社。

楊啟辰，楊華主編（1999），《中國穆斯林的禮儀禮俗文化》，寧夏，人民出版社。

劉見成（2001.3），〈論柏拉圖的死後生命觀及其道德意含──從蘇格拉底之死探討起〉，《宗教哲學》7:1，頁 35-49。

Bowker, J.（1993），*The Meanings of Death*，商戈令譯，《死亡的意義》，台北，正中書局。

Bowker, J.（1997），*World Religions: The great faiths explored & explained*, Dorling Kindersley.

Bowker, J.（ed）（1997），*The Oxford Dictionary of World Religions*, Oxford University Press.

Cohn-Sherbok, D. & Lewis, C.（ed,）（1995），*Beyond Death：Theological and Philosophical Reflections on Life After Death*, Macmillan Press Ltd.

Coogan, M. D.（general editor）（1998），*World Religions: The Illustrated Guide*, Duncan Baird Publishers.

Elias, J. J.（1999），*Islam*, 盧瑞珠譯，《伊斯蘭教的世界》，貓頭鷹出版社。

Langley, M.（1197），*Religion: Discover the teachings of the world's religions-the history, beliefs, and practices of different faiths*, Dorling Kindersley.

Lapidus , I.M.（1996），*The Meaning of Death in Islam, in Spiro*, McCrea & Wandel（1996），Chap.17 , P.P.148-159.

Lewis, J.R.（1995），*Encyclopedia of Afterlife Beliefs and Phenomena*, Visible Ink Press.

Morgan, A.（1999），*What Happens When We Die?*, 屈貝琴譯，《認識死後的世界》，校園書房出版社。

Maulana Muhammad Ali, M. A., LL. B.（1950），*The Religion of Islam : A Comprehensive Discussion of the Sources, Principles and Practices of Islam*, The Ahmadiyyah Anjuman Ishaat Islam Lahore, Pakistan.

Muhammad Abdel Haleem（1995），*Life and Beyond in the Qur'an*, in Cohn-sherbok & Lewis（1995），pp.66-79.

Muhammad Ali Alkhuli（1982），*The Light of Islam*, Al-Farazdak Press.

Pickthall, M.（trans.）（1992），*The Meaning of The Glorious Kolan*, Everyman's Library, David Campbell Publishers Ltd.

Ruthven, M. （2000），*Islam: A Very Short Introduction*, 王宇潔譯，《伊斯蘭教》，Oxford University Press.

Smith, H.（1998），*The World's Religion: Our Great Wisdom Traditions*, 劉安雲譯，《人的宗教：人類偉大的智慧傳統》，立緒文化事業有限公司。

Spiro, H.M.; McCrea, M.G. & Wandel, L.P.（ed）（1996），*Facing Death: Where Culture, Religion, and Medicine Meet,* Yale University Press.

Waines, D.（1995），*An Introduction to Islam*, Cambridge University Press.

Wirkinson, P.（1999），*Illustrated Dictionary of Religions: Figures, festivals, and beliefs of the world's religions*, Dorling Kindersley.

_____（1998），*Islam in Concept* , World Assembly of Muslim Youth.

作為後設科學的哲學觀點

There is no first philosophy.

——W.V.O. Quine, 1969

Do not take philosophers as final authorities.

——W. Bechtel, 1988

一、引言：一般對哲學的誤解

當今哲學的境況，就有如滿清王朝末年的政局，內亂頻繁而且外患不斷。內亂者，對哲學之性質（the nature of philosophy）各說各話，彼此不服，難得共識；外患者，對此門學問之態度可謂南轅北轍，莫衷一是，推崇備至者有之，棄如弊屣者更多。

曾幾何時哲學尚被尊奉為科學之皇后（The Queen of Science），但反諷的是，在今日科學昌明的時代裡，哲學不僅風光不再卻是最受到誤解的一門學問。綜觀一般對哲學的誤解不外下列四點：

1. 哲學不切實用（no social usefulness），就如有人所聲稱的：「哲學烤不出麵包。」（Philosophy bakes no bread.）此言真是難以駁斥，試想工程師可為社會造橋鋪路，建築師可設計建蓋房舍，科學家可發現事物運作之原理，進而發明器具，便利生活。而哲學家呢？他對社會有何實質的貢獻？

2. 哲學過於玄奧難解。大體而言，哲學中充滿了抽象概念的分析與一般原則的展示，天馬行空，非一般人所能理解。

3. 哲學異說紛紜，非但無助問題的解決，卻製造出更大的思想混亂。哲學家不只對其所討論的議題有種種對立的爭辯，甚至於他們對哲學的本質也沒有一致的看法。

4. 哲學可為科學所取代。科學一步一步地增進了我們對宇宙人生的理解，而哲學卻仍然圍繞著一些古老的問題在打轉，似乎沒有什麼進展。

面對以上種種的誤解與責難，本文試圖為哲學在科學的時代中作一重新的定位，闡明其基本內涵與主要的特質，進而能解消這些誤解與責難。

二、一些基本問題

哲學其實是很平常的一件事，但又不簡單。就讓我們從一些問題談起吧。

- 什麼東西真正存在著？外界存在嗎？外界是什麼？我存在嗎？我又是誰？為什麼這個世界是有而不是無？又你如何證明自己不是在某人的夢中？
- 我們能知道什麼？如何知道？知識究竟是客觀事物的反映？還是認知主體心靈之建構？
- 事情是否有真正的對與錯？判定是非對錯的標準是什麼？做事的動機還是行為的結果？
- 生命是否有任何的意義？若無，為什麼要活著？若有，生命的意義又是什麼？
- 死亡是不是生命的終點？若是，那麼死後種種繁複喪葬禮儀的意涵是什麼？是否有死後的生命（life after death）？若有，其性質又如何？與死前之生命有何不同？

以上所舉都是人生中的一些基本問題，是任何一個人都會在某時某刻、某種契機情境之下去思考到其中某些問題。這些問題都被納入哲學的範疇中：本體論（ontology）、知識論（Epistemology; Theory of

Knowledge）、倫理學（Ethics）或道德哲學（moral philosophy）、人生哲學（philosophy of life）。

這些問題事實上已經被問了幾千年，而直到今日依然困惑著現代人的心靈。雖然對這些問題的回答已累積為汗牛充棟的典籍，但一個人不須看過、讀過、聽過這些問題，可能就不時地在思考著這些問題，只是他們並不自覺這些就是哲學的問題。哲學問題乃是環繞人類自身及其外在環境之間的一些根本問題，而這些問題會在某種特殊的情境中自然地浮現。所謂的根本問題，是指它與人類實際生活中的食衣住行並無直接的關聯，它不會影響你下一餐要吃什麼，明天要做什麼。若你不認為有問題，則你根本不會去觸及到它，但若你覺得有所困惑，而盤據心中不去，則這些問題又足以讓人牽腸掛肚，輾轉難眠。這些都是生命中易問難答的永恆問題，這也就是為什麼從古至今它一而再再而三地被人們提問的原因。此外，這些問題又是既普遍又特殊的，它的普遍性是指每一個人都可能在某種契機下思考到這些問題，而它的特殊性是指每一個人親身的感受而在某種情境之下被激發出來。

將上述問題視為哲學問題，可能有人不以為然，他們會說一般人也思考這些問題，並抱持某種特定觀點。此外，科學、宗教也探究這些問題，並提出深刻的見解。那麼哲學與常識、科學、宗教之殊異為何？

三、常識、科學、宗教與哲學

人生在世不論多少寒暑，對於自身與外界的種種，諸如物質、心靈、生命、死亡、自然、上帝、對錯、美醜等等都會形成一定的信念。也就是說，任何人對任何事情都可有它自己的看法。這些信念的獲得，來自不同的途徑：早年的生活經驗、教育的歷程、社會傳統文化之塑造、大眾傳播媒體之影響與宗教信仰的熏陶。這些信念構成了面對上述基本問題的一個常識性的解答。但值得我們重視的是，這些常識的觀點往往是在某個特定的社會文化背景中，在我們從小至大的學習經驗中不自覺地逐漸累積而成的，在未經過反省批判思考的情形之

下就接受了，它如實地反映了在特定生活經驗習慣、教育理念、社會價值體系與宗教信仰之下所形成的偏見（prejudice）。

相對而言，哲學的主要關懷卻在反省批判那些我們一般習而不察或視為理所當然的觀念，予以合理的解消、重構、再吸收，其目的在於能夠對於我們自身以及所處世界的種種相關事物有一更深入的瞭解。Nigel Warburton 如此陳述著：

> 大部份人在其生命中從未質疑過他們的基本信仰，比如說殺人是錯的。但是，為什麼殺人是錯的？如何證成？殺人是否在任何情況之下都是錯的？以及我所說「錯」究竟是什麼意思？這些都是哲學問題。當我們的信念一一受到檢視之後，有些具有堅實的基礎，有些則否。學習哲學不只幫助我們很清楚地去思考我們的偏見，也幫助我們很明確地釐清我們真正所相信的。[1]

哲學提供了我們重新思考這些基本信念的契機，其價值在於，它讓我們從環繞在我們週遭的這些未經質疑的假設（the unquestioned assumptions）所形成的桎梏中解放出來。[2]

這種心靈的解放不僅在於常識層面，亦及於科學與宗教，因為科學與宗教也對上述之基本問題有其相應的觀點，而且科學與宗教所形成的桎梏其力量更是巨大。想想中世紀時的宗教裁判所如何箝制與教義不同的思想，十六世紀時人們的思考如何深受當時科學的宇宙觀——地動說的限制，就足以證明此點。

常識是哲學反省思考的基礎，也是科學批判的對象。但哲學不是科學，哲學不像科學必須奠基於實驗與觀察，而只奠基於思考。哲學思考的主要特質在於（1）提出問題；（2）思考此問題之性質如何，究竟屬於何種問題；（3）分析在陳述與思考此問題中所使用的語言概念，確定其意義；（4）構作贊成或反對的可能論證。構作可能的論證（possible arguments）是其中最重要的特質，此一特質就將哲學與宗

---

[1]　N. Warburton, *Philosophy: The Basics*, Routledge, 1995, p.2.

[2]　M. Thompson, *Philosophy*, Hodder & Stoughton, 1995, p.6.

教區別開了。在哲學裡並沒有一定的答案，其結論只是一種邏輯的可能性（logical possibility），然而宗教對於相同的問題卻都有確定的解答，這是不容懷疑的信仰。關於科學、哲學與宗教之間的不同，英國大哲學家羅素（B. Russell，1872-1970）有一絕佳的描寫：

> 所有確定的知識均屬科學之範疇，所有超越確定知識的教條乃屬神學，而其間的無人境界即為哲學。[3]

此一問題，在下文中我們還會進一步作詳細的闡述。

四、哲學的意義

為了清楚區別哲學與科學、宗教之不同，而給予哲學一個恰當的定位，也為了排除對哲學的諸般誤解，在這節中我們要考察反省歷史上幾個重要的哲學定義，並提出我們的哲學觀點。

（一）哲學的字義

中國學術傳統並無「哲學」一名，「哲學」一詞是 1837 年日人西周氏的譯名，後為中國學界所沿用。「哲學」（Philosophy）的語源是希臘語 philo+sophia，philo 是「愛」（loving），sophia 是「智慧」（wisdom），合而言之，即「愛智」之意。這可說是哲學最崇高的意義。依此義，與其說哲學是一門學問，倒不如說它是一種態度，一種愛好智慧的態度，亞里斯多德「吾愛吾師，吾更愛真理」之言，恰是此義最佳的注腳。前文中提到：哲學的主要關懷在於反省批判那些我們一般習而不察或想當然耳的觀念，予以合理地解消、重構、再吸收，其目的在於能夠對於我們自身以及所處世界的種種相關事物有一更深入的瞭解，所說的就是這種愛好智慧、追求真理的哲學基本精神。

---

[3] B. Russell, *A History of Western Philosophy*, Routledge & Kegan Paul, 1991, Introduction.

此外，在古希臘哲學亦被用作總稱學問全體的名詞，它包括：（1）物理學：以自然為對象，研究自然法則的學問。（2）邏輯學：以人類思考為對象，研究思維法則的學問。（3）倫理學：以人類行為為對象，研究道德法則的學問。

（二）黑貓義的哲學

相對於最崇高的意義，這可以說是對哲學最貶損的意義了。依此觀點，哲學就像是在一間烏黑昏暗的房間中尋找一隻根本不存在的黑貓。在黑暗中尋找黑貓本就是困難重重的事情，更何況是這隻黑貓根本就不存在。此極盡挖苦之能事，無非是說哲學所談論的根本就是子虛烏有之事，不值一哂。

（三）常識義的哲學

在一般意義上，我們說每一個都有他的哲學，諸如：人生哲學、工作哲學、賺錢哲學、戀愛哲學、購物哲學，飲食哲學等等。一個人的哲學就是其根本信念的總合，亦即一個人面對他自己、外在環境以及他人的一種基本態度，這是他個人判斷事情、與人交際、決定行為、自我了解與了解他人的準則。例如有人說：「我的哲學就是：誠實為上策；天下沒有白吃的午餐。」（My philosophy is: Honesty is the best policy and There is no free lunch.）所表達的就是他面對人生的基本態度。

（四）康德義的哲學

德國哲學家康德（I. Kant，1724-1804）在其《邏輯學講義》一書中指出，在哲學中有四個最基本的問題：

　　1.我能知道什麼？
　　2.我應當做什麼？
　　3.我可以期望什麼？
　　4.人是什麼？

康德以為形上學（metaphysics）、知識論在回答第一個問題，倫理學回答第二個問題，宗教則在回答第三個問題，人類學則回答第四個問題。但是從根本上來說，可以把這一切均歸結為對人之本質的反省，因為前三個問題與最後一個問題密切相關。[4]

依康德的觀點，人的本質在於他是一個理性的存有（rational being），哲學就是人類理性的終極關懷（ultimate concern of human reason），探討人類認知的本質與限度、道德的準則與宗教的向度，而這些探討均在彰顯人之所以為人的終極意義。所以「人是什麼？」的問題在人類理性終極關懷的基本問題中是最根本而重要的綱領性問題。

（五）維根什坦義的哲學

奧地利哲學家維根什坦（L. Wittgenstein，1889-1951）對當代哲學的發展影響甚鉅，他對哲學有其獨特的觀點。

維根什坦指出，他做哲學的目的，是為了要解決哲學問題，而如果哲學問題完全沒有了，我們就不再需要哲學了。那麼，哲學問題是如何產生的呢？維根什坦的思想可明確地劃分為早期與後期兩個時期，維氏早期認為哲學問題的產生在於「我們語言的邏輯遭到誤解。」[5]後期則認為哲學問題的成因在於我們無法充分了解語言使用之多樣性，當我們固著一字句的意義而忽略它在語言遊戲或生活方式之特定脈絡中的使用情境，那麼哲學問題便產生了。不論早、後期思想上的差異，哲學問題的產生在於我們沒有真正了解語言的運作方式而導致的誤解。因此，對維根什斯來說，哲學是一種活動（activity），一種思想釐清的活動，因為思想透過語言來陳示，而一切哲學問題的產生，皆起因於我們語言的邏輯遭到誤解。所以，他說：

4　I. Kant 著，許景行譯，《邏輯學講義》，北京商務印書館，1991，頁 12-15。

5　L. Wittgenstein, *Tractatus logico-philosophicus*, Translation by D.F. Pears and B.F. McGuiness, Routledge, & Kegan Paul 1961, Preface.

一切哲學都是語言的批判。

（All philosophy is a critique of language.）[6]

哲學是反對我們的理智受到語言蠱惑之戰鬥。

（Philosophy is a battle against the bewitchment of our intelligence by means of language.）[7]

　　總結而言，哲學並無「萬學之王」如此崇高的地位，亦不是「神學的奴婢」這般卑微的身分，它只不過是一種活動，它的任務就是分析語言、釐清思想。「哲學的成果在揭露一些明顯的悖理，以及理智盲目衝撞語言極限所留下的一些腫塊。這些腫塊使我們看清探究的價值。」[8]

（六）一些反省

　　以上我們考察了五種主要的哲學意義，以下是一些反省：

　　第一，哲學的字義「愛智」依然是對哲學最崇高的美稱，這種愛好智慧、追求真理的精神內涵應該無條件地予以保持。但是語言是活的，它會隨著時代的運轉而改變，並衍生出各種不同的意義，就如「和尚打傘」一詞，我們所理解的意義（無法無天）即與其字義（和尚打著一把傘）相去甚遠。此外，在古希臘時代，學科之間的區隔尚未成形，今天不同學科所探討的問題，舉凡政治、道德、教育、經濟、文學、藝術等等，在當時均屬哲學研究的範疇。但隨著各門學科的獨立發展，我們有必要給予哲學一個重新的定位。

　　第二，黑貓義哲學的出現，讓我們很明白地認知到不可再固守傳統哲學的定義。但此貶損的定義亦是不可取的，因為它只是反映了我們的無知與偏見。哲學反省批判的精神，依然是彌足珍貴的。現在最重要的還在於對哲學有一恰當的定位，而非一味的駁斥。況且如此的

---

[6]　Ibid, 4.0031.

[7]　L. Wittgenstein, *Philosophical Investigations*, Oxford: Blackwell, 1953, p.109.

[8]　Ibid, p.119.

無知與偏見可能忽略了哲學所能提供的深邃洞見，若果如此，那真是人類的一大損失。

第三，常識義的哲學指出，每個人都具有一些基本的信念，涉及了自我、他人、自然、物質、生命、死亡、上帝、善惡、對錯與美醜。這些基本信念往往是在我們成長過程中，透過社會文化教育的歷程所形塑而成的。這種廣泛的、大眾的或者說是平常人的哲學觀點，它經常是未經過反省批判思考的，而可能只是社會文化習慣或情感偏見的產物。但這恰恰是我們哲學所要反省批判的對象，也就是說，其實每個人都是載著有色眼鏡在看世界的，除非人們能真正了解到他所載的有色眼鏡是什麼顏色，否則想要正確地看待世界便是不可能的。

第四，康德義的哲學是一個深刻的觀點，我們倒是沒有置喙之餘地。不過，康德所提人類理性終極關懷的這些問題，基本上與科學、宗教亦息息相關，在此，我們所關心的問題是：哲學與科學、宗教之間的關係為何？哲學在此關係中的定位又為何？

第五，維根什坦將哲學視為一種思想釐清的活動，一種語言的治療術，這也是非常有見地的觀點。反省批判的哲學思考當然要概念明確、思路清晰，絕不容許打混戰。但是維根什坦義哲學的最後結論卻是非常可怕的事情，也就是說哲學思考的目的在解消哲學。哲學是一種思想釐清的活動，思想釐清之後哲學問題就消失了，那麼哲學也就無用武之地了。這種把哲學問題化約為語言問題，以為解決了語言的問題也就解決了哲學問題，這種想法真是大錯特錯。例如，我們思考「生命的價值」與「死亡的意義」這些哲學問題，並不是說只要把「生命」、「價值」、「死亡」、「意義」等語詞之意義一一釐清之後，問題便解決了，這種想法是很可笑的。這些不只是語言上的問題，更是實質的問題，它關乎每個實際的人生。語言的分析與思想的釐清只是哲學思考的前提，而不是最後的目的，哲學的最終目的在於對於我們自己及所處的世界有一更深入的了解。而這是愛好智慧、追求真理精神之展現。

五、後設義的哲學

後設義的哲學是把哲學視為一種後設科學（metascience），特質為後設思考（metathinking），其基本觀點如下：

1. 科學（廣義的科學，包括自然科學與社會科學）研究的成果乃是哲學思考的起點；
2. 哲學思考的結論可作為科學未來發展的可能方向。

英國科學哲學家卡爾‧波普爾（Karl Popper，1902-1994）在〈我怎樣看待哲學〉一文中說：

> 在我看來，哲學從來也不應該而且它也確實不能與各門科學脫離關係。從歷史上看，全部西方科學都源於希臘人關於宇宙即世界秩序的哲學沈思。荷馬、赫西奧德和前蘇格拉底哲學家是所有科學家和所有哲學家的共同祖先。他們的目的就是探索宇宙結構和我們在宇宙中的地位，包括我們關於宇宙的知識這個問題（在我看來這仍然是整個哲學中具有決定意義的問題）。正是批判地探索各門科學，探索它們的發現和它們的方法，甚至在各門科學從哲學中分離出以後還仍然是哲學探索的特點。[9]

卡爾‧波普爾所指「哲學探索的特點」，即是「批判地探索各門科學，探索它們的發現和它們的方法」，也就是後設義哲學的內涵。此一觀點確切地點明了哲學不是科學，但二者之間又有息息相扣的密切關係。

為了充分說明後設義的哲學觀點，以下我們將就三個問題作分析，以展示此一觀點。

---

[9] 卡爾‧波普爾，〈我怎樣看待哲學〉，該文收於《通過知識獲得解放》一書中，范景中，李本正譯，中國美術學院出版社，1996，頁403。

（一）人禽之別

一些卓越科學家的研究成果顯示，黑猩猩（Chimpanzee）的基因有 98.4% 與人類相同，他們並且可以學會手語與人類溝通。這些科學事實並不代表問題思考的結束，倒是成為我們哲學反思的一個新的起點。若科學所顯示的事實如此，那麼人禽之別的特質究竟為何？是類別的不同（different in class）？或者僅僅是程度上的差異（different in degree）？又何謂語言？若語言作為一種溝通系統，那麼口說、文字、手勢與肢體動作均可視為一種語言？而此溝通系統是先天內建與生俱來的還是後天經驗學習而得的？我們對這些反思的問題所提出的任何答案，都是一種哲學觀點，它們都是一種邏輯的可能性（logical possibility），這些哲學觀點有待科學進一步研究成果的驗証與反駁。而在科學進一步研究成果的驗証與反駁之前，任何你相信為真的答案，則屬於你個人的信仰。

（二）死亡的意義

在醫學臨床上，判斷死亡的標準是心肺功能的停止運作或腦死，也就是說，人身體生理功能的喪失，這可稱之為「身死」。但這不代表我們對生死大事的一個認知上的結束，而是哲學思考的開始。醫學臨床上的判定死亡基本上只不過是為了維持現世社會正常運作的權宜措施，並不意味死亡問題的解決。我們會進一步去思考：身死是否即是一個人的死亡（人死）？有人認為身死即是人死，即是一個人生命的全然斷滅。有人則持相反的看法，身死並非人死，肉體的死亡不是一個人生命的真正結束，而是另一種生命（非肉體形式的生命）的開始；肉體死亡只是從一種生命形式到另一種生命形式的轉換、過渡。這是對立的哲學觀點，但是它們在邏輯上都是可能的。我們不知道科學未來的發展是否可以解開此生死之奧秘，但在此之前，任何你所相信為真的觀點，也就是你的信仰，或者說就是你的宗教信仰。

（三）心腦問題

近幾十年大腦科學（The science of brain）的研究成果顯示，人類心靈與大腦息息相關，我們可由三方面來看心靈的神經相關性（neural correlate of human mind）。

1.神經心理學的研究成果

神經心理學（neuropsychology）是研究大腦結構功能與行為之間關係的一門學問。[10]神經心理學試圖以大腦的神經生理、神經功能與神經化學的活動來解釋人類的種種心理現象。透過相關部位之大腦神經損傷或退化典型地含有某種特定心理認知功能受到損害的各種病例，如失語症（aphasia）[11]、失憶症（amnesia）[12]、阿茲海默癡呆症（Alzheimer's dementia）[13]、失認症（agnosia）[14]等等，均很明白地

---

[10] B. Kolb and I. Q. Whishaw, *Fundamentals of Human Neuropsychology*, W.H. Freeman and Company, 1996, p.3.

[11] 失語症大致分為三類，（1）運動性失語症；（2）知覺性失語症；（3）傳導性失語症。運動性失語症又稱 Broca 失語症，病變部位在左額葉第三腦回，靠近運動區內支配唇、舌、咽喉等運動的區域（Broca 區），此區專司語言表達功能。Broca 失語症病人可以理解別人的說話，但語言表達有障礙。知覺性失語症又稱 Wernicke 失語症，最主要的症狀就是無法理解或複述別人的說話，其病變部位在顳葉上回近頂葉的皮質區（Wernicke 區）。傳導性失語症（Conduction aphasia），其病變位置在聯繫 Broca 區與 Wernicke 區的神經纖維（弓狀束）。患者能發出正確的語言也能理解別人的說話，但因為語言之理解功能與表達功能的聯繫被切斷，因此無法重複別人的話語，且對自己的說話亦失去判斷的能力。

[12] 失憶症與海馬體（hippocampus）的損傷有關。有所謂的順向失憶症（anterograde amnesia），患者在創傷後無法記住發生在數分鐘或數日前的事；亦有逆向失憶症（retrograde amnesia），患者對於創傷前所發生的事無法回憶。

[13] 阿茲海默癡呆症是典型的神經退化病症，由於腦細胞的退化，腦組織逐漸萎縮，腦容量減輕，皮質及皮質下的神經細胞廣泛的脫失，導致患者在智能上日益衰退。Y. Christen 指出阿茲海默症對於典型的神經哲學問題（neurophilosophical problems），像心腦關係（mind-brain relationship），的研究，可能是一個很好的模型（a good model）。見 Y. Christen & P. Churchland（Eds.），*Neurophilosophy and Alzheimer's Disease*, Springer-Verlag, 1992. Preface.

突顯出心理的神經相關性。有些因腦損傷（brain damages）所導致的心理病症（mental illness）更是超乎一般人所能理解而顯得不可思議，如盲視症（blind-sight）[15]、拒盲症（blindness denial）[16]、半邊失覺症（hemineglect）[17]、卡普葛拉斯幻想（Capgras delution）[18]，這些病症在未得知其神經病理基礎之前，往往被視為遭惡靈附身（devil possession）所引起的，因而受到非常不人道的對待，科學的進步反倒促進並提昇了我們的人道關懷。

2.心理作用藥物的影響

除了腦部損傷所導致相關心理認知能力的失常或缺失之外，我們也知道像酒精、咖啡因、毒品等物質對於吾人思考、情緒、感覺等等的影響，這主要是因為神經元（neuron）突觸（synapse）間的傳導是透過化學物質訊號的傳遞與接收，這些化學物質稱為神經傳導素（neurotransmitter）。而有些化學藥物很像神經傳導素，它們可以模擬、促進或阻礙與之相

---

[14] 失認症是喪失對刺激的辨識能力，包括聽覺、觸覺與視覺上的刺激。視覺上的失認症（visual agnosia）是被研究得較為詳細的失認症，包含多種不同的類型，常見的有物體失認症（object agnosia）、人面失認症（prosopagnosia）等。物體失認症患者雖可透過觸覺認知物體，卻不能透過視覺說出物體的名稱及其用途。人面失認症患者無法辨識面孔，他們的視覺通常沒有問題，但除非聽到對方開始說話或聽到他們的腳步聲，否則連最熟悉的親朋好友也認不出來。

[15] 盲視症的病人其視野完全消失，病人堅持他什麼也看不到；但他卻能以百分之一百的準確性「猜到」房間中花瓶所擺的位置。

[16] 拒盲症患者的腦部損傷使得患者真正全盲，但是病患卻會在一面跌跌絆絆地在房間裡行走，一面又堅持他完全看得見，同時千方百計找出各種籍口來解釋他的跌跌撞撞。

[17] 半邊失覺症的病患只意識到他身體半邊的存在，甚至否認他擁有身體的另半邊。因此穿衣服時他只會穿半邊的衣服，刮鬍子時也只會刮半邊臉的鬍子，洗澡時也只洗他的半邊身體，就好像另外半邊身體不是他的，甚至還會懷疑這半邊身體怎麼會在他身上。

[18] 卡普葛拉斯幻想症的患者，其明顯症狀就是以為自己熟識的人（通常是家人）是冒牌貨，縱使對方的外表、聲音、行為舉止完全一樣，但病人就是不相信，一直認為原本那個人已離奇失蹤。此症病人亦常會謀殺自己的配偶，因為他們認為這個冒牌貨想要侵入他們的生活，破壞他們的關係。

似之神經傳導素的活動，模擬、促進此類活動的藥物稱為促效藥（agonists），阻礙此類活動的藥物則稱為拮抗藥（depressants）[19]。這些促進與阻礙的作用就產生了不同的心理效應。更重要的事實是，某些心理作用藥物（psychoactive drugs）的極度作用，會產生近似於一些主要的心理疾病，如憂鬱症（depression）、躁狂症（mania）、精神分裂症（schizophrenia）、帕金森癡呆症（Parkinson's dementia）等的症狀。這就引發了一種假設：像憂鬱症這些心理疾病主要是來自於神經突觸間明顯的化學失衡（Chemical disorder），而這些化學失衡近似於某些化學藥物所引起的效應。即有學者的研究指出，精神分裂症與大腦神經傳導素多巴胺（Dopamine）活動水平過高有關，而帕金森癡呆症則與多巴胺活動水平過低有關。情況若是如此，那麼這些心理疾病就可以經由一種恰好具有相似的神經化學作用的藥物來加以調節控制。而事實似乎確是如此，鋰鹽（lithium）可用來控制躁狂症，丙咪（imipramine）能夠控制憂鬱症，氯丙（chlorpromazime）、酚（phenthiazine）則可控制精神分裂症與帕金森癡呆症。雖然這些藥物尚無法完全控制這些病症，但它們有條件的成功，亦有力地支持心靈的神經相關性此一事實。

3.大腦的掃瞄造影技術

隨著科技的進步，一些精密的儀器，讓我們可以透視大腦微觀結構的細節，並且能夠直接觀察到大腦正在進行中的神經生理活動。而由此所了解的大腦各部位之功能性特化（functional specializations）的情形與早先透過腦損傷病人在死後解剖中所了解的情形，有許多不謀而合之處。[20]但是最重要的是，活腦的觀察，使我們直接而正面地掌握到心靈活動的神經相關性的訊息。透過正電子放射斷層攝影（Positron emission tomography, PET）、核子共振顯影（magnetic

---

[19] G. L. Longenecker, *How Drugs Work*, 諸葛勤‧張芃譯，《藥物的奧秘》，緯輝電子出版公司，1995，頁 19。

[20] P. M. Churchland, *The Engine of Reason, the Seat of the Soul: A Philosophical Journey into the Brain*, The MIT Press, 1995, p.153.

resonance imaging, MRI）等技術，我們可直接觀察到不同的心靈活動是如何由不同的大腦神經活動所具現的。

　　基於對心靈活動之神經相關性的了解，我們得知心靈與大腦的息息相關，也不免會好奇地問到：它們二者究竟關係密切到什麼程度？如此一問便進入哲學思考的領域。對此問題可有幾種可能的答案。也許心腦二者不只息息相關，事實上根本就是同一回事，心就是腦腦就是心，就像水和 H_2O 的關係一樣。或者，心腦雖然息息相關，但基本上還是不同的。也許心靈是大腦神經活動所呈現出的一種整體效果，就像交響樂與音符配置的關係，二者密切相關，但性質截然不同。也許大腦只是心靈藉以展現的媒介而已，就像電腦中的軟體與硬體的關係，軟體的功能必須在硬體的支援下才能運作，二者當然關係密切，但還是不同的。或者，心腦這種息息相關可能只是表象，究其實二者根本是兩種性質完全不同的東西。這些都是可能的哲學觀點，當然這些觀點可作為科學發展的一個可能的引導方向，同樣地，它們也必須受到科學進一步研究成果的檢測。在此之前，你所相信為真的只不過是你個人的信仰，還不是科學的事實。

　　從以上的分析，我們應該可以確切了解哲學作為後設科學的內涵，這可說是一種在科學時代中的哲學觀點。最後引北京大學孫小禮教授的一段話，作為本節的結束：

> 隨著人類科學認識的擴展和深化，對科學中哲學問題的討論也在日益豐富和加深。一方面，由於科學的發展中不斷出現新思想、新概念，從而不斷昇華出新的哲學課題，為哲學研究開闢出新的天地。一方面人們已有的一些哲學認識，則在新的科學事實和科學成就面前不斷遇到新的矛盾，接受新的挑戰。一些歷史上長期有爭議的問題，人們正在新的認識水平上，以新的姿態和論據繼續展開著討論，而新的爭議又不斷冒出來。[21]

　　這段話很深刻地表達了後設義的哲學觀點。

---

[21] 孫小禮（主編），《現代科學的哲學爭論》，北京大學出版社，1995，前言，頁 1。

六、結語：有關誤解的解消

當清楚了解作為後設科學的哲學觀點之後，緊接著我們要一一反省在引言所提一般對哲學的種種誤解並予以解消。

第一，哲學不切實用是一般最常見的誤解，但這可說只是基於無知之表面皮毛的批評。須知一事物之有用沒有用是就某一特定目的來說的，可達成此一目的者就是有用，無法達成目的者即是無用。而且對某一目的有用者，對另一目的而言可能一無用處。況且許許多多的意識型態、價值觀對人生的用處既不直接亦不明顯，但其影響卻極為深遠。一個最明顯的例子是，世界上曾經有近約三分之一的人口生活在以馬克思哲學（Marx's philosophy）為基礎的政治體制之下。[22]哲學作為後設科學，其用在於為科學的未來發展指引一些可能的方向，此用與造橋鋪路等便利生活之用不同，自然不可相提並論。莊子「無用之用是為大用」之寓言，讓我們能更深切地反思有用無用之分際。[23]

第二，說哲學玄奧難解，這基本上是對待一門學問既膚淺而不負責任的態度。任何足以稱之為一門學問者，皆有其深奧難解之處，若獨對哲學作此批評，是既不恰當又有失公允的偏見。哲學作為後設科

---

[22] D. Stewart & H. G. Blocker, *Fundamentals of Philosophy*, Macmillan, 1992, p.12.

[23] 《莊子·人間世》：匠石之齊，至於曲轅，見櫟社樹。其大蔽數千里，絜之百圍，其高臨山，十仞而後有枝，其可以為舟者旁十數。觀者如市，匠伯不顧，遂行不輟。弟子厭觀之，走及匠石，曰：「自吾執斧斤以隨夫子，未嘗見材如此其美也。先生不肯視，行不輟，何邪？」

曰：「已矣，勿言之矣！散木也，以為舟則沈，以為棺槨則速腐，以為器則速毀，以為門戶則液樠，以為柱則蠹。是不材之木也，無所可用，故能若是之壽。」

匠石歸，櫟社見夢曰：「女將惡乎比予哉？若將比予於文木邪？夫柤梨橘柚，果蓏之屬，實熟則剝，剝則辱；大枝折，小枝泄。此以其能苦其生者也，故不終其天年而中道夭，自掊擊於世俗者也。物莫不若是。且予求無所可用久矣，幾死，乃今得之，為予大用。使予也而有用，且得有此大也邪？且也若與予也皆物也，奈何哉其相物也？而幾死之散人，又惡知散木！」

學，它立基於科學研究成果作合乎邏輯的推論，它所依賴的就只是理性思考，雖然抽象深奧，但不表示難以理解。若我們習而不察地處於一廂情願、自以為是又想當然耳的心態之下，當然接收不到任何新訊息，若能拋開成見、打開胸襟並持續用心，是可以逐漸地登堂入室並一窺堂廟之美。

第三，哲學眾說紛紜，沒有共見，究其實這恰恰是哲學的明顯特質，以此責難哲學，正足以突顯其對哲學性質之無知。哲學作為後設科學，其奠基於科學基礎之上的種種思考結論僅僅是各種的邏輯可能性，只要不自相矛盾，其言之成理，即可自成一說。哲學之眾說紛紜，百家爭鳴，正是此特質的充分展現。

第四，哲學作為後設科學，科學與哲學二者不同又息息相關，它們在不同層次上各自有其不同的任務，相輔相成，與時俱進，誰也不能取代誰的地位。套用康德的話：「沒有科學的哲學是空洞的，沒有哲學的科學則是盲目的。」

如此，在後設義的哲學觀點下，一般對哲學的誤解就一一被解消了。

參考文獻

Bechtel, W., *Philosophy of Science: An Overview for Cognitive Science*, Lawrence Erlbaum Associates, 1988.

Christen, Y. & Churchland, P. (Eds.), *Neurophilosophy and Alzheimer's Disease*, Springer-Verlag Berlin Heidelberg, 1992.

Churchland, P. M., *Matter and Consciousness: A Contemporary Introduction to the Philosophy of Mind*, The MIT Press, 1984.

Churchland, P.M., *The Engine of Reason, the Seat of the Soul: A Philosophical Journey into the Brain*, The MIT Press, 1995.

Cornman, J.W.; Lehrer, K. & Pappas, S., *Philosophical Problems and Arguments: An Introduction*, 3rd edition, Macmillan, 1982.

Crick, F., *The Astonishing Hypothesis: The Scientific Search for the Soul*, Charles Scribner's Sons New York, 1994.

Dennett, D.C., *Kinds of Minds: Toward an Understanding of Consciousness*, 陳瑞清譯，《萬種心靈》，天下文化，1997。

Diamond, J., *The Third Chimpanzee*, 王道還譯，《第三種猩猩——人類的身世與未來》，時報文化，2000。

Fouts, R. & Mills, S. T., *Next of Kin: What Chimpanzees Have Taught Me About Who We Are*, 廖月娟譯，《我的猩猩寶貝——科學家與第一隻會用手語的猩猩》，胡桃木文化，1999。

Goodall, J. & Peterson, D., *Visions of Caliban*, 吳聲海、孫正玫譯，《黑猩猩悲歌——從莎士比亞的〈暴風雨〉看人猿關係》，大樹文化，1996。

Goodall, J., *Through a window: My thirty years with the chimpanzees of Gombe*, 楊淑智譯，《大的窗口——珍愛猩猩三十年》，麥田，1996。

Goodall, J., *In the Shadow of Man*, 王淩霄譯，《我的影子在岡貝》，格林文化，1996。

Goodall, J., *My Life with Chimpanzee*, 張玲玲譯，《與牠為伴——非洲叢林三十年》，格林文化，1996。

Goodall, J. & Berman, P., *Reason for Hope: A Spiritual Journey*, 孟祥森譯，《希望——珍·古德自傳》，雙月書屋，1999。

Kolb, B. & Whishaw, I.Q., *Fundamentals of Human Neuropsychology*, W. H. Freeman and Company, 1996.

Kramer, K. P., *The Sacred Art of Dyimg: How World Religions Understand Death*, 方蕙玲譯,《宗教的死亡藝術——世界各宗教如何理解死亡》,東大圖書公司,1997。

Longenecker, G. L., *How drugs Work*, 諸葛勤、張芃譯,《藥物的奧秘》,緯輝電子出版公司,1995。

Miller, S., *After Death*, 陳旻華譯,《人生的最後一堂課》,平安文化,1999。

Moody, R. A., *Life After Life*, 長安譯,《來生》,方智出版社,1995。

Moogan, A., *What Happens When We Die?*, 屈貝琴譯,《認識死後的世界》,校園書房,1999。

Morris, D., *The Human Animal*, 楊麗瓊譯,《人這種動物》,台灣商務印書館,1999。

Morse, M. & Perry, P., *Transformed by the Light*, 林佳蓉譯,《死亡之光——生命的另一個開始》,方智出版社,1996。

Morse, M. & Perry, P., *Closer to The Light*, 李福海譯,《跨過生死之門》,希代書版,1994。

Nagel, T., *What Does It All Mean?*, Oxford University Press, 1987.

Popper, K., *Emancipation Through Knowledge*, 范景中、李本正譯,《通過知識獲得解放》,中國美術學院出版社,1996。

Quine, W. V. O., *Epistemology naturalized*, In *Ontological Relativity and Other Essays*, New York: Columbia University Press, 1969.

Ritchie, J., Death's Door, 徐和平譯,《打開生死之門》,陝西旅遊出版社,1998。

Russell, B., *A History of Western Philosophy*, Routledge & Kegan Paul, 1991.

Sacks, O., The Man Who Mistake His Wife for a Hat and Other Clinical Tales, 孫秀惠譯,《錯把太太當帽子的人》,天下文化,1996。

Sacks, O., *An Anthropologist On Mars*, 趙永芬譯,《火星上的人類學家》,天下文化,1996。

Stewart, D. & Blocker, H. G., *Fundamentals of Philosophy*, 3rd edition, Macmillan, 1992.

Thompson, M., *Philosophy*, Hodder & Stoughton, 1995.

Trefil, J., *Are We Unique?*, John Wiley & Sons, Inc., 1997.

Veggeberg, S. K., *Medication of The Mind*, Henry Holt and Company, New York, 1996.

Warburton, N., *Philosophy: The Basics*, Routledge & Kegan Paul, 1995.

Wittgenstein, L., *Tractatus Logico-Philosophicus*, Translation by D. F. Pears and B. F. McGuiness, Routiedge & Kegan Paul, 1961.

Wittgenstein, L., *Philosophical Investigations*, Oxford: Blackwell. 1953.

蓮花生大士原著，徐進夫譯，《西藏度亡經》，天華出版公司，1995。

立花隆著，吳陽譯，《瀕死體驗》，方智出版社，1998。

石上玄一郎著，吳村山譯，《輪迴與轉生——死後世界的探究》，東大圖書公司，1997。

康德著，許景行譯，《邏輯學講義》，北京商務印書館，1991。

陳鼓應註譯，《莊子今註今譯》，台灣商務印書館，1984。

趙蔚揚，《神秘的生命靈光——世界科學家對人類瀕死經歷神秘現象的探討和研究》，海南出版社，1999。

梅錦榮，《神經心理學》，桂冠圖書公司，1991。

孫小禮（主編），《現代科學的哲學爭論》，北京大學出版社，1995。

朱新軒（主編），《現代自然科學哲學引論》，華東師範大學出版社，1992。

柏拉圖的死後生命觀及其道德意含：
從蘇格拉底之死探討起

> 去探知我們的靈魂是朽或不朽，這是關係我們整個生命的。
> 靈魂是朽或不朽，必然造成完全不同的道德。
>
> ——巴斯卡：《沉思錄》

一、引言

人生自古誰無死？事實上，人一出生便一步一步地邁向死亡。「死亡是生命中的『必然』。它是真正放諸四海皆準，人人都會遇上的一件事。」[1]雖然我們並不能預先確定時間，但我們遲早都會死，就像每一塊墓碑上所雋刻呈現出的不同時間。死亡的不可避免性（inevitability）與不可預測性（unpredictability）是我們生命中必須坦然面對並無條件接受的兩項基本事實，縱使我們是多麼地心不甘情不願，死亡總是生命無可倖免之事。雖然我們都知道人皆有死，但死亡究竟是怎麼一回事呢？正如巴斯卡（B. Pascal，1623-1662）所言：「我所知的一切乃是我必死，但這我絕無可逃避的死亡卻是我最為不知的。」[2]人死是否就是一了百了，白骨一堆，別無他物？或是人死只是肉體的毀滅，死後還繼續存在不具肉體的生命形式？一個人對此問題所堅信的答案，將會深刻地影響其面對生死的態度及其生活的方式。一個人如何生活與其如何看待死亡密切相關，此一親密性，不管是明白知曉還是隱然無覺，絕不容忽略。

---

[1] A.Morgan, *What Happens When We Die?*, 屈貝琴譯，《認識死後的世界》，頁 11。
[2] B. Pascal, *Pensée*, 孟祥森譯，《沉思錄》，頁 111。

本章試圖透過蘇格拉底（Socrates，469-399BC）從容就死的態度，來展示柏拉圖（Plato，428-354BC）有關死亡（death）與死後生命（life after death；afterlife）的觀念。事實上也就是基於這種死後生命的信念，使得蘇格拉底能夠坦然就死，表現出死而無懼的動人形象，而此一行動也是蘇格拉底對於什麼是值得活的人生（life worth living）迥異於流俗的深刻信念之具體實踐。

二、蘇格拉底之死

西元前三九九年，蘇格拉底被三位雅典公民阿尼特斯（Anytus），美拉特斯（Meletus）和呂康（Lycon）控告，指控他不信奉城邦所信奉的諸神還引進新的神祇，並且敗壞青年人的心靈。審判的結果，蘇格拉底被判處死刑。依照雅典法律一般的慣例，一個人一經判罪，便馬上移交給執法的十一人委員會，並且在二十四小時之內處死。蘇格拉底的案子卻是一個例外，延後了約一個月才行刑。因為當時有一祭祀習俗，每年要派遣一艘聖船到迪洛斯（Delos）的阿波羅神殿，以紀念史前時代狄修斯（Theseus）釋放了被米諾斯（Minos of Cnossus）騙去做獻品的七男七女的事件。在聖船出發之前，整個城市先要齋戒一番，而齋戒儀式上規定，在聖船回來之前，是不准處死罪犯。非常湊巧，西元前三九九年的齋戒期是從蘇格拉底受審的前一天開始的，因此死刑延緩執行。由於逆風的原故，聖船延遲了一個月才回來。[3] 蘇格拉底在獄中住了三十天左右，等聖船回來之後才飲下毒藥結束了生命，享年七十歲。

蘇格拉底的死，帶給柏拉圖極大的衝擊，甚至影響其終生志業之轉向。從柏拉圖七十五歲前後寫給西拉古斯（Syracus）政治領袖迪昂（Dion）的信中可以看出，柏拉圖在年輕時期有極大的熱情與抱負想

---

[3] A.E. Taylor, *Socrates: The Man And His Thought*, 許爾燧譯，《蘇格拉底傳》，頁 119-120。

參與政治事業，但雅典民主政治判處蘇格拉底死刑一事，讓柏拉圖對雅典政治徹底失望，乃促使柏拉圖放棄從政的計劃，從而轉向哲學的研究，持續思索管理城邦的理想之道。在著名的〈第七封信〉中，柏拉圖有過如此的自述：

> 我不得不宣告，必須頌揚正確的哲學，通過它一個人可以認識到公眾生活和私人生活中的各種正義的形式。因而，除非真正的哲學家獲得政治權利，或者城邦中擁有權力的人，由於某種奇蹟，變成了真正的哲學家，否則，人類中的罪惡，將永遠不會停止。[4]

此一結論就是柏拉圖有名的「哲王」（The Philosopher-King）思想：哲學家當政或者執政者變成哲學家。

蘇格拉底在世最後一日的情景，在柏拉圖的對話《斐多篇》（Phaedo）中有詳實的記載，儘管柏拉圖當時並不在場。[5]這篇對話「堪稱是當今歐洲散文方面最偉大的作品。」[6]同時也是「全部希臘哲學中最令人驚嘆、最富有意義的作品之一。」[7]在《斐多篇》中，柏拉圖呈現了一幅鮮明的、動人的蘇格拉底坦然面對死亡的勇者形象，此一形象取代了古老的英雄典範阿奇里斯（Achilles）成為當時最高貴的希臘青年所崇拜的新榜樣。[8]當時在場的斐多（Phaedo）記述他對蘇格拉底的最後印象：

> 當時我自己的感覺相當奇特。我從未為他感到惋惜，正如你在好友病危的床榻旁所能預期的那種感覺。耶克拉提斯（Echecrates），他實際上在言行舉止上都顯得相當快樂；他是

---

[4] Plato，〈第七封信〉，引自苗力田主編，《古希臘哲學》，頁 237-239。

[5] 依《斐多篇》中記載，柏拉圖當時是生病了，因而不在場。（Phaedo 596）。

[6] 同註3，頁 121-122。

[7] H. G. Gadamer，〈柏拉圖《斐多篇》對靈魂不朽的證明〉，該文收於 Eight Hermeneutical Studies on Plato, 余紀元譯，《伽達默爾論柏拉圖》，頁24。

[8] 同註7，頁 25。

如此無畏而高貴地面對他的死。這使我不由自主地感到，縱使在他前往另一世界的途中，也必將受到神靈的保護，而在到達那裡時亦必是一切都美好的。[9]

斐多以上的記述凸顯出了兩個重點：一是蘇格拉底從容就死的無懼，甚至是愉悅的態度；二是一個美好死後世界的期盼。事實上，也就是對美好死後世界的期盼，使得蘇格拉底能夠以愉悅的態度面對死亡，因此超克了一般對死亡的恐懼之情。[10]在《自訴篇》（The Apology）中，蘇格拉底對於死後究竟會發生什麼事情，是抱持一種開放的態度。他提到，死亡或者是一種全然的滅絕，死者一無所知；或者死亡是靈魂從此處移居他處的變動。而不論屬於何者，死亡大有希望是件好事。[11]他也說過：「沒有人充分了解死亡，它也許是人生最大的好事。」[12]但《自訴篇》中的委婉可能在《斐多篇》中成了堅實的信念，蘇格拉底在回答塞伯斯（Cebes）有關哲學家不贊成自殺又樂於赴死的質問時，明確表明了他有關死後是個更美好世界的信念。蘇格拉底說：

> 如果我並不期盼與其它聰慧又善良的神明以及那些比在世之人更棒的那些已過世之人為伍，那麼我臨死而不悲就是大錯特錯了。事實上，我衷心期盼自己置身這些好人之中。但我並不特別強調此點，我更想強調的是：我將發現在那裡的神聖大師們個個都好得無與倫比。這就是為什麼我一點也不擔憂我死了

---

[9] *Phaedo* 58e.

[10] 當代德國哲學家伽達默爾（G. H. Gadamer）極端推崇《斐多篇》，他說：「正是在《斐多篇》中柏拉圖讓他的老師蘇格拉底在他生命最後一天與朋友們的最後一次談話中，說出了一個人所具有的有關死亡及彼岸世界的種種期望。同樣肯定的是，正是這個關於死後生活的主題及處理它的方式證明了這樣一個觀點，即可以把《斐多篇》與基督教制勝死亡的態度相比擬。」（同註7）在此伽達默爾把「有關死亡及死後世界的期望」與「制勝死亡的態度」二者關連了起來。

[11] *Apology* 40c-41c.

[12] Ibid 29a.

> 將會如何，這也是為什麼我對已死者將有事情發生而好人受惠更勝於壞人（這點我們已言之多年）這事具有堅定的希望。[13]

如此，死亡並不是一件壞事，它反而是一趟邁向更美好世界的旅程。這是蘇格拉底有關美好死後世界的堅定信念，基此信念，我們有充分的理由對死亡充滿樂觀，而一個好人在此樂觀性上將會得到更大的保證。[14]

在確切表明自己的堅實信念之後，蘇格拉底試圖進一步向西米亞斯（Simmias）和塞伯斯闡釋他的信念：終生奉獻於哲學的人將愉悅地面對他的死亡，而在死後確信可以在另一世界獲得最大的福份。[15]對話持續進行。

在結束長長的對話之後，獄卒端進了毒藥。在喝下毒藥之前，蘇格拉底要求可以向神明祈禱，求神明保祐他從這個世界離開前往另一個世界能夠一帆風順。[16]祈禱完後隨即安祥地一口喝光毒藥。喝完毒藥，當蘇格拉底感到毒藥上到心臟時，他說出了臨終前最後的一句話：

> 克利多（Crito），我們應該奉獻阿斯克利比斯（Asclepius）一隻雞。不要忘了還這筆債。[17]

蘇格拉底的臨終遺言要比所有的論證更能確切表明他自己的堅實信念。依希臘習俗，一個人在生病復原之後，要向醫神阿斯克利比斯奉獻。對蘇格拉底自己而言，他是正在復原而不是正在死去（recovering, not dying）。他並不是邁向死亡，而是走入生命，一個更豐富而美好的生命。

---

[13] *Pheado* 63b-c.

[14] 《自訴篇》中，蘇格拉底在為自己辯護的最後作了以下的陳述：法官們，諸位一定要對死亡充滿樂觀，同時還要了解到有一回事真實不假，那就是一個好人，不管生前或死後，都不會碰到壞遭遇的，神不會對他的事情置之不理。（*Apology* 41d。鄺健行譯文）

[15] *Phaedo* 63e-64a.

[16] Ibid 117c.

[17] Ibid 118a.

三、死亡與靈魂的淨化

蘇格拉底安祥地喝下毒藥欣然赴死的態度，明白地彰顯出他的基本信念：終生奉獻於哲學的人將愉悅地面對他的死亡，而在死後可以在另一個世界獲得最大的福份。事實上這就是一個真正的哲學家對待死亡的態度。一般人無法理解為什麼哲學家會樂於死亡，究其實因為他們根本不了解死亡的本質。死亡就是「靈魂從肉體中的釋放」（the release of the soul from the body）。[18]如何擺脫肉體的拘絆，使靈魂趨於完善，這是真正哲學家的生活，這也是蘇格拉底九死而不悔的人生使命。[19]從他對雅典公民義正辭嚴地質問與苦口婆心的勸勉上，可以明白地看出此點：

> 朋友，你是雅典公民。雅典是最大的城市，以智慧和強盛馳名遠近。可是你只顧在儘量多賺財富和博取聲名與榮譽方面用心，而對於內心的修養和真理，以及怎樣使靈魂更趨完善等問題，卻是置之不理，難道你不感到羞愧嗎？[20]

> 希望諸位了解：這是神命。我相信到目前為止，城邦中還不曾出現過一件事情，比起我為神服務，對大家更有好處。我拋開別的事情不幹，四處奔走，目的無非想勸導大家——包括老的和少的——不要只顧肉體和財富；對這兩者的看重程度，不要超過怎麼樣才使靈魂趨於完善這一問題之上。[21]

哲學家不應該太重視生活中物質欲望的滿足，而應該多關心他的靈魂，多照料他的靈魂使其趨於完善。肉體是靈魂的牢獄，它是我們在

---

[18] Ibid 64c.

[19] 蘇格拉底鄭重其事地宣稱：「只要我一息尚存，體力未歇，我是不會放棄哲學的研究的。」（*Apology* 29d，鄺健行譯文）

[20] *Apology* 29d-e，鄺健行譯文。

[21] Ibid 30a-b.

追求真理過程中的最大障礙，只有擺脫肉體的拘限，使靈魂淨化，才能獲得真理。死亡是靈魂從肉體中的徹底釋放，如此，死亡對哲學家而言事實上是一種恩惠。但是，當哲學家還活著的時候，亦即是靈魂與肉體尚未完全分離之時，他也就無法真正擺脫掉肉體的束縛，得到完的淨化。因此，從事哲學不過就是練習死亡（practice for death），也就是淨化靈魂（purification of soul）。蘇格拉底如此闡釋他的靈魂淨化觀點：

> 只要我們固守在身體之中，使靈魂受到肉體的污染而變得不完滿，我們就無法令人滿意地去把握對象，亦即獲得真理。首先，身體因追求生存而給我們帶來難以計數的干擾；其次，身體的疾病妨礙我們去探索真理；此外，身體中充滿愛欲恐懼之情、各種幻想，以及諸多毫無價值的東西，使得我們根本無暇思考其它問題。戰爭、革命與衝突，僅僅是由肉體的欲望所引起。戰爭的目的是為了攫取財富，而攫取財富是為了滿足肉體的欲望，因為我們是欲望的奴隸。以上所說就是為什麼我們幾乎沒有時間研究哲學的原因。最糟糕的是，即使我們從肉體那兒爭得一些時間來進行某些研究，肉體欲望還是會再闖入我們的思維過程，中斷、干擾、分散及妨礙我們捕捉真理。我們業已相信，要想獲得任何純粹知識，就必須擺脫肉體，用靈魂去沈思事物本身。由此看來，我們所期待和一心想獲得的智慧，只有在我們死後才有可能達成，而不是在我們有生之日。[22]

哲學家的生活，就是要儘可能地擺脫這些身體欲望的誘惑與干擾，使自己的靈魂得以淨化。蘇格拉底進一步強調：我們應該在神拯救之前就淨化自己的靈魂，不讓靈魂受到肉體欲望的污染。「一個沒有先淨化自身就去冒犯純粹真理王國的人，無疑地有違宇宙的正義。」[23]這

---

[22] *Phaedo* 66b-e.
[23] Ibid 67b.

裡的說法也相當清楚地說明了為什麼蘇格拉底說哲學家既不貪生但也不贊成自殺，卻又隨時可以準備欣然赴死的原因。

蘇格拉底在確切表明其靈魂不朽的信念之後，他又提出幾個用來支持其信念的論証。對此，宗教哲學家希克（J. Hick）稱譽道：「正是柏拉圖這位最深刻最持久地影響了西方文化的哲學家，系統地發展了身心二分的學說，第一次致力於證明靈魂的不朽。」[24]

第一個論証基於對立面相互轉化的原則。一切事物皆有其對立面，而且一切事物皆由其對立面所產生出來。例如，正義是不正義的對立面，美是醜的對立面。一個較大的事物在它變大之前必定是較小的，同樣地，強產生於弱，快產生於慢，一切事物都產生於其對立面，而且這是相互轉化的雙向過程，由慢到快，由快到慢；由強變弱，由弱轉強。生與死是對立的，二者也一樣有雙向的相互轉化：從生到死，從死到生。從生到死，就是靈魂與肉體的分離；從死到生，即靈魂與肉體結合的再生。因此，死後的靈魂必然存於某處，然後又再度復生。如果死後靈魂不存在，則從死到生的對立轉化過程便無法完成。所以靈魂是不朽的。

第二個論証基於回憶說（theory of recollection）以及作為回憶對象之理型（ideas）的存在。所謂回憶是指將本已具有而又遺忘的知識重新記憶起來，如此，我們所回憶的必定是我們在此之前就早已掌握的東西，那麼我們自然必須接受靈魂的先在性。正如蘇格拉底所言：

> 我們的靈魂在取得人的形態之前業已存在。它們獨立於肉體之外，並且具有智力。[25]

而如果靈魂在出生之前業已存在，那麼依據上述對立相互轉化的原則，靈魂在死後也將繼續存在，使得人可以繼續出生。所以靈魂是不朽的。

---

[24] J. Hick，*Philosophy of Religion*，何光滬譯，《宗教哲學》，頁 215。
[25] Phaedo 76c.

　　第三個論證則是基於靈魂本身的特性。一般所謂事物的毀滅或死亡，是指組成事物之部份的分解，而只有由部份所組成的複雜事物，才具有部份，也才能被分解，如此才有所謂的毀滅或死亡。而靈魂的性質與肉體完全不同，肉體是由部份所組成的，故有分解，因此身體會死。但靈魂是單一的，沒有組合的部份，因此也就沒有分解，沒有分解也就沒有毀滅，也就是說它是不死的。所以，靈魂是不朽的。

　　這些論証，誠如哲學家伽德默爾所言，「必須被認為只是對一個假定的闡釋，而不是確定性的證明。」[26]因為，十分明顯，在這類問題上，人們不可能期望得到更大的確定性。所以，論証的要點在於它們只是拒斥了懷疑而不是證實了信仰。[27]雖然信仰並未得到理性的證明，毋庸置疑地，它是蘇格拉底或柏拉圖堅實的信念：人是具有靈魂與肉體的二元性存在，肉體有死而靈魂不朽。在肉體死亡之後，不具肉體之生命形式繼續存在，直到再度復生。那麼肉體死亡後，不具肉體之生命繼續存在的死後世界，究竟是何番景象？下節轉而陳述此一主題。

四、死後生命的世界圖像及其道德意含

　　相信死後生命的存在是一種世界共同的信仰，普及於各個民族、年代文化之中。宗教哲學家巴特漢（D. Badham）說：

> 死後生命的信仰可以說幾乎是一切宗教的共同點之一，它構成
> 信仰結構中的一個核心部份。[28]

---

[26] 同註 7，頁 25。

[27] 同註 7，頁 41。

[28] P. Badham, *'Death and Immortality: Towards a Global Synthesis'.*此文收於 *Beyond Death:Theological and Philosophical Reflections on Life After Death*, Edited by Dan Cohn-sherbok and Chistopher Lewis, Macmillan, 1995, p.119.

依此信仰，死亡並非生命的全然終結（the totally end of life），更精確地說，形體的死亡（bodily death）並非人的死亡（human death），形體死亡之後仍存在某種的生命形態，一種不具形體之精神實體的存在形態，此即構成人死後的生命世界。

上文中，我們已揭示了柏拉圖的死亡觀以及靈魂不朽的信念：死亡就是靈魂從肉體中的釋放，肉體有死，而靈魂不滅。那麼在人死後將會發生些什麼事？柏拉圖在其對話錄《高吉亞斯》（Gorgias）、《費多篇》（Phaedo），《理想國》（The Republic）有一番描述。

在《高吉亞斯》中蘇格拉底描述了死後靈魂的審判。[29]在克諾努斯時代（the days of Cronus）以及宙斯（Zeus）取得權力初期，人們是在生前由人本身來審判的，而在人死的那一天宣佈判決。但是審判沒到得到公正的進行，因此幸福島（Island of the Blessed）上充滿了不該住的人。於是宙斯決定改變審判的方式，首先他讓人無法預知死期；再者，人們必須在死後受審，而且人在受審時必須赤身裸體，以避免審判官受到死者華麗衣著的迷惑；最後，不再由人來審判，而由一樣亡故，赤裸的審判官來作審判。審判官有三位，他們是宙斯的兒子，各有其職責：拉達曼修斯（Rhadamathus）審判來自亞洲的靈魂，阿伊克斯（Aeacus）審判來自歐洲的靈魂，米諾斯（Minos）則是審判那些在前面二者之中無法判決的案子。從肉體牢籠解脫出來的靈魂，現在是以赤裸的形式呈現在審判官面前，審判的地點位於兩條路交叉口的草地上，其中一條通往幸福島（Island of the Blessed），另外一條則通往冥府（Tartarus）。靈魂的呈現是被它死前生活中的種種行為活動所標記，審判官即透過檢視這些靈魂上的標記來做出適當的判決。邪惡者被送往冥府，它有可能復生或者受到永恆的懲罰；良善者，尤其是哲學家的靈魂（the soul of a philosopher），則被送往幸福島。

在《費多篇》中，蘇格拉底花費大量篇幅陳述支持靈魂不朽的論証之後，在對話末尾，他又進一步說明了地球的結構與死後靈魂的命

---

[29] *Gorgias* 523a-526d.

運。[30]文中提到，我們所居住的地球並非是地球的全部。事實上存在著三個同軸心的地球，一個位於我們居住地球的上面，另一個則位於下面。上界是天堂樂土，但我們看不見，因為我們是處於它的一個凹陷處。那裡的一切都很美好。下界則是死後靈魂接受審判懲惡揚善之地，在此審判的地點是阿克魯斯湖（the Acherusian Lake）。那些曾經做過公正與不公正之事者將被送往阿克隆河（Acheron），他們為其所做的壞事而受到懲罰，也因其所做的好事而受到獎賞。在經過或長或短的贖罪淨化之後，他們又被重新投入生命的輪迴之中。那些被判為無可救藥、罪無可報的邪惡靈魂則將被送往冥府（Tartarus）接受永恆的懲罰，不得復生。而那些被判為尚有救藥的靈魂將在冥府接受一年的懲罰，如果他們能夠得到他們的受害者的寬恕，他們的懲罰就結束了，他們就可被送回世上過其它不同的生活。哲學家的靈魂則被給予最高的恩惠，免除了肉體的再生，而過著一種永恆的美好生活。

在《理想國》的對話中，柏拉圖透過一個在戰場上陣亡，但在十二天之後又復活的士兵伊爾（Er），敘述死後世界靈魂的遭遇。[31]潘菲利亞人伊爾（Er the Pamphylian），在一次戰爭中被殺身亡，死後第十天屍體被找到運回家去，第十二天舉行葬禮。當他被放上火葬堆時竟然復活了。復活之後他向旁人講述了他在另一個世界所看到的情景。當他的靈魂離開軀體之後，與其它的靈魂同行，來到一個奇特的地方，那裡正對著的兩邊各有兩個並列的洞口，分別通往天上和地下。審判官們坐在洞口之間，死去的人都要按照生前所作的一切接受審判。正義之人可以進入天上享樂，不正義之人則必須到地下受苦。審判官要伊爾擔任信使把他在這裡所看到的一切回去詳細地告訴世人。他看到從天上下來的人述說著天上的美麗和幸福，他也看到從地下回來的人哭訴著他們在地獄中所遭受的痛苦。在此，伊爾才知道每個靈魂必須為其生前的行為負責。所犯的每一項罪行都要受到十倍的

---

[30] *Phaedo* 107d-114c.
[31] *The Republic* 614b-621d.

報應，每一個報應持續一百年，十倍即一千年。一些罪無可報者甚至永世不得復生，要接受永恆的懲罰。而所行的好事，同樣地會得到十倍的獎賞，持續一千年。獎懲期滿了，靈魂們從天上或地下回來以後，命運女神拉赫西斯（Lachesis, the Fates）就讓他們按照抽籤的順序自己選擇下一世的生活，他們的命運決定之後，再喝下勒塞河（the River of Lethe，即忘河：the River of Forgetfulness）的河水，就會忘掉前世的一切，之後各自投生。伊爾被禁止喝這河的水，醒來時發現自己回到身體之中，他正躺在火葬的柴堆上。

以上所述有關死後生命的世界圖像或有細節上的差異，但均明確刻劃了一個重要的義旨，那就是：人死之後，靈魂要按其生前的所作所為接受審判，因其邪惡而受到懲罰，其良善則將受到獎賞。如是，此一義旨對於我們的現世生活就具有深刻地道德上的訓示：既然我們的肉體有死而靈魂不朽，而且死後靈魂要按其生前的所作所為接受審判，那麼在我們有生之日對靈魂的照料，就是我們生活中刻不容緩的重大任務。事實上，這也就是蘇格拉底念茲在茲，所以生亦所以死心中所依循的準則。柏拉圖透過蘇格拉底之口在敘述完死後世界的故事之後，均有一段語重心長的深沈告誡。

在《高吉亞斯》中，蘇格拉底說：

> 卡利克利斯（Callicles），我完全相信這些故事，而且竭盡所思如何才能向審判官呈現一個儘可能健康的靈魂。因此我唾棄大多數人所追逐的榮譽而去追尋真理，我願努力使自己的生活盡善盡美，而當死亡來臨時，也使自己的死亡能夠盡善盡美。[32]

在《費多篇》中，蘇格拉底則說：

> 因此，只有一個方式一個人可以從所有有關其靈魂命運的憂慮中解脫出來——如果他們能夠在生活中放棄肉體的快樂與裝飾，而將自己投身於追求知識的快樂，因此不是用借來的華服

---

[32] *Gorgias* 526d-e.

裝飾其靈魂，而是用自制、美善、勇氣與真理，那麼他便可以隨時準備上路，啟程前往下一個世界。[33]

在《理想國》中，蘇格拉底則是以下面這段話結束了整個對話：

格勞孔（Glaucon）啊，這個故事就這樣被保存了下來，沒有亡佚。如果我們相信它，它就能救助我們，我們就能安全地渡過勒塞之河，而不在這個世上玷污了我們的靈魂。不管怎麼說，願大家相信我如下的忠言：靈魂是不死的，它能忍受一切惡和善。讓我們永遠堅持走向上的路，追求正義和智慧。這樣我們才可以得到我們自己的和神的愛，無論是今世活在這裡還是在我們死後（像競賽勝利者領取獎品那樣）得到報酬的時候。我們也才可以諸事順遂，無論今世在這裡還是將來在我們剛才所描述的那一千年的旅程中。[34]

以上就是蘇格拉底的諄諄忠告。既然人死後靈魂要依其生前所做所為接受審判，那麼在有生之日，「我們要重視的，不是活著，而是好好地活著。」[35]好好地活著即是美好地、合義地活著，也就是細心地照料我們的靈魂，使其淨化趨於完善。一個好人，就像蘇格拉底，縱然在生前得不到公正的對待，他也能在死後靈魂的不朽中得到應有的福報。正如哲學家泰勒（A. E. Taylor）所評論：「靈魂的價值與尊嚴使人們有合理的依據希望。死對一個好人來說是更美滿生活的開始，即他可以精神振作地正視冒險活動的開始。」[36]這樣的思想，為這個不完美世界中的芸芸眾生帶來某種程度的安慰與希望。這樣的希望能引導我們現世生活中的行為，成就幸福的人生，蘇格拉底的一生就是最佳的寫照，而克里頓（Crito）對蘇格拉底評價的話便是最好的見証：

---

[33] *Pheado* 114e-115a.

[34] *The Republic* 621b-d，郭斌和、張竹明譯文。

[35] *Crito* 48b，鄺健行譯文。

[36] A.E Taylor, *Plato:The Man and His Work,* 謝隨知、苗力田、徐鵬譯、《柏拉圖——生平及其著作》，頁 255。

> 你以往一輩子的生活方式，許多的時候著實使我覺得你是一個
> 幸福的人；而現在你這種對眼前的不幸的泰然置之的態度，更
> 使我這麼想。[37]

五、結語

人皆有一死——肉體的死亡，但我們不知道肉體的死亡是否就是人們生命的全然終止，還是肉體有死而靈魂不朽。雖然無法理性地證明靈魂的不朽，但這卻是有關我們生命意義的一種信仰，接不接受這個信仰，將導致完全不同的人生。當然你可以用有限的時間去管理你的人生，你也可以超越現世用一種永恆的格局來規劃生命，但誠如哲學家巴斯卡所言：

> 靈魂不朽是一件對我們如此重要，如此深深觸及我們的事情，
> 以致設若我們對它毫不關懷，必是何等喪心！我們一切的行為
> 與思想必然依照有希望獲得永恆喜悅或無希望獲得永恆喜悅
> 而完全不同；如果我們的行為不以這個必當的最終目標為校
> 準，則就不可能明智合理的行進一步。因之，我們的首要關心
> 之處，首要義務，就是在這個問題上給自己啟蒙，而我們的一
> 切行為都仰賴於此。[38]

事實上，蘇格拉底的一生及其面對死亡的態度為此信仰做了最好的展示。如果你不接受此一信仰，可能必須冒如此的風險：倘若真有死後世界，那麼你的抉擇會是得不償失，到時真是後悔莫及。無論如何，這是我們每一個人對於生死大事都必須面對的抉擇。每一個人都必須為自己的生命做決定，下賭注，而願賭者只能服輸。

---

[37] *Crito* 43b，鄺健行譯文。
[38] 同註 2，頁 108-109。

參考文獻

Badham, P., *Death and Immortality: Towards a Global Synthesis, in Beyond Death: Theological and Philosophical Reflections on Life After Death*, Edited by Dan Cohn-sherbok and Christopher Lewis, Macmillan,1995.

Badham, P.& Badham, L., *Immortality or Extinction?*, 高師寧、林義全譯，《不朽還是消亡？》，四川人民出版社，1998。

Bright, L., *Reincarnation and You*，雲琪譯，《生命來自於死亡──認識輪迴》，海鴿文化，1998。

Brun, J., 楊國政譯，《柏拉圖及其學園》，北京商務印書館，1999。

Copleston, F.，傅佩榮譯，《西洋哲學史（一）：希臘與羅馬》，黎明文化，1991。

Davies, B., *An Introduction to the Philosophy of Religion*, Oxford University Press,1993.

Field, G. C., *The Pliilosophy of Plato*, 呂武吉譯，《柏拉圖的哲學》，台灣商務印書館，1986。

Gadamer, H. G., *Eight Hermeneutical Studies on Plato*, 余紀元譯，《伽達默爾論柏拉圖》，北京光明日報出版社，1992。

Gottlieb,A., *Socrates:Philosophy's Martyr*, 何畫瑰譯，《蘇格拉底》，麥田出版，2000。

Grube, G.M.A., *Plato's Thought*, Hackett Publishing Company, INC., 1980.

Hamilton, E. & Cairns, H.（ed），*The Collected Dialogues of Plato*（including the Letters），New York: Bollingen Foundation, 1961.

Hare, R.M., *Plato*，李日章譯，《柏拉圖》，聯經出版事業公司，1990。

Hick, J., *Philosophy of Religion*，何光滬譯，《宗教哲學》，三聯書店，1988。

Jasper, K., *Plato*，賴顯邦譯，《柏拉圖》，自華書店，1986。

Kramer, K. P., *The Sacred Art of Dying: How World Religions Understand Death*, 方蕙玲譯，《宗教的死亡藝術：世界宗教如何理解死亡》，東大圖書公司，1997。

Lewis, J. R., *Encyclopedia of Afterlife Beliefs and Phenomena*, Visible Ink Press,1995.

Moody, R. A., *Life After Life*, 長安譯，《來生》，方智出版社，1985。

Morgan, A., *What Happens When We Die?*， 屈貝琴譯，《認識死後的世界》，校園書房，1999。

Pascal, B., *Pensées*，孟祥森譯，《沈思錄》，水牛出版社，1994。

Peterson, M., Hasker, W., Reichenbach, B. & Basinger, D., *Philosophy of Religion: Selected Readings*, Oxford University Press, 1996。

Quinn, P.L., & Taliaferro, C.（ed.）, *A Companion To Philosophy of Religion, Blackwell*, 1999。

Randles, J. & Hough, P., *The Afterlife*，李淑媛、謝磊俊譯，《靈魂不滅》，大村文化，1997。

Stace, W. T., *A History of Greek Philosophy*（譯者不詳），雙葉書店，1986。

Taylor, A. E., *Socrates: The Man and His Thought*，許爾煆譯，《蘇格拉底傳》，志文出版社，1998 再版。

Taylor, A. E., *Plato: The Man and His Work*，謝隨之、苗力田、徐鵬譯，《柏拉圖——生平及其著作》，山東人民出版社，1991。

Williams, B., *Plato: The Invention of Philosophy*，何畫瑰譯，《柏拉圖》，麥田出版，2000。

石上玄一郎著，吳村山譯，《輪迴與轉生——死後世界的探究》，東大圖書公司，1997。

克舍挪方著，鄺健行譯，《追思錄——蘇格拉底的言行》，聯經出版事業公司，1989。

柏拉圖著，鄺健行譯，《柏拉圖三書》，仲信出版社，1983。

柏拉圖著，郭斌和、張竹明譯，《理想國》，北京商務印書館，1997。

田士元、余紀元，《柏拉圖‧亞里斯多德》，書泉出版社，1992。

賴輝亮，《柏拉圖傳》，河北人民出版社，1997。

傅佩榮，《柏拉圖》，東大圖書公司，1998。

程石泉，《柏拉圖三論》，東大圖書公司，1992。

苗力田主編，《古希臘哲學》，七略出版社，1999。

段德智，《死亡哲學》，湖北人民出版社，1996。

一道同風・萬教歸宗：
淺論宗教大同的哲學基礎

> 萬物並育而不相害，道並行而不相悖，小德川流，大德敦化，
> 此天地之所以為大也。
>
> ——《中庸・祖述章》

一、引言：大問題

　　所有宗教之先知與教祖們都曾點出人類存在的困境，並指出通向未來美好生命的拯救之道。然而，各宗教團體之間的互不了解、誤解、排斥與競爭，甚至相同宗教也出現許多分裂的，甚至是敵對不和的教派，這些經常成為重大衝突之源。歷史上，多少次的屠殺、流血衝突以及宗教戰爭，不僅發生在不同宗教之間，亦發生在同一宗教的不同教派之間。這些現象的發生似乎與各宗教之先知與教祖們當初創教立宗之初衷是相違背的。2001 年回教激進份子攻擊紐約的 911 事件，再次引發世人重視宗教衝突的議題，似乎在美國與阿拉伯國家之間緊張的政經對立關係背後，存在著更為根本的宗教衝突問題。如此，宗教之間的交流對話理解，促進宗教間的和平相處，以創造一個和平美善的世界，是一個相當應該得到關切的課題。正如當代著名的瑞士神學家漢思・昆（Hans Kung）痛心疾首而誠摯的呼籲：「**沒有宗教之間的和平，則沒有世界和平。沒有宗教之間的對話，則沒有宗教和平。**」[1]

---

[1]　漢思・昆（Hans Kung），周藝譯，《世界倫理構想》，北京三聯書店，2002，〈前言〉，頁 3。

回顧蕭大宗師領導天德教的時代，當時有一些如「同善社」、「萬國道德會」等主張三教合一的宗教團體，但基本上仍是排斥西方傳來的宗教，儘管當時的基督教與回教在中國已經完全落地生根。蕭大宗師是第一位提出宗教大同的先知，主張儒、釋、道、耶、回五教大同。[2]是以〈一炁宗主聖誥〉中即有「**集五教而普大同**」之言[3]，要言之，即集五教教義之精蘊：儒家之忠恕、釋家之慈悲、道家之感應、耶教之博愛、回教之清真，融會貫通而為今日之廿字真言。[4]

天帝教首任首席使者涵靜老人承繼蕭大宗師此宗教大同的道統精神，在〈天帝教信徒仍可信仰原來的宗教〉一文中即言：「信仰本教之同奮可以信仰原來之宗教，不但無矛盾、無牴觸，而且其脈絡與精神都是一致的，亦就是**宗教大同，道本一源**。」[5]因為道本一源，宗教大同才有其可能性的基礎，而透過宗教大同才能真正促進世界大同，在天帝教〈祈禱詞〉中即有「願——天下為公，宗教大同，世界大同！」之祈禱文。

本章之旨趣在於對宗教大同之所以可能作哲學的分析，展示其理念基礎，以作為進一步思考如何促進宗教大同相關落實方案的起點。在此之前，首先要處理一個更基本的問題，即：何謂宗教？或者說：宗教的本質是什麼？

二、何謂宗教：基本設準

宗教的本質是什麼？此一問題可以說是所有宗教研究的核心問題。然而對此核心問題的回答，卻是莫衷一是，缺乏共識。以下列舉一些著名思想家不同的宗教觀念，即可見一般：

2　參見李維生，〈讓我門以宗教大同的行動持續宗主先知的大愛〉，蕭大宗師哲學座談會書面致詞，1996。

3　《三期匯宗天曹應元寶誥》，頁38。

4　蕭昌明大宗師，《人生指南》，〈敘〉，1930。

5　李極初，〈天帝教信徒仍可信仰原來的宗教〉，收於《天帝教教義——新境界》，2000 三版三刷，〈附錄一〉，頁 125。

(1) 宗教是取悅超自然力量的企圖。（Sir James G. Frazer，1854-1942）

(2) 宗教起源於生命歷程中的基本需求以及滿足此種需求的文化形式。（Bronislaw K. Malinowski，1884-1942）

(3) 宗教是社會的神聖化。（Emile Durkheim，1858-1917）

(4) 宗教是人類的一種幻覺、一種安慰殘酷艱辛生活的甜蜜毒藥。（Sigmund Freund，1856-1939）

(5) 宗教是人類精神的一種特殊狀態，在此狀態中表現為一種精神整合的生命境界。（Carl G. Jung，1875-1961）

(6) 宗教是人民的鴉片。（Karl Marx，1818-1883）

(7) 宗教是對無限的一種絕對依存的情感（the feeling of absolute dependence）。（Friedrich Schleiermacher，1768-1834）

(8) 宗教是由於對死亡、未知世界的恐懼所產生的病症，而這是人類災難深重的淵源。（Bertrand Russell，1872-1970）

(9) 宗教是人類的終極關懷（ultimate concern）。（Paul Tillich，1886-1965）

面對如此紛雜不一的宗教主張，若不作一立場的選擇，則我們有關宗教大同的議題將無法進行討論。因而本文對此問題的思考乃有一基本設準，亦即關於宗教概念所採取的工作定義（working definition），此一工作定義來自美國實用主義的哲學家威廉詹姆斯（W. James，1842-1902）的宗教觀念：

> （宗教是）一種對於不可見的秩序（unseen order），以及人的至善就在於將自身與此秩序調整至和諧狀態的信仰。這種信仰與調整是在我們靈魂內的宗教態度。[6]

威廉詹姆斯將宗教大分為二：制度的宗教（institutional religion）與個人的宗教（personal religion）。[7]對制度的宗教而言，崇拜與犧牲、

---

[6] W. James, *The Varieties of Religious Experiences*, Lecture III: The Reality of the Unseen, http://xroads.virginia.edu/~HYPER/WJAMES/ch03.html.

[7] Ibid, Lecture II : Circumscription of the Topics.

界定神性之步驟、神學、儀式與教會組織都是其構成要素。若將宗教限定於此，則宗教成了外在的藝術，一種贏得上帝眷顧之藝術（the art of winning the favor of the God）。反之，個人的宗教則關心人的內在性情，諸如人的良心、美德、無助感與不完善性等。在此面向上，教會組織、牧師、聖禮以及其他的中介者都居於次要的地位。這是人與其創造者之間心對心、靈魂對靈魂的直接關係。威廉詹姆斯進一步指出，個人的宗教比制度的宗教更為基本，因為每一個制度宗教的創始者無一不是通過個人與神聖者的直接交流（their direct personal communion with the divine）而獲得力量。而制度一但建立，則其一般信徒過的不過是「二手的宗教生活」（second-hand religiouslife）。[8]在這種理解之下，威廉詹姆斯對個人的宗教作了如下的定義：

> 個體在其孤獨中，當其領會到自身處於與神聖者之關係時的情感、行動與經驗。[9]

此「神聖者」（the divine）就是人類宗教經驗的對象，它是「終極實在」（ultimate reality），是「不可見者」（the unseen），它決定著某種「不可見的秩序」，個體將自身與此秩序調整至和諧狀態就是「至善」（supreme good），也就是人生最終的目的。

依此工作定義，有兩個設準作為本文論述的基礎：

第一，存在超驗的終級實在，宗教即是對此終級實在的回應。正如當代宗教哲學家希克（John Hick）所言：「假如沒有這樣的超驗基礎，各種形式的宗教經驗就不得不範疇化為純粹的人類投影了。……肯定超驗於是就是肯定宗教經驗不只是人類想像力的構造，而是對實在的回應——儘管常常受到了文化的限制。」[10]如果宗教只是人類想

---

[8]   Ibid, Lecture Ⅰ : Religion and Neurology.

[9]   同註7。

[10] J. Hick，周偉馳譯，〈宗教多元論與拯救〉，收於 Melville Y. Stewart（ed.），*Philosophy of Religion: an anthology of contemporary views*，周偉馳、胡自信、吳增定譯，《當代西方宗教哲學》，北京大學出版社，2001，頁687。

像力構作的投射，則談論宗教大同就如天空中的派（pie in the sky）一般，不過是不切實際的幻想。

第二，對此終級實在的回應就是人生的終極目的，因此，宗教就是當代神學家雷蒙潘尼卡（Raimon Panikkar）所說的「拯救之道」（way of salvation），「它們代表我們在這一信念中進行的存在論上的朝聖，即相信該事業將幫助我們達到生活的最後目的或終點。」[11]依此，各種宗教所代表的即是不同形式的拯救之道。

三、諸宗教間之關係：三種類型

基於上述兩大設準——（1）宗教是對超驗終極實在的回應；（2）宗教是拯救之道，我們乃可進一步論述各種宗教之間的關係。一般而言，此種關係主要有三種類型。

首先是「排他論」（Exclusivism）。依此立場，世上存在的各種宗教都是有關終極實在的不同回應形式，同時也是針對人類生存困境的拯救之道。但是，在這諸多宗教之中，只可能有一種宗教是對終極實在的正確回應，因而也是唯一正確的拯救之道，其他形式則都是虛幻、謬誤的。這種看似閉關自守的唯我獨尊態度，其實是各種宗教的傳統立場、正統觀念。世上各種宗教都宣稱自己擁有宇宙唯一真理與拯救之道，此一真理宣稱就具有某種內在的排外性。如果基督宗教體現了宇宙唯一真理，那麼就不可能存在一種「非基督宗教的真理」。而如果佛教體現了宇宙唯一真理，那麼就不可能存在一種「非佛教的真理」。如此，其他宗教就變成異端。面對異端，除了令其改宗或將其殲滅，似乎別無他法。

其次是「包容論」（Inclusivism）。與排他論的立場相同，包容論者亦主張只有一種宗教是對終極實在的正確回應，因而也是唯一正確

---

[11] Raimon Panikkar，*The Intrareligious Dialogue*，王志成、思竹譯，《宗教內對話》，北京宗教文化出版社，2001，頁 148-149。

的拯救之道，但它同時承認其他宗教信仰也包含了有關終極實在的部分真理，因而也是部份有效的拯救之道。因此它能寬大地包容其他不同的宗教信仰，不再視其為異端，就其在不同程度上趨近於自己的回應形式與有效拯救而言，是有某種程度的價值。包容論者雖不再將其他宗教視為異端，然而唯我獨尊、高高在上之姿卻依然不變，仍有高低優劣之別，無法平等地對待其他宗教。

再來是「多元論」（Pluralism）。多元論者順者包容論宗教寬容的態度而走得更遠，他完全鄙棄了唯我獨尊、高高在上之姿，而平等地對待各種宗教。多元論者承認人類對終極實在回應形式的多樣性，也承認拯救之道存在於各個宗教中，它們同樣都是有效的，就像攀登峰頂的不同道路，而新的登頂之路還能被走出來。

多元論者將宗教視為：**人類對神聖的終極實在的回應所構成的信仰在不同的歷史社會文化傳統中所表現出的不同形式**。用宗教哲學家希克（John Hick）的經典敘述，就是：「世界各大信仰是十分不同的，但就我們所能分辨的而言，它們都是我們稱之為上帝的終極實在在生活中同等有效的理解、體驗和回應的方式。彩虹是由地球大氣折射成壯麗彩帶的太陽光，我們可以把它視為一個隱喻，把人類不同宗教文化解釋為對神性之光（divine light）的折射。」[12]各個宗教究其實是對終極實在的不同體驗回應的各自表述，又因為終極實在是超驗的奧秘，人類的思想、語言和感官無法完全掌握此終極實在，此認識終極實在的侷限性，使得各個宗教猶如摸象的瞎子們，把摸到的部分視為象的本身。其實每個瞎子所摸到的都是實在，只不過是部份實在而非整體。是故，在終極實在之前，宗教平等，它們都是回應／符應終極實在同樣有效的不同形式。

---

[12] J. Hick，*The Rainbow of Faith*，王志成、思竹譯，《信仰的彩虹——與宗教多元主義批評者的對話》，江蘇人民出版社，2000，〈作者序言〉。

四：宗教大同的哲學基礎：「不同的燈，相同的光。」

　　基於以上對宗教間關係的闡述，在進一步討論宗教大同時，很明顯地可以看出，「排他論」與「包容論」觀點皆不利於宗教大同。排他論者斷言只有自己宗教所談論的終極實在才是唯一真實的，其他宗教所說都是錯誤的，在如此堅持之下，各大宗教之間只會是對立衝突的緊張關係，宗教大同是根本不可能的事。包容論者雖然展現一種不同於排他論者的宗教寬容態度，在斷言自己信仰的真理性之同時，也承認其他宗教信仰的真理宣稱。然而遺憾的是，包容論者與排外論者一樣堅稱自己宗教的優越性，其他宗教相較之下只有較低的真理性。這種觀點追根究底說來，其實不過是排他論的變形。當各個宗教皆堅稱自己信仰唯我獨尊的真理優越性時，討論宗教大同也是不可能的事。但是，似乎沒有任何先驗的權威賦予某一宗教享有特權，由此而可以說自己的宗教所談論的終極實在才是唯一的真理，其他宗教所談論的終極實在則是虛幻不實的或不完全的。相較之下，多元論者的觀點似乎提供了宗教大同一個可能的哲學基礎。

　　依多元論的觀點，各個宗教是人類對終極實在的回應所構成的信仰在不同的歷史社會文化傳統中所表現出的不同形式，它們同樣真實也同樣有效。並不存在唯一的真宗教，只有對終極實在同樣真實的多元性回應，因為回應者們的存在有其各異的歷史性與文化性，受制於此不同的條件背景，因而對終極實在的回應也就不同。是故，每一種宗教都在一個不同的歷史文化背景中形成彼此各異而獨特的有關終極實在的闡述。依著名宗教學者尼尼安‧斯馬特（Ninian Smart，1927-2001）之見，宗教具有七個不同的層面[13]，即：

　　(1)　實踐與儀式層面（practice and ritual）

---

[13] Ninian Smart，*The World's Religions*，許列民等譯，《劍橋世界宗教》，商周出版，2004，頁 4-14。

(2) 經驗與情感層面（experience and emotion）

(3) 敘事與神話層面（narrative and myth）

(4) 教義與哲學層面（doctrine and philosophy）

(5) 倫理與律法層面（ethic and law）

(6) 社會與制度層面（social and institutional）

(7) 物質層面（material）

從這七個層面來觀察，我們可以非常明顯地看出諸宗教之間因歷史文化背景不同所形成的差異性。終極實在本身（the ultimate reality an sich）是超驗的神聖奧秘，遠遠超出人類的認知能力與語言概念之外，因此各宗教所闡述的並非終極實在本身，而是人類所經驗到的終極實在（the ultimate reality as experienced by human beings）。而人們對其所經驗到之終極實在的闡述，不可避免地受到其獨特文化背景下所形成的概念系統的深度影響，必然產生歧異。但不能因此歧異就推斷說己是它非。就像心理學家賈斯特羅（Jastrow）著名的鴨兔兩可圖，我們既可正確地將它看作兔子，也可以正確地將它看作鴨子。但是我們不能因為自己所看到的是兔子，就推斷說將它看作鴨子的人是錯誤的，同樣地，也不能因為自己所看到的是鴨子，就推斷說將它看作兔子的人是錯誤的。二者都是正確的，因為我們可以用兩種完全不同但同樣正確的方式看待它。同樣地，我們可以將各個宗教視為對終極實在互不相同但同樣正確的回應形式。在此理解之下，多元論的觀點乃為宗教大同提供了一個可能的哲學基礎。

五、結語：敬其所異愛其所同

隨著地球村的形成，不同種族和國家在政治、經濟、文化和宗教上產生很大程度的相互影響，宗教間的交會勢在難免，交會的結果是衝突對立還是和平共存，是值得我們深思而不可迴避的重要課題。

宗教多元論是宗教大同的基石，印度聖雄甘地（Mahatma K. Gandhi）說：

沒有一種信仰是十全十美的。所有信仰對其信徒都同等親切。所以，所需要的是世界各大宗教的追隨者之間友好相處，而非代表各個宗教共同體為了表明其信仰比其他宗教優越而彼此衝突……印度教徒、穆斯林、基督徒，瑣羅亞斯德教徒、猶太教徒都是方便的標籤。但當我將這些標籤撕下，我不知道誰是誰。我們都是同一位上帝的孩子。[14]

我們都是同一位上帝的孩子，雖然我們長得都不一樣。依天帝教教義，所有宗教乃同出一源，均是奉宇宙最高主宰天帝之命，依不同區域人民，因應時代需要，為救世度人所創的不同信仰。[15]各種宗教是道本一源的不同拯救之道，對此同異之處，我們應該堅持一種敬其所異而愛其所同的態度，若能如此，相信宗教大同是指日可待的理想。

---

[14] Mahatma K. Gandhi，*What Jesus Mean to Me?*，轉引至 J. Hick，*The Rainbow of Faith*，王志成、思竹譯，《信仰的彩虹——與宗教多元主義批評者的對話》，江蘇人民出版社，2000，頁 40。

[15] 李極初，〈天帝教信徒仍可信仰原來的宗教〉，收於《天帝教教義——新境界》，2000 三版三刷，〈附錄一〉，頁 123。

死後生命之信仰對生命意義的影響：
以《中有大聞解脫》為例的哲學考察

> 去探知我們的靈魂是朽或不朽，這是關乎我們整個生命的。
> 靈魂是朽或不朽，必然造成完全不同的道德。

——巴斯卡（B. Pascal）

一、死亡：斷滅還是斷續？

人生在世，皆有一死，更確切地說，肉體生命的結束，這個皆有的一死可稱之為「身死」（bodily death）。此一身死的必然性（inevitability）與不確定性（uncertainty），是生命中的兩項基本實相，無可置疑。然而，身死之後呢？身死是否就是「人死」？亦即人們生命的全然結束？就如燈滅火熄，一了百了，與草木同朽，最後化為白骨一堆，別無他物？或者是，身死並非等同於人死？身死只是肉體的消解，人的生命以一種不具肉體的形式依然持續著，仍有其意識、知覺？

有無死後的生命（life after death；afterlife）？對此問題的一個簡單明瞭而相當普遍的答案是：死亡結束一切（death ends all）的斷滅論，此一看法可名之為「死亡的邏輯觀點」。古希臘哲學家伊比鳩魯（Epicurus，341-271 B.C.）的論述是此一觀點最具代表性的說法：「當我們存在時，死亡對於我們還沒有來，而當死亡時，我們已經不存在了。因此，死對於生者和死者都不相干；因為對於生者來說，死是不存在的，而死者本身根本就不存在了。」[1]二十世紀偉大的哲學家維

---

[1]　伊比鳩魯，〈致美偌寇的信〉，收於《古希臘羅馬哲學資料選輯》，仰哲出版社，

根什坦（L. Wittgenstein，1889-1951）則如此重述了此一觀點：「死亡不是生命中的一個事件：我們無法活著經歷死亡。」[2]當我還活著時，死亡就不存在；而當我死時，我也不存在了。死亡是生命最後的終點，生命中的一切隨著死亡的到來就全部結束了。社會學家伊里亞斯（N. Elias）更是明白地直述：「死亡並不能打開任何的一扇時空之門。死亡其實只是一個人生命的盡頭。」[3]「死亡是每一個人絕對的結束。」[4]死亡結束生命一切的絕對斷滅論，在根本上否定了死後生命存在的可能性。相信死後生命的存在，不過是哲學家艾耶爾（A. J. Ayer，1910-1989）所謂的：人們對於決定自己命運之無能的錯誤信仰（false belief）[5]，或者充其量不過是心理學家弗洛伊德（S. Freud，1856-1939）所謂的「幻覺」、一種安慰殘酷艱辛生活的「甜蜜毒藥」[6]，社會哲學家馬克思（K. Marx，1818-1883）所說的「人民的鴉片」[7]，哲學家羅素（B. Russell，1872-1970）所說的：由於對死亡、未知世界的恐懼所產生的一種病症，而這是人類災難深重的淵源。[8]

　　然而，回顧人類存在的生活軌跡，許多考古人類學上的發現顯示了「死亡不是存在的結束，人死後以某種生命形式繼續存在」的信念，有其相當悠久的歷史。大約 50 萬年前的山頂洞人，他們在人的屍體旁邊灑上赤鐵礦粉末，並把染上紅色的飾物與器具作為陪葬品。紅色象徵血液與生命，代表死者在另一世界中生命的延續，而那些陪葬品

1987，頁 379。

[2] L. Wittgenstein, *Tractatus Logico-philosophicus*: 6.4311 Death is not an event in life: we do not live to experience death. Translated by D. F. Pears & B. F. McGuinness, Routlege & Kegan Paul, 1961.

[3] N. Elias，李松根譯，《當代臨終者的孤寂感》，http://dlearn.ndhu.edu.tw/sync/commu/doc1/臨終孤寂.htm，頁 22。

[4] 同註 3，頁 16。

[5] A. J. Ayer，《語言、真理與邏輯》，弘文館出版社，1987，頁 130-131。

[6] S. Freud，楊韶剛譯，《一個幻覺的未來》，知書房出版社，2001，頁 73、97。

[7] K. Marx，《黑格爾法哲學批判導言》，收於《馬克思、恩格斯、列寧、斯大林論宗教與無神論》，北京人民出版社，1999，頁 2。

[8] B. Russell，《為什麼我不是基督徒？》，商務印書館，1982，頁 25-27。

是供死者在另一個世界中使用的。[9]而尼安德塔人（Neanderthal man，約 25,000-100,000 年前）也會在墳墓中放置食物與打火用具。到了舊石器時代的克羅馬儂人（CroMagnons，約 10000-25000 年前）同樣會將武器、裝飾物、食物等與死者一同埋葬，並且在屍體上或墳墓中塗上紅赭色。新石器時代的人（約 5,000-10,000 年前）則會將屍體放置成胎兒的姿勢，象徵某種的新生，同時實行更為複雜的喪葬儀式，並且投注更多的勞動在石墓與廟堂的創建上。所有這些，我們看到了死後生命信仰最古老的物證。[10]

更重要的事實是，死後生命的信仰是我們宗教傳統中相當重要的一部份，在這些信仰中，死亡是一種過渡，從現世的肉體生命向另一世界中不同形式生命的轉換通道，而不是個體存在的全然滅絕。神學家巴特漢（P. Badham）說：「死後生命的信仰可以說幾乎是一切宗教的共同點之一，……它構成了其信仰結構中的一個核心部分。」[11]宗教哲學家鮑克（J. Bowker）更指出：死後生命的信仰是整個宗教事業的起源與力量所在。[12]依此信仰結構，死亡並非斷滅——生命的絕對終結，而是斷續——生命的形式轉換，此世肉體生命隨著死亡之斷，而進入死後延續的生命世界。

死亡究竟是斷滅還是斷續？不同立場各有說辭。然而，不管如何論述，吾人仍不免會質疑這些論述之合理基礎何在？當我們還活著的時候，有可能了解死亡與死後的生命嗎？而究竟有什麼好的理由可以讓我們相信這些信仰？在這篇論文中，我嘗試以藏傳佛教中寧瑪派（Nyingma school）的一部重要經典——《中有大聞解脫》（*Bardo thosgrol chenmo*）（此經典一般為人所熟知的名稱為《西藏度亡經》或

[9] 參見馬昌儀，《中國靈魂信仰》，漢中文化事業有限公司，1996，〈引言〉，頁 19。

[10] 參見 J. Hick，*Death and Eternal Life, "The Origins of After-Life and Immortality Beliefs"*, Macmillan, 1985. pp.55-58.

[11] P. Badham, *"Death and Immortality: Toward a Global Synthesis"*, in *Beyond Death: Theological and Philosophical Reflections on Life After Death*, Edited by D. Cohn-sherbok & C. Lewis, Macmillan, 1995, p.119.

[12] J. Bowker, *The Meanings of Death*, Cambridge University Press, 1993, p.5.

《西藏死者之書》（*The Tibetan Book of the Dead*）中的死亡與死後生
命觀，作為考察分析的案例，來回應上述的提問，並在此基礎上，進
而闡釋死後生命觀的信仰／不信仰對人生意義的影響。

二、《中有大聞解脫》：簡要的歷史回顧[13]

　　《中有大聞解脫》在中文世界所受到的重視遠遠不如西方世界，
雖然該經典的中文譯本早已在坊間流通，較知名的如徐進夫教授翻譯
的《西藏度亡經》（天華佛學叢刊，台北，1983）；孫景風居士直接譯
自藏文的《中有教授聽聞秘法》（上海佛學書局，1994）；以及新近出
版，由許明銀教授直接從藏文翻譯的《中有大聞解脫》（香港秘乘佛
教會，2000）。但未能形成風潮，所以影響相當有限，不似在西方受
重視的盛況。

　　藏傳佛教，尤其是寧瑪派，有稱做「伏藏」的埋藏經典，長年被
秘藏於山洞岩穴之中，之後由獲得啟示之伏藏師發掘出來。《中有大
聞解脫》即是這樣的伏藏經典，它是由八世紀時藏傳佛教之祖，也是
寧瑪派的祖師蓮花生大士（Padmasambhava）所著，後由事業洲尊者
（Karma gLing-pa）於十四世紀發掘出來，再度流傳於世。

　　《中有大聞解脫》在西方引起注意並成為一部轟動的心靈經典，
始於 1927 年。該年，美國學者溫茲博士（W.H.Y. Evans-Wentz，
1878-1965）在西藏喇嘛 Kazi Dawa-Samdup 的協助之下，於牛津大學
出版了名為《西藏死者之書》（*The Tibetan Book of the Dead*）的典籍。
此書問世之後，幾十年來在西方世界引起極大的迴響，並造成廣泛而
深遠的影響。

　　精神分析大師榮格（Carl G. Jung，1875-1961）對此書推崇備至，
將此書作為原始材料用來建構他自己的意識理論。榮格在 1935 年為

---

[13] 此簡要的歷史回顧，主要參考沈衛榮〈幻想與現實：《西藏死亡書》在西方世
　　界〉一文，該文收於許明銀譯《中有大聞解脫》一書之附錄，香港密乘佛學
　　會，2000。

該書德文版所寫的〈心理學評注〉中說：「自從《中陰得度》出書以來，它一直是我常年不變的伴侶。我不但從此書中承受了相當多的刺激與知識，而且連許多的根本性的洞見也承自此書。」[14]榮格給予《西藏死者之書》至高的評價，此舉更促進了該書在西方世界的傳播與影響。

1964 年，Timothy Leary、Ralph Metzner 與 Richard Alpert 等心理學家，將書中對於中有不同階段的解脫指引，相應地改寫成服用迷幻藥（Psychedelic drugs）的技術指導手冊，作為精神解脫、心靈覺悟的手段。(*The Psychedelic Experience: A Manual based on the Tibetan Book of the Dead,* The Citadel Press, 1964）

1975 年，Francesca Fremantle 與 Chogyam Trungpa 合作翻譯了《西藏死者之書》(*The Tibetan Book of the Dead: The Great Liberation through Hearing in the Bardo*)，將該書文本心理學化，使得解脫生死輪迴的修佛目標轉變為對心理健康的追求。

1992 年，索甲仁波切（Sogyal Rinpoche）結合了西藏傳統生死觀與當代死亡學（Thanatology）、瀕死經驗（Near Death Experiences; NDEs）、臨終關懷（terminal care）等的研究成果，出版了一本轟動全球的生死學著作：《西藏生死書》(*The Tibetan Book of Living and Dying*)，成為新時代運動（New Age Movement）中的精神經典。此書中譯本在台灣的出版，隨著著者索甲仁波切的來台弘法，倒也造成一股不小的熱潮。

1994 年，美國哥倫比亞大學宗教系教授 Robert Thurman 重新翻譯詮釋出版了又一部《西藏死者之書》(*The Tibetan Book of the Dead: The Great Book of Natural Liberation Through Understanding in the Between*)，在書中 Thurman 把屬於宗教信仰的生死觀轉化為死亡的科學（The Science of Death），也就是將中有各階段的描寫視為是對死亡過程的一種科學性的事實敘述。

---

[14] C. Jung，楊如賓譯，《東洋冥想的心理學——從易經到禪》，第一章〈西藏度亡經的心理學〉，商鼎文化出版社，1995，頁 4。

　　傳統上，《中有大聞解脫》這部經典是藏族地區家中有人死亡時，請僧侶念誦的經典之一。內容由死亡的瞬間開始，接著神識脫離肉體由此歷經七七四十九天的中有狀態，一直到解脫或轉生為止，期中在各個相應階段並對往生者指示正確的解脫途徑與最後的轉生方向。

　　但整體而言，該書在西方世界的流行，實際上都是將此文本放在西方的社會文化情境中進行解讀的，以此經典作為基礎，用來建構自身的理論，或者陳述各自處理西方社會文化思想上所遭遇問題的各種主張。現在我們回到當前台灣的社會文化情境中，面對自身生命安頓、死亡尊嚴等生命教育的難題時，西方社會文化情境下的解讀成果，可供參考借鏡，未必可以直接引用。我們有必要立足於自身社會文化的問題脈絡中，重新再解讀《中有大聞解脫》中的生死要義，以揭示它可能帶來的重大啟示。也許回歸佛教了脫生死之本懷，就是最為相應之道。

三、生死大事與十四無記

　　誠如佛教徒用以概括佛教基本宗旨之「了生死」一詞所揭示的意義，佛教將對生死問題的解決高懸為自家的標幟。[15]佛祖釋迦牟尼，原名悉達多，本為古印度迦毗羅衛國之太子，享盡人間榮華富貴。後因出城看見老人、病人、死人、修道人，即奮發其對眾生老病死苦之悲懷，乃下定決心求解脫人生之苦的大道，毅然捨棄榮華富貴與天倫之樂，離宮修道，並之下誓言：「我若不斷生老病死憂悲苦惱，終不還宮！」(《太子大善權經》)「我今欲為一切世間求解脫故，出家修道。」(《佛本行集經》卷16) 釋迦牟尼苦修成道之後，實踐其善度眾生之本懷，講經說法四十九年，其所說法，即以解脫生死為中心。《法華經》〈方便品第二〉云：

> 諸佛世尊唯以一大事因緣故，出現於世。合利弗！云何名諸佛
> 世尊以大事因緣故，出現於世？諸佛世尊欲令眾生開佛知見，

---

[15]　陳兵，《生與死——佛教轉迴說》，內蒙古人民出版社，1994，頁18。

> 使得清淨故，出現於世；欲示眾生佛之知見故，出現於世；欲
> 令眾生悟佛知見故，出現於世；欲令眾生入佛知見故，出現於
> 世。舍利弗！是為諸佛以一大事因緣故，出現於世。

依經文所言，佛示現世間之大事因緣即在於為芸芸眾生開、示、
悟、入佛之知見，是為諸佛出世之慈悲本懷。然佛之知見為何？明憨
山大師於此論之甚切，其云：

> 從上古人出家，本為生死大事。即佛祖出世，亦特為開示此事
> 而已。非於生死外別有佛法，非於佛法外別有生死。所謂迷之
> 則生死始，悟之則輪迴息。是知古人參求，只在生死路頭討端
> 的，求究竟。[16]

憨山大師直言，佛祖之出世，也就是特別為有情眾生開示此生死大事
而已。

雖說佛教的核心就是生死問題，但就某些與生死相關的議題，卻
被列為不予置答的的「十四無記」之列。「十四無記」即：

1. 世間常
2. 世間無常
3. 世間亦常亦無常
4. 世間非常非無常
5. 世間有邊
6. 世間無邊
7. 世間亦有邊亦無邊
8. 世間非有邊非無邊
9. 如來死後有
10. 如來死後無
11. 如來死後亦有亦非有
12. 如來死非有非非有

---

[16] 憨山大師，《夢遊集》卷三〈示妙湛座主〉，和裕出版社，2000。

13.命身一

14.命身異

1、2、3、4 是有關世界存在時間之有限無限的問題，5、6、7、8 則是關於宇宙空間有無邊際的問題，而其中之 9、10、11、12 就涉及死後生命的問題，13、14 則論及生命與身體之關係，二者即關係身體生命的結束是否就是人生命結束的問題，也就是人死究竟如燈滅還是有非肉體形式生命持續存在的問題。

《中阿含經》〈喻箭品〉中，釋迦牟尼佛即把人死後有無生命的問題，列為不予置答的形上問題，對此問題的任何肯定或否定的回答，都是無意義的理性論辯，無助於掌握生命的實相，了脫生死。然而死後生命的肯認，卻是《中有大聞解說》的中心主題，亦是一切修行的基礎與超克的對象，此死後生命，《中有大聞解脫》經文中稱為「中有」。若無中有，則整部經典就是空言和囈語，而在整個臨終過程中對此經文之唸誦以引導往生者，就成了最大的宗教欺騙。

四、《中有大聞解脫》中的死亡與死後世界

（一）「中有」釋義

「中有」是梵語 antara-bhava 之譯語，又譯作「中陰」、「中蘊」、「中陰有」。一般通俗的理解，「中有」是指人從死亡到再次受生之中間過渡期的識身，是四有之一。佛典中把眾生一期的生命，分為生有、本有、死有、中有四大階段，此處的「有」即存在形式之義。「生有」指投胎受生最初一剎那身心的生命形式，「本有」是指從出生至瀕死的全部過程，即一般所理解的人們活著的生命形式，即吾人的現世一生；「死有」指命終時剎那間的身心狀態，「中有」則指人死後到再生之過渡階段的生命形式。[17]

---

[17] 同註 15，頁 115。

大乘義章》卷八：「兩身之間所受陰形，名為中有。」

《俱舍論》卷八：「死生二有中，五蘊名中有。」

此中有的生命狀態，即「中有身」或「識身」之存在，乃是由意念所生之化生身，非由精血所成之肉身，故又稱作「意生身」（mental body）。此「中有身」專以食香以資養其身，故亦名健達縛（Gandhava），或譯乾達婆，譯為食香、尋香。《俱舍論》卷十即列有五種異名：

1. 意成，謂由意識所成；

2. 求生，謂常喜尋求當生之處；

3. 食香，謂以氣味為食；

4. 中有，謂前後二世之間的過渡階段；

5. 名起，謂即將受生，暫時而起。

至於中有身期限的問題，部派佛教諸師有四種說法：

1. 中有經少時即投生諸道；

2. 中有最多住七天，即必定轉生；

3. 中有七日一死生，最多經七七四十九日，必定轉生；

4. 中有期間無定限，隨其受生之緣而定，若不遇生緣，則可住經久劫，亦不轉生。

藏密《中有大聞解說》中則謂，中有若至七日仍未解脫或不受生，即昏迷而死，稱為「小死」（small death），而後復生，如此經歷七番生死，最多至七七四十九日必定轉生。

（二）六種中有

據藏傳佛教始創人蓮花生大士巖藏《六中有自解脫導引》此一經典所示，將人的生死以至投胎受生的存在歷程，分為六個中有[18]，即：

---

[18] 蓮花生大士巖藏，談錫永譯，《六中有自解脫導引》，香港密勝佛學會，1999。此處六中有（six bardos）之英文名稱是依照 R. Thurman 之英譯。見其所著 *The Tibetan Book of the Dead: Liberation Through Understanding in the Between*, Bantam Books, 1994.

1. 處生中有（Skye gnas bardo，life between）

2. 夢幻中有（rmi lam bardo，dream between）

3. 禪定中有（bsam gtan bardo，trance between）

4. 臨終中有（'ch'i kha bardo，death-point between）

5. 法性中有（ch'os nyid bardo，reality between）

6. 受生中有（srid pa bardo，existence between）

「中有」在藏文中稱為 Bardo，是指：「一個情境之完成與另一情境之開始二者之間的過渡或區間」（a transition or a gap between the completion of one situation and the outset of another）[19]，也就是說，一種「中間狀態」（intermediate state）或「過度狀態」（transitional state）。一般而言，如上節所述，「中有」所指的是此生與來世之間的中介階段；然而在《六中有自解脫導引》的教授中，則配合生命存在的每一歷程，包括生時、死亡以及死後的各個階段；要言之，即指生死流轉過程中的每一個「中間狀態」或「過渡狀態」。

「處生中有」即是我們現在活著的這一世。而在我們這一生中，實際上我們白天在如幻的世界中行動，夜晚則在如夢的世界中活動，因此便有貫串日夜的「夢幻中有」。修道之人修習禪定，功夫深時會進入一個禪定的世界，此時的心境便是「禪定中有」。此「處生中有」、「夢幻中有」、「禪定中有」稱為「生的三中有」。

人於臨近死亡時，會經歷一個死亡過程，這一過程有人長，有人短，但最重要的是臨死的一剎那間，這短暫的剎那，即是「臨終中有」的階段。經歷「臨終中有」，死者於是正式進入一般所謂的「中有」，亦即此一世的生命完全結束，而尚未取得下一世的生命，此一中間、過渡階段，即稱為「法性中有」，也就是所謂的死後生命（life after death）的階段。之後，此中有身便隨著業力的牽引而去投胎受生，即接受一段新的「處生」，這段投胎前至投入母胎的階段，便稱為「受生中有」。此「臨終中有」、「法性中有」、「受生中有」稱為「死的三

---

[19] Sogyal Rinpoche, *The Tibetan Book of Living and Dying*, Random House, 1992, p.102.

中有」。一個人若無法修行以得解脫，這六中有就是生死輪迴流轉的無盡歷程。

依義成活佛仁波切所論，不同的中有階段，可以是實相的當下證境，亦可以是凡夫迷亂的心識狀態。[20]六中有教授在引導行者透過修習，能轉迷亂心識為對實相光明的證悟。因六中有的教法與生命歷程的每一部份皆息息相關，依六中有的修習，上根者能於處生中有即身解脫（即身成佛），中根者則能於臨終中有得到解脫，下根者則可於法性中有得解脫，若不得解脫，至少能使行者於受生中有時走上輪迴的三善道（天道、阿修羅道、人道），而不致淪入三惡道（惡鬼道、畜生道、地獄道）。

（三）《中有大聞解脫》中的中有世界

在《六中有自解脫導引》中，將人生至死以至再受生之間分為六個中有：處生、夢幻、禪定、臨終、法性與受生中有。在《中有大聞解脫》中，則只涉及臨終、法性與受生三中有。前者主要是供修行者修習行持，後者則主要是替亡者作唸誦之用，以指導亡者如何於臨終及成為中有身之後，應付所見之境而得解脫，或如何往生與入胎。兩個導引法雖自成體系，但實是一完整的系統。[21]

修行人生前依《六中有自解脫導引》修持，上根者即能證得法、報、化三身而得解脫，此時即無須入「中有」階段，是故《中有大聞解脫》即與他們無關。如若修行者無法藉修行《六中有自解脫導引》而解脫，則於臨終以至投胎受生之中有階段，藉憶念生前所修的《導引》而得解脫。此外，對於完全未修過《六中有自解脫導引》的人，則可藉《中有大聞解脫》的方便法門，依照其指引而得解脫，或得到圓滿的受生。蓮花生大士有言：「修而成佛眾皆有，無修之法我獨

20　同註18，《六中有自解脫導引》，〈序〉，頁10。
21　蓮花生大士巖藏，許明銀譯，《中有大聞解脫》，香港密乘佛學會，2000。談錫永〈序〉，頁3。

有。」[22]即指此不修而成佛的解脫殊勝法門。經云：「這《大聞解脫》，是無修成佛之法；是一剎那間差別立判之法；是一剎那間即證正等覺的甚深法。有情獲得此法，不可能墮入惡趣。」[23]

1.臨終中有

臨命終時，死相現前至心識完全離開身體之過渡階段，稱為「臨終中有」。

臨終時死相依次顯現，然經文中僅點到而無詳述。在寧瑪派中有所謂「臨死八法」的說法，亦即人臨死時的八個階段。[24]達賴喇嘛指出：「當臨終的實際過程開始時，我們會經歷八個階段；頭四個階段關係到四種元素的瓦解，最後四個階段關係到意識消融至心的最深層，也就是澄明心（mind of clear light）。」[25]這最深層的澄明心就是我們的本來自性，此時會大放光明，此光明稱為「死光明」，「死光明」的顯現代表心識完全離開肉體，也就是一個人真正的死亡。

前四個階段是指身體中地、水、火、風四大元素收攝消融的過程。

> 第一階段：地收融入水──四肢無力，身如山壓地陷動彈不得，內在所見之相如海市蜃樓，或如屢屢煙霧。
> 第二階段：水收融入火──體液乾涸，口乾舌燥，內在所現之相如陽焰。
> 第三階段：火收融入風──體溫逐漸減退，內見之相如螢火蟲之微光。
> 第四階段：風收融入識──外呼吸漸少至完全停止，內見之相如油燈之焰。

---

22 同註21，轉引自譯者〈自序〉，頁14。
23 同 21，頁 66。在該經典〈輪迴中有之導引〉一節之結語中亦指出：「此《中有大聞解脫》，是不需修禪定的法門，是見法即得解脫，是聞法即得解脫，是唸誦即得解脫的甚深教授。」（頁120-121）
24 談錫永，《細說輪迴生死書》，全佛文化，1998，頁153。
25 Dalai Lama，*Advice on Dying And Living a Better Life*，丁乃竺譯，《達賴生死書》，天下文化，2003，頁97。

後四個階段是更為微細之心識的收攝過程。

> 第五階段：識收融入現——所見之相如無雲晴空之皎潔月光。
>
> 第六階段：現收融入增——所見之相如朝陽初昇之澄黃色光芒。
>
> 第七階段：增收融入得——所見之相如日落黃昏之黯淡無光。
>
> 第八階段：得收入光明——所見之相如黎明之燦爛亮光，稱為「死光明」，此「死光明」是吾人的本有澄明心所升起。

　　大體而言，臨終的八個階段可大分為二期：一是死相現前而外氣未斷時，這包括了前四階段；二是外氣已斷而內息尚存之時，經文中稱為「悶絕」階段。外氣一斷，吾人之心識仍停駐於身體之中，時間長短因人而異。一般而言，大約會停留三天半到四天的時間，心識才會完全脫離身體，但修持功夫深的行者則可停留更久。

　　在此「臨終中有」階段，有兩次關鍵時刻，臨終者有良好的機會可以獲得解脫。第一個時刻是外氣斷時，此時諸氣息入住中脈，有「第一光明」之起現，大約維持一頓飯三十分鐘的時間。臨終者若能認取此光明而融入其中，即得解脫。倘錯失此機未能認取，則還有第二次機會。在外氣斷後約多於一頓飯的時間，會出現「第二光明」，臨終者若能當下認取，即能得度，獲得解脫。但若還是錯失良機，則隨著臨終者之氣息由中脈流入左右任一脈中，心識即隨之脫離肉體。[26]一般之認知以為外氣之斷絕即是人的死亡，然依此說，「死光明」之朗現，才是一個人真正的死亡，於此刻心識脫離身體，此世之肉體生命全然結束，從而進入「法性中有」意生身的階段，也就真正進入《中有大聞解脫》中的死後生命世界。

26　在「臨終中有」階段的兩次解脫機會，即是對兩次光明生起的認取。「第一光明」的生起在外氣斷時，此時氣入中脈，這發生在「識收融入現」的臨終第五階段。「第二光明」事實上就是「死光明」，此一光明的起現，就代表吾人心識與身體的完全分離，也就是一個人真正的死亡時刻，這發生於「得收入光明」的臨終第八階段，「臨終中有」隨之也就結束了，從而進入「法性中有」的階段。

2.法性中有

往生者若於「臨終中有」時期錯失了對光明的兩次認取，就喪失了在此中有階段得到解脫的機會，而進入了「法性中有」時期。

在此階段，死者之心識已漸漸清醒，不再悶絕昏沉，能聽到親朋好友的哭泣哀號，也能看到親屬們為他準備食物、脫換衣物、移動床舖等等事情。死者雖能清楚看到他們，他們卻看不到他。死者也能清楚聽到他們的聲音，他們卻無法聽到他的呼喚。透過這種方式，他終於明白自己已經死了，因而感到悲傷害怕。

在此時期，由於業力之故，會有各種幻化的境相現前，一幕一幕接踵而至。

此時會有聲、光、輝三種境相同時現前，令死者感到萬分怖畏恐懼。當此時機，即應為死者唸誦「法性中有導引」，讓死者明瞭，這些幻景是每一個人死後都會經歷的，而且是吾人心識自性光明的顯現。[27]是故無須驚慌恐懼，若能接受引導，認取光明，即得救度。

在此「法性中有」時期，即有「第三光明」的引導，為期十四天，以七天為界，可分為初七、二七兩個階段。

（1）初七：第一日至第七日，四十二寂靜尊聖眾的顯現。

第一日： 白色毘盧遮那佛（大日如來）與虛空法界自在母現雙身形相，出自中央，胸射燦爛炫耀之識蘊法爾清靜蔚藍色光，同時可見天道之白光。

---

[27] 真正了悟這些中有境相都是心識自性所顯現的幻化本質，就是中有聞解脫的根本要訣。一切燦爛耀目的光輝，都是自己法性的本來光采；如千雷共震之巨響，也是自己的法性本聲。於此，無須恐懼驚嚇而遠避，反而要認取而與之融合，如此即得解脫。此點是中有教授的基本原則，堅守此一基本原則是為第一要務。《中有大聞解脫》即常見如此義涵之引導經文：「善男子！若不認識目前自識所現的話，儘管在人間如何地觀修，而未遇上現在的此一教授的話，就會因光而恐懼，因聲音而害怕，因輝閃而驚嚇。若不了解此教授的要點的話，就不曉得聲、光、輝（閃光）三者，故要流轉生死輪迴苦海。」（《法性中有的啟請・大聞解脫》，頁39）

第二日： 藍色金剛薩埵不動如來與佛眼母現雙身形相，自東方而出，胸射色蘊法爾清靜白光。地藏、彌勒二菩薩與舞女、花女雙尊一同現前。與此同時亦可地獄道不顯眼的煙灰色光。

第三日： 黃色寶生如來與我母以雙身相，從南方示現，胸間放射出受蘊法爾清淨黃光。虛空藏、普賢二菩薩與鬘女、香女雙尊一齊現前。同時亦可見人道不顯眼之青色光。[28]

第四日： 紅色無量光如來（阿彌陀佛）與白衣母以雙身相由西方現前，胸中放射想蘊法爾清淨紅光。觀世音、文殊二菩薩與歌女、燈女雙尊同時現前。與此同時，惡鬼道不顯眼的黃光也一起放射出來。[29]

第五日： 綠色不空成就如來與綠度母以雙身相示現北方，由雙尊胸間放射出行蘊法爾清淨綠光。金剛手、除蓋障二菩薩與塗香、食女雙尊齊現而來。同時亦見阿修羅道之紅光現前。[30]

第六日： 前述五方佛父母雙尊偕同守門忿怒明王、護門天母、六道之六佛與普賢父母雙尊等聖眾四十二尊一齊現前，放射出「四智和合之光」。從毗盧遮那佛心間放射藍色法界性智光[31]；從金剛薩埵心間放射白色大圓鏡智光[32]；從寶生如來心間放射黃色平等性智光；從無量光佛心間放射紅色妙觀察智光。此中獨缺成所作智之綠光，因自

---

[28] 此人道光之顏色，不同版本間有些差異。孫景風之譯本作淡黃色光；徐進夫之譯本作淡藍色光；羅德喇嘛在其中則是淡藍光；Thurman 之英譯亦作藍光（blue light）。

[29] 此惡鬼道光之顏色，不同版本間也有些不同。孫景風之譯本作黯淡紅色光；徐進夫之譯本作模糊紅光；羅德喇嘛、Thurman 則作黯淡黃色光。

[30] 此阿修羅道光之顏色，孫景風與徐進夫之譯本均作暗綠光；羅德喇嘛、Thurman 則作黯淡紅色光。

[31] 經文中作白光，為求論述之一致性，改為藍光。

[32] 經文中作藍光，為求論述之一致性，改為白光。

內證智力覺行未圓，故不顯現。與燦爛智光放射之同時，六道黯淡之六光（天道白光、人道青光、阿修羅道紅光、地獄道煙灰光、惡鬼道黃光、畜生道綠光）亦一併現前。

第七日：五方持明十佛現前，自其胸間放射五色智光。同時畜生道不顯眼綠光亦一道出現。[33]

在此頭七日中，輪迴六道之黯淡柔和劣光與強烈燦爛耀目之佛光，交相互攝同時併現。只因業力之故，中有身反而畏縮懼怕諸佛所放射之強烈光，倒是喜就六道所發放之黯淡微光。六道光雖柔和易入，但此光為墮落輪迴之光，切不可入，應即避離，務須捨易就難，證入強烈燦爛耀目之佛光，即得解脫。

（2）二七：第八日至第十四日，五十八憤怒尊聖眾的顯現。

在「法性中有」的前七日，死者所見皆是諸佛菩薩莊嚴肅穆祥和的寂靜相。在這七日內，死者只要有一次能夠認取證入所放佛光，便得解脫。若因業力之故，無明愚癡，無法認取，便喪失解脫良機。到了「法性中有」的後七日，諸佛菩薩顯現為忿怒飲血猙獰恐怖的明王相，共五十八尊，其所居方位與寂靜尊聖眾相同，只是顯現之形貌相狀有所不同。因其忿怒飲血猙獰恐怖之形相，在認取上更加困難。甚至一見便驚慌失措遠避反而逃入惡道，再受輪迴之苦。是故，千萬不可怖畏迷亂，要勇於認取，「亦在此時，尊形現起時就熟識而證得解脫。」[34]

第八日：飲血佛部世尊大吉祥佛陀赫嚕迦現前，身色紫黑，三頭六臂，四足展立。其面右白、左紅、正面紫黑。九目圓睜怒視，眉閃如電，獠牙外露，大聲吼笑。佛部忿怒母擁抱尊身一同示現。事實上，他們是毗盧遮那佛父母雙尊之體，勿須畏懼，若能認取與之交融無二，即得解脫。

---

[33] 畜生道光之顏色，羅德喇嘛、Thurman 亦作黯淡綠色光；孫景風與徐進夫之譯本則作暗淡藍光。

[34] 《中有大聞解脫》〈指示忿怒尊中有的出現情形〉卷，頁64。

第九日：飲血金剛部世尊金剛赫嚕迦，身色深藍，三頭六臂，四
　　　　足展立。其面右白、左紅、正面蔚藍。與金剛忿怒母以
　　　　雙身姿態示現於前。若能認取他們就是金剛薩埵父母雙
　　　　尊之體，立即解脫。

第十日：飲血寶部世尊珍寶赫嚕迦，身色深黃，三頭六臂，四足
　　　　展立。其面右白、左紅、正面深黃。與珍寶忿怒母以雙
　　　　身相現前。若能認取他們就是寶生如來父母雙尊之體，
　　　　即得解脫。

十一日：飲血蓮花部世尊蓮花赫嚕迦，身色暗紅，三頭六臂，四
　　　　足展立。其面右白、左青、正面暗紅。與蓮花忿怒母雙
　　　　身交抱現前。若能認取他們就是無量光佛父母雙尊之
　　　　體，即得解脫。

十二日：飲血部羯磨部世尊羯磨赫嚕迦，身色深綠，三頭六臂，
　　　　四足展立。其面右白、左紅、正面深綠，現威猛可怖相。
　　　　與羯磨忿怒母雙身交抱現前。若能認取為不空成就如來
　　　　父母雙尊之體，便得解脫。

十三日：八大寒林忿怒佛母鵲哩瑪及八位面形獸首女神頗羅闍
　　　　瑪現前，不要驚慌逃避，應當認取以得解脫。

十四日：四位護門獸面女神、二十八位異類面首瑜珈自在女神旺
　　　　秋瑪現前，應當認取他們都是你的本尊以求解脫。

從「法性中有」第八日起，寂靜尊聖眾四十二尊轉變化成忿怒尊
聖眾共五十八尊，此為忿怒尊的中有，是為恐、怖、畏三種增上力所
轉，在指證上更加困難。但是若能藉著唸誦之導引，不害怕、不畏懼、
不驚嚇，於八至十四中的任何一日證入本尊光明，皆可得報身解脫。

3.受生中有

在「法性中有」階段，雖然做了許多的指引，但除了熟悉法門的
修習及善福報者之外，無修習者及大惡之人，由於畏懼與業力的牽
引，不熟習實相，很難認取本尊之光明，自失得度解脫之機，所以無

可避免地要淪落至「受生中有」。在此階段已無光明之引導，但可修習往生遷識，或遮閉胎門得化身解脫。若仍無法解脫，最後手段則是選擇胎門，期能輪迴善道。

當死者處於「受生中有」期間，就具有「業通神變力」，這是由業力而非修持所獲得的神通。可以穿透任何事物（母親子宮與菩提迦耶金剛座除外），來去自如，因死者已是「意生身」的生命狀態，完全脫離肉體之軀的阻礙。生前眼瞎、耳聾、肢體殘缺者，今則六根無損，一切俱足。意念所至，任遊無礙。

在此期間，死者會經歷極為恐怖痛苦的經驗：業風自背後猛烈吹襲；恐怖的巨大黑暗、狂風暴雨大雪與打殺的吵雜聲正面襲來；各種可怕的野獸在後面追逐，逼迫死者逃竄至白、黑、紅三大懸崖絕避深淵之邊，岌岌可危。

從此「受生中有」起，前生的身形將逐漸消失，而來世的身形則漸次明朗，此時對身體尋求之渴望日益強烈，六道輪迴即將開始。六道之光生起，依業力將投生何道，則該道之光生起即最為明顯。在此緊要關頭，教授引導之要點十分關鍵：「把那光當作大悲觀世音菩薩來修習」[35]，則能遮蔽出生而得解脫。若未能修習，無法辨識認取，而仍徘迴於胎門，此時「閉塞胎門」之教授是為當務之急。

（1）閉塞胎門

閉塞胎門之法可分為兩種：一是阻止死者勿入胎門，二是閉塞所入之胎門。

阻止死者勿入胎門之法是：觀想大悲怙主觀世音菩薩為自己的本尊，由外而內，漸隱無形，一切境相均如幻似化無自性，如水中花、鏡中月，終無所得。如是觀想，就可將中有幻境轉化為明空境相，如此便無入胎之慮，否則即有入胎之可能，這時就要閉塞胎門，方法有五。

---

[35] 同註 34，〈輪迴中有之導引〉，頁 102。

第一法：當看見男女交合情景，要抱定絕不入其間的心念，並將
　　　　他們觀想成上師父母雙尊，誠敬頂禮，意存供養，祈求
　　　　正法，至心專注，定能閉塞胎門。

第二法：將上師父母雙尊觀想為任何本尊皆可，或將本尊觀想成
　　　　大悲觀世音父母雙身之體，意變供物，對之供養，竭誠
　　　　專注，必可閉胎。

第三法：投胎受生主要是因貪愛憎惡之情作祟。若受生為男，則
　　　　現男相，貪愛其母而憎惡其父；若受生為女，則現女相，
　　　　貪愛其父而憎惡其母。故斷除貪愛憎惡之情，即能關閉
　　　　胎門。

第四法：「如幻不實」之教授。世間一切存在境相皆虛幻不實，
　　　　如夢幻泡影，如空谷回音，如海市蜃樓，若能了知所有
　　　　相皆虛幻非實，胎門必可關閉。

第五法：「光明」教授。觀一切法即是自心，此心即是空。如是
　　　　觀想，將心安住於不造作之本然狀態，即能閉胎。

　　至此，若仍無法關閉胎門，則受生之時已然來臨，緊接下來就是
「選擇胎門」的教授，輪迴已不可免，只能選擇較好的胎門。

（2）選擇胎門

　　當此之時，已無法獲得解脫，則應審慎選擇胎門，投生善道。尤應
竭力追隨人道之青光，投生為人，重獲人身，來生才有修行解脫的機
會。依佛教觀點，須彌山位於宇宙中央，四周圍繞著四大洲，每一洲
都有不同的界或個別之業所造成的不同眾生。[36]各洲之特徵與標誌應特
別注意，因為不是每個洲都有佛法的傳播，此攸關來世有無解脫之機會。

> 若見一湖，有雌雄雁群聚集，則會投生東勝身洲。此洲雖有安
> 樂，然無佛法傳播，故當勿入。

---

[36] 羅德喇嘛，林慧卿譯，《中陰教授——死亡與轉生之道》，圓明出版社，1996，
頁101。

若見一湖，有雌雄馬群聚集，則會投生西牛貨洲。此洲雖有財富享用，也無佛法傳播，故當勿入。

若見一湖，有黃牛群或樹林，則會投生北俱盧洲。此洲雖有受量福德，也是佛法未傳播之地，故當勿入。

但若見美宅華夏，則會投生南贍部洲，此洲有佛法之傳佈，可以投胎。

以上為人道之選擇胎門，其他五道之情形如下：

若受生天道，則見珠寶裝飾之華麗宮殿，此為福德果報所感而現，可以在此受生。

若生阿修羅道，則可見賞心悅目之樹林，或見旋轉火圈，此時即應立刻轉念回頭，不可前往受生。

若生畜生道，則可見石穴、小屋、煙霧瀰漫之景象，亦應立即轉念回頭，不可前往受生。

若生惡鬼道，則可見乾殘樹幹、森林空地、崩塌峽谷，或見黑暗、陰影，當即轉念回頭，不可受生。

若生地獄道，則可聽到惡業所感的恐怖歌聲，或見陰暗洲島、黑屋、紅屋、黑暗地洞，或行於漆黑道路等情景，當即回頭，切勿前往受生。

五、死後生命：相信的理由

在上一節中花了相當的篇幅敘述了《中有大聞解脫》中的死亡與死後景況，該經典殊勝之處即在於：它將人臨終的過程以及死後的情景描寫得非常清楚明確而詳實，並在相應的各個關鍵時刻提示適切的

引導，以幫助徬徨中的生命平安地度過這趟艱辛的旅程。經文中這些明確詳實的描述與指引，讓人驚嘆，也令人深感不可思議，但也更引起高度的關注。假如生命的實相、死亡的過程、死後生命的情景及其去向，正如經典中所述，那麼這對人們的現世生命有何重大的啟示？我們要如何看待與對待生命？如何安立生命的意義與存在價值？還有，如何健康地面對我們必有的一死？不過，與此同時，還是有根本的疑問依然不時浮現心頭，揮之不去：經文中所述是真的嗎？當我們還活著的時候，有可能了解死亡與死後的生命嗎？有什麼理由相信這一切？

死亡究竟是斷滅還是斷續？無庸置疑，這確是一個重大而深邃的問題，一個人對此問題真誠回應的答案，將會深刻地影響其面對生死的態度，從而形成不同的生活方式。不論是相信有死後生命，還是相信沒有死後生命，二者都是有關我們生命意義的一種信仰，而不同的信仰將導致完全不同的人生。十七世紀法國思想家巴斯卡（B. Pascal，1623-1662）即指出：去探知死後生命的有無，這件事關係到我們整個生命；而這件事，毫無疑問必然造成完全不同的道德。[37]若是如此，在面對這般重大的抉擇點上，我們要如何是好？相信有？還是相信沒有？巴斯卡為這場人生中不得不下注的大賭，提供了一個最佳的選擇策略：由於人們無法確知是否真有死後生命，因此詳細考察一下信與不信之間的利害得失，不失為一明智之舉。[38]

(1) 若有死後生命，而你也賭有，則你押中了，也就贏得一切。

(2) 若有死後生命，你卻賭沒有，則很明顯這虧太大了。

(3) 若無死後生命，而你卻賭有，這雖然押錯了，但似乎沒什麼損失。

(4) 若無死後生命，你也賭沒有，則雖然押對了，但也一無所得。

---

[37] B. Pascal，*Les Pensées*，何兆武譯，《思想錄——論宗教和其他主題的思想》，頁 218-219，北京商務印書館，1997，頁 104。巴斯卡在原書中是論及靈魂的朽與不朽，不過靈魂可視之為死後生命的一種型態，所以在此作了一些詞語上的更動，但這並不影響其思想內涵。

[38] 此一選擇策略，一般稱之為巴斯卡的「賭徒論證」（Pascal's Wager），他是用此來論證上帝存在的信仰，不過這也同樣適用於死後生命的信仰。

　　所以，基於現實利益的的考量，最好的賭注就是相信有死後生命，這是穩贏不輸的賭法，這也就是俗話中常說的「寧可信其有，不可信其無」，這樣做絕不吃虧。巴斯卡的提議確實有理而且具體可行，但是用賭注作為人生重大信仰的抉擇，總是不夠正經。正如哲學家威廉詹姆士（W. James，1842-1910）對此所作的批判：這種必須經過利益計算之後才有意表示的信仰，將總是缺乏信仰實在性的內在靈魂（the inner soul of faith's reality）。而且，若我們處於上帝之位，我們會樂於中止對這類信眾的任何獎賞。[39]因此，巴斯卡的論證充其量不過只是「為了征服頑固的無信仰心靈所最後絕望地抓住的武器」。[40]

　　雖說「賭徒論證」不夠正經，但除非我們可以證明死後生命確實不存在，否則在證據不充分的情況下，仍不失為一種可靠而明智的引導，但不會是我們信仰的最好理由。真正的信仰超越利害得失的計算，應該有其他的根源。

　　科學的自然主義是斷滅論的最大支持者，依此觀點，物質世界是全部的真實，任何不在可能感官知覺中的事物都是虛假的。而死後生命不在感官知覺的可能範圍之中，因此，相信死後生命的存在根本就是錯誤的信仰。難道就因科學無法證實死後生命的存在，死後生命便不存在？事實顯然不是如此，而且這樣的推論基本上就犯了「訴諸無知的謬誤」（fallacy of ignorance）：由於我們無法證實一件事情為真，它便是假。宗教哲學家希克在其論述終極實在（ultimate reality）的大作《第五維度──靈性領域的探索》一書中一針見血地指出這點：

> 科學家在擔當專業角色時肯定除了物質之外無物存在，這完全正確。但事實上，在自然科學的發現中沒有任何非物質的實在並不能邏輯上導致這樣的結論，即不存在非物質的實在，倘若

---

[39] W. James，*The Will To Believe*，http://ajburger.homestead.com/file/book.htm，頁 15-16。
[40] 同上註，頁 15。

存在，就其性質而言，科學家在研究工作中不可能與這種實在
相遇。[41]

希克在此指出了兩個要點：第一，「在科學中沒有發現非物質的實在」
無法邏輯地推出「不存在非物質的實在」的結論；第二，假如非物質
的實在確實存在，那麼依其性質，科學根本無法證實也無法反駁。二
十世紀著名的神學家田立克（P. Tillich）即表示：「信仰上的真理無法
被物理、生物或者心理學上的最新發現所否定，但同樣的，它也無法
因這些發現而受到肯定。」[42]因為「信仰真理與科學真理不屬於同一
個意義向度。」[43]科學當然是我們所在世界的一盞明燈，但不是唯一
的一盞，若仍偏狹地堅持科學真理是唯一的真理，那就是科學主義的
傲慢，這種傲慢，正如哲學家威廉詹姆士在其探討宗教經驗的經典著
作《宗教經驗之種種——人性的探究》中所說的：「只因為自己沒有
能力經驗到的一些現象，就把這些現象驅逐出我們的注意範圍之外，
是最愚蠢的事。」[44]

死後生命的信仰，有其不同的根源。在《中有大聞解脫》中所呈
現的就是另一盞明燈，即無上瑜珈的禪修持。透過修持，在極深的
禪定狀態中，修行者會真正體驗到整個死亡的過程，尤其是「死光明」
的經驗，就如同在真正死亡實會經歷的過程一樣。索甲仁波切（Sogyal
Rinpoche）在《西藏生死書》中提到當他七歲時其上師的死對他所造
成的震撼。他自問：到底是什麼原因讓我的上師在面對死亡時，能夠
這般鎮定、從容、有條不紊而又出奇的無憂無慮？接著他在書中表
示：「修持讓我的上師對於死亡瞭若指掌，知道如何正確地引導人通

---

[41] J. Hick，*The Fifth Dimension: An Exploration of the Spiritual Realm*，王志成、
思竹譯，《第五維度——靈性領域的探索》，四川人民出版社，2000，頁 21。

[42] P. Tillich，*Dynamics of Faith*，魯燕萍譯，《信仰的動力》，桂冠圖書公司，1994，
頁 74。

[43] 同上註，頁 71。

[44] W. James，*The Varieties of Religious Experience*，蔡怡佳、劉宏信譯，《宗教經
驗之種種——人性的探究》，立緒文化，2001，頁 129。

過死亡。」[45]透過修行獲得對死亡的完全了解，而這有助於無懼地面對死亡。藏密研究專家邱陵先生對此有一詳細的論述：

> 藏密許多修法關係到中陰成就，六成就法中就有中陰成就法，轉識成就（開頂）也關係到中陰，大圓滿心髓中等和下等根器修持者主要是修中陰成就；而蓮花生大士著《西藏度亡經》一書，就是專門研究和探討死亡科學的世界名著。所以，藏密研究和實修者不應忽略此一寶庫中有關中陰部分的義理。無論行者修持密法的生起次第或圓滿次第，當修到氣融入中脈的層次時，就會經驗到死亡過程的修法，雖然你還活著，但卻在經驗死亡過程，預演死亡過程，這就是看到如煙、陽焰、燈焰、火光、月光、日光、幽暗、閃電和藍色明點等景象。這些景象和人們死亡時所見的徵象大致相同。……當你在修持中習慣了這套死亡過程，當死亡來臨時，就可以驅除對死亡的恐懼，就會無所畏懼地通過死亡。[46]

《中有大聞解脫》中的中有世界就是在禪定修持的境界基礎上建立起來的。伊文思・溫慈博士（Dr. W. Y. Evans Wentz）在該經典的註解中亦表達相同的看法：「死亡學已由實際的體驗死亡達成，若干飽學的喇嘛已在臨終時以極其詳盡的分析對他們的弟子解釋本身的歷程。」[47]一個優秀的修行者，很清楚地認知死亡的過程，並修相應的法門，藉此來證道解脫，因為「死亡的經驗，事實上是對我們根本佛心、佛性的一種體驗。」[48]索甲仁波切對此立場有一總結性的完美陳述：

---

[45] Sogyal Rinpoche，*The Tibetan Book of Living and Dying*，鄭振煌譯，《西藏生死書》，張老師文化，1996，頁 17。

[46] 邱陵編著，《藏密六成就法詮釋》，〈密海尋珍記〉（代序），新智出版社，1995，頁 24-25。

[47] W.Y.Evans-Wentz，徐進夫譯，《西藏度亡經》，天華出版公司，1985，〈第一章・乾篇・臨終中陰與實相中陰〉註 33，頁 170-171。

[48] 第七世佐千波洛仁波切，〈如何面對死亡——死亡與痛苦〉，收於黃英傑譯著，《生死自在：加持根本示要》，大手印文化，1996，頁 92。

中陰教法的來源是證悟心（the enlightened mind）、全然覺醒的佛心（the completely awake Buddha mind），這是遠自本初佛（the Primordial Buddha）以來許多歷代大師所經驗、說明和傳承的心。許多世紀以來，他們對於心作了謹慎而仔細的探討，以及有系統而詳盡的說明，給了我們有關生和死的最完整圖像。[49]

不過，有關修行境界，這確是不入此境，難會此情。那麼未達境界者，如何相信這一切呢？對此，吾人僅能以《金剛經》中所云：「如來是實語者、如語者、不誑語者、不異語者」來回應。佛祖釋迦牟尼悟道以後，本大慈大悲之心普渡眾生，講經說法四十九年，說了八萬四千法門，難道是欺騙眾生？絕對不是！蓮花生大士的《中有大聞解脫》亦然！否則這可能就是人類文明史上最大的騙局！

六、對生命意義的影響

生與死二者的意義是深度地交錯與相互地闡明。有關生命的深刻理解總伴隨著對死亡的嚴肅考量。索甲仁波切說：「死亡是反映生命整體意義的一面鏡子。」[50]神學家莫爾特曼也說：「對死亡的思慮會使人以智慧對待生命。」[51]

死亡的必然性與不確定性彰顯出我們肉體生命的兩項基本實相：生命的有限與無常，這就促使我們在世的任何行動都必須在此有限而無常的生命中去完成，這也就迫使我們在各種行動的目標上，定出優先次序的判斷，並依此作出價值的抉擇，某個目標必須先做，而另一個目標在後。死亡之所以是生命中的重要事件，就在於它是生命價值的催化劑。宗教哲學家希克稱之為「死亡的創造性作用」，他說：

---

[49] 同註45，頁27。

[50] 同註45，頁25。

[51] J. Moltmann，曾念粵譯，《來臨中的上帝——基督教的終末論》，道風書社，2002，頁77。

「必死性的作用是使時間變得寶貴。生死之間的分界給人施加了一種壓力，賦予我們的生命以迫切意義。由於我們不能永遠活著，我們不得不在我們打算要做的無論什麼事上取得進展。」[52]也可以說，死亡就是對我們生命的一種隨時的提醒，提醒我們該審慎思量自己的生命需要完成什麼目標，這就是生命價值的安立。

進一步，死亡是斷續的死後生命信仰，則賦予生命價值一種終極的意義（ultimate meaning）。此終極意義表現在兩個方面：

第一，它讓我們超越有限的今世，而以一種永恆的格局來看待生命。此點對於那些相信僅此一生，汲汲營營於短期利益而眼光短淺的現代人，深具啟示。索甲仁波切沉痛地表示：「對於來世，如果沒有真正或真誠的信仰，大多數人的生活便缺乏任何終極意義。……由於大多數人相信人生就只有這麼一世，現代人已經喪失長程的眼光。因此，他們肆無忌憚為著自己眼前的利益而掠奪地球，生活自私的足以毀滅地球。」[53]分析心理學家榮格（C. G. Jung，1875-1961）更是憂心忡忡地告誡：「我們的時代把全部注意力轉移到此時此刻，因而造成人及世界的魔鬼化。獨裁者出現和他們帶來的全部災難現象，都源於超級知識分子的短淺目光剝奪了人的超越感。」[54]

第二，它讓我們從自利的自我中心觀，轉向利他的人類中心觀，展現了有情眾生一體之慈悲心。當我們走出自己的幸福，環顧週遭的情況，就會發現這世間充滿著苦難與不幸。有多少的男人、婦女和兒童，或是由於營養不良、飢荒、瘟疫而死，在戰爭或者種族大屠殺中被殺，在受奴役中受苦，因童年期受虐待而受到嚴重創傷，或者其潛能得不到實現。他們都未能跟我們一樣一起享受此世生命的幸福。當我們的目光越出我們自己個人的處境，看看上述人類種種的不幸，我們的慈悲心自然會期盼死後有某種生命的延續，這些不幸的人們在這

---

[52] 同註 41，頁 333-334。
[53] 同註 45，頁 21。
[54] C. G. Jung，*Memories, Dreams, Reflections*，劉國彬、楊德友合譯，《回憶、夢、省思──榮格自傳》，張老師文化，1997，頁 403。

永恆的生命中有機會獲得人生的幸福。[55]我想這也就是諸佛菩薩普渡眾生之慈悲本懷。

神學家田立克把宗教信仰視為人類的「終極關懷」（ultimate concern），而這種行為是「一個被『無限』攫獲住有限生命企圖上達無限境界所做的努力。」[56]死後生命信仰的終極意義，也只有在將之視為「有限生命企圖上達無限境界所做的努力」這樣的了悟之下，才能彰顯出來。依此了悟如實而行，也就為我們有限的生命打開了永恆之門，而這就是死後生命信仰對生命意義最深刻的影響。

---

[55] 同註 41，頁 329。
[56] 同註 42，頁 16。

參考文獻

蓮花生大士，許明銀譯，《中有大聞解脫》，香港密乘佛學會，2000。

蓮花生大士，談錫永譯，《六中有自解脫導引》，香港密乘佛學會，1999。

蓮花生大士，孫景風譯，《中有教授聽聞秘法》，上海佛學書局，1994。

W.Y.Evans-Wentz，徐進夫譯，《西藏度亡經》，天華出版公司，1985。

W.Y.Evans-Wentz，王武列譯，《西藏生死救度密法》，大千出版社，2001。

Sogyal Rinpoche，鄭振煌譯，《西藏生死書》，張老師文化，1996。

河邑厚德、林由香里，李毓昭譯，《大轉世：西藏度亡經》，方智出版社，1995。

羅德喇嘛，林慧卿譯，《中陰教授：死亡與轉生之道》，圓明出版社，1996。

朗欽加布仁波切，馬步芳整理，《中陰入門教授》，慧炬出版社，1995。

元音老人，《中有成就秘笈》，和裕出版社，2003。

談錫永，《細說輪迴生死書》（上、下卷），全佛文化，1998。

談錫永，《密宗名相》，全佛文化，1997。

周煒，《活佛轉世與神秘西藏》，台灣先智出版公司，2001。

胡之真，《藏密法要》，新文豐出版公司，1992。

陳兵，《生與死：佛教輪迴說》，內蒙古人民出版社，1994。

洪啟嵩，《莊嚴之死》，時報文化，1996。

邱陵，《藏密六成就法詮釋》，新智出版社，1995。

邱陵，《密宗入門知識》，北京工業大學出版社，1993。

邱陵，《藏密心要十講》，甘肅民族出版社，1998。

班班多杰，《藏傳佛教思想史綱》，香港三聯書店，1992。

班班多杰，《藏傳佛教哲學境界》，青海人民出版社，1996。

黃維忠，《藏傳佛教大趨勢》，青海人民出版社，1999。

諾布旺丹，《藏傳佛教活佛轉世》，青海人民出版社，1996。

馮智，《雪域喪葬面面觀》，青海人民出版社，1998。

馬昌儀，《中國靈魂信仰》，漢中文化事業有限公司，1996

許明銀，〈中有聞法解脫的世界〉，收於其著《西藏佛教之寶》，佛光文化事業有限公司，1998。

覺安慈仁，〈藏傳佛教中的生死觀〉，http://freehomepage.taconet.com.tw/This/is/taconet/top-hosts/tibass/speech1.htm。

傳章，〈生死的橋樑——中有〉，http://amchina.com/cjcls/gb2312/fjgk/mnxb02/
　　m118-135.htm。

伊比鳩魯，〈致美偌寇的信〉，收於《古希臘羅馬哲學資料選輯》，仰哲出版
　　社，1987

徐芹庭上師編著，《密宗六成就法》，聖環圖書，1999。

鄭振煌主編，《認識藏傳佛教》，慧炬出版社，2001。

黃英傑譯著，《生死自在：加持根本示要》，大手印文化，1996。

寶法稱譯，《臨終教授解脫幻境》，香港佛教慈慧服務中心，1997。

達賴喇嘛，陳琴富譯，《藏傳佛教世界》，立緒文化，1997。

達賴喇嘛，丁乃竺譯，《修行的第一堂課》，先覺出版社，2002。

達賴喇嘛，丁乃竺譯，《達賴生死書》，天下文化，2003。

石上玄一郎，吳村山譯，《輪迴與轉生：死後世界的探究》，三民書局，1997。

桐山靖雄，李光廷譯，《你是誰的輪迴轉世》，絲路出版社，1994。

A. J. Ayer，《語言、真理與邏輯》，弘文館出版社，1987。

N. Elias，李松根譯，《當代臨終者的孤寂感》，http://dlearn.ndhu.edu.tw/sync/
　　commu/doc1/臨終孤寂.htm

S. Freud，楊韶剛譯，《一個幻覺的未來》，知書房出版社，2001。

J. Hick，*The Fifth Dimension： An Exploration of the Spiritual Realm*，王志成、
　　思竹譯，《第五維度——靈性領域的探索》，四川人民出版社，2000。

W. James，*The Varieties of Religious Experience*，蔡怡佳、劉宏信譯，《宗教
　　經驗之種種——人性的探究》，立緒文化，2001。

C. G. Jung，楊儒賓譯，《東洋冥想的心理學》，商鼎文化，1993。

C. G. Jung，*Memories, Dreams, Reflections*，劉國彬、楊德友合譯，《回憶、夢、
　　省思——榮格自傳》，張老師文化，1997。

K.P.Kramer，方蕙玲譯，《宗教的死亡藝術》，三民書局，1997。

K. Marx，《黑格爾法哲學批判導言》，收於《馬克思、恩格斯、列寧、斯大
　　林論宗教與無神論》，北京人民出版社，1999。

R.Moacanin，江亦麗、羅照輝譯，《榮格心理學與西藏佛教》，台灣商務，1991。

J. Moltmann，曾念粵譯，《來臨中的上帝——基督教的終末論》，道風書社，2002。

R.A.Moody，長安譯，《來生》，方智出版社，1991。

B. Pascal，*Les Pensées*，何兆武譯，《思想錄——論宗教和其他主題的思想》，
　　北京商務印書館，1997。

B. Russell，《為什麼我不是基督徒？》，商務印書館，1982。

P. Tillich，*Dynamics of Faith*，魯燕萍譯，《信仰的動力》，桂冠圖書公司，1994。

P. Badham, *"Death and Immortality: Toward a Global Synthesis",in Beyond Death: Theological and Philosophical Reflections on Life After Death*, Edited by D. Cohn-sherbok & C. Lewis, Macmillan, 1995.

Boker, J., *The Meaning of Death*, Cambridge University Press, 1993.

Boker, J., *World Religions: The Great Faiths Explored & Explained*, Dorling Kindersley, 1997.

Boker, J., *The Oxford Dictionary of World Religion*, Oxford University Press, 1997.

Coogan, M.D., *World Religions*, Duncan Baird Publishers, 1998.

Dalai Lama, *The Joy of Living and Dying in Peace*, Harper, 1997.

Grof, S., *Books of the Dead: Manuals for Living and Dying*, Thames and Hudson, 1994.

J. Hick, *Death and Eternal Life, "The Origins of After-Life and Immortality Beliefs"*, Macmillan, 1985.

Hiroshi Obayashi (ed.), *Death and Afterlife: Perspectives of World Religion*, Greenwood Press, 1992.

Innes, B., *Death and The Afterlife*, Blandford, 1999.

Leary, T., et al., *The Psychedelic Experience: A Manual based on the Tibetan Book of The Dead*, Citadel Press, 1964.

Lewis, J.R., *Encyclopedia of Afterlife Beliefs and Phenomena*, Visible Ink Press, 1995.

Mullin, G.H., *Death and Dying: The Tibetan Tradition, Penguin*, 1986.

Thurman, R.A.F., *The Tibetan Book of The Dead: Liberation through Understanding in the Between*, Bantam Books, 1994.

Wittgenstein, L., *Tractatus Logico-philosophicus*, Translated by D. F. Pears & B. F. McGuinness, Routlege & Kegan Paul, 1961.

Ven. Pende Hawter, *Death and Dying in the Tibetan Buddhist Tradition*, http://www.scared-texts.com/bud/tib/deathtib.htm

Swami Virato, *The Tibetan Book of Living & Dying: A Dialogue with Sogyal Rinpoche*, http://www.scared-texts.com/bud/tib/living.htm.

Lama Ole Nydhal, *The Tibetan Buddhist Teachings on Death and Rebirth*, http://www. scared-texts.com/bud/tib/tibdeath.htm.

W. James, *The Will To Believe*, http://ajburger.homestead.com/file/book.htm.

History's afterlife beliefs: James Lewis' afterlife religious studies, http://www. near-death.com/religon.html.

淨土法門的臨終關懷

願我臨欲命終時，盡除一切諸障礙；面見彼佛阿彌陀，
即得往生安樂剎。

——《大方廣佛華嚴經·普賢行願品》

一、引言：優死與善終

現代醫學的進步，克服了許多疾病對人類生命的威脅，但終究克服不了生命最終的歸宿——死亡。尤其面對不可治癒之患者，任何的醫療措施對他而言，雖然能夠延長其生命（prolonging life），讓他活得久一點，但究其實不過是延長死亡的過程（prolonging dying），讓他延後死亡罷了。嚴肅地面對此一問題，現代醫學乃產生了「典範的轉移」（paradigm shift），即以治癒（cure）為中心轉移為以關懷（care）為中心。這種不以疾病治癒為目標的臨終關懷（terminal care）新典範，具體地落實在日益受到重視的安寧療護（hospice）運動上。世界衛生組織（WHO）對「安寧療護」做了如下的界定：

> 對治愈性治療已無反應及利益的末期病患之整體積極的照顧，此時給予病人疼痛控制及其它症狀的緩解，再加心理層面、社會層面，及靈性層面的照顧更為重要。安寧療護的目標是協助病患及家屬獲得最佳的生活品質。[1]

---

[1] 轉引自柏木哲夫著，曹玉人譯，《用最好的方式向生命揮別——臨終照顧與安寧療護》台北：方智出版社，2000，趙可式推薦序〈重新將醫學帶回人性的安寧療護〉，頁 4。

此定義精要地勾畫出現代醫學臨終關懷的根本內涵，不再把病患的死亡視為醫學上的挫敗，而是將死亡視為生命自然過程的一部份，既不以積極安樂死的方式加速其死亡，也不需無意義地延長其死亡的過程，更不是束手無策地任其坐以待斃的等死。相反地，它所強調的是一種死亡過程中的生活品質[2]，透過積極性的生理痛苦的緩解，提供病患心理與靈性上的平安，以協助其達到優質死亡的善終（dying well/ good death）。

　　佛教是了生脫死的宗教，有其深刻的生死智慧，亦有其獨特的臨終關懷實踐。本文的旨趣在闡述佛教淨土法門的臨終關懷，反省其哲學基礎，並思考其對現代醫學臨終關懷所可能帶來的啟示。

二、佛出世本懷與末法關懷

　　在《佛說魔逆經》中，須深天子問了文殊菩薩一個問題：「以何所生，佛興於世？」[3]究其實，諸佛世尊無非為一大事因緣故，出現於世。就此「一大事因緣」，《法華經》中佛告舍利弗云：

> 舍利弗！云何名為諸佛世尊唯以一大事因緣故，出現於世？諸
> 佛世尊欲令眾生開佛知見，使得清淨故，出現於世；欲示眾生
> 佛之知見故，出現於世；欲令眾生悟佛知見故，出現於世；欲
> 令眾生入佛知見故，出現於世。舍利弗！是為諸佛以一大事因
> 緣故，出現於世。[4]

　　《法華經》號稱「諸經之王」[5]，「是諸如來第一之說，於諸說中最為甚深」[6]，依經文所說，諸佛示現世間之大事因緣即在於為芸芸眾生開、示、悟、入佛之知見，其目的皆為度脫眾生。諸佛如來所演

---

[2]　參見楊克平等合著，《安寧與緩和療護學：概念與實務》，台北：偉華書局有限公司，1999，頁 31。

[3]　西晉三藏竺法護譯，《佛說魔逆經》，台南：和裕出版社，2002，頁 53。

[4]　《法華經》，〈方便品第二〉。

[5]　《法華經》，〈法師品第十〉。

[6]　《法華經》，〈安樂行品第十四〉。

一切經典，旨意皆是如此，佛所說《法華經》亦復如是，「能令眾生，離一切苦、一切病痛，能解一切生死之縛。」[7]明憨山大師對此義蘊有深刻的體悟而論之甚切，其云：

> 從上古人出家，本為生死大事。即佛祖出世，亦特為開示此事而已。非於生死外別有佛法，非於佛法外別有生死。所謂迷之則生死始，悟之則輪迴息。是知古人參求，只在生死路頭討端的、求究竟。[8]

憨山大師直言，佛祖之出世，也就是為眾生開示悟入此生死大事，此亦所以清徹悟大師有「沙門者，學死者也」之說。[9]在《佛說魔逆經》中，針對須深天子之所問，文殊菩薩做了如下的回答：

> 起生老病終沒之患故佛興出，所以者何？三界有生老病死故佛現世。[10]

三界有生老病死諸苦，為普度眾生離苦得樂了脫生死故，此即是諸佛出世之慈悲本懷。故《華嚴經普賢行願品》云：「諸佛如來以大悲心而為體。因於眾生，而起大悲。因於大悲，生菩提心。因菩提心，成等正覺。」於《佛說無量壽經》中，佛亦云：「如來以無盡大悲，矜哀三界，所以出興於世，光闡道教，欲拯濟群萌，惠以真實之利。」今時值末法時代[11]，眾生福薄慧淺，障厚業深，無以仗自力斷惑證真，了脫生死，雖然如此，佛之慈悲本懷始終如一，且佛已預見此末法眾

---

[7] 《法華經》，〈藥王菩薩本事品第二十三〉。

[8] 明憨山大師，《夢遊集》卷三〈示妙湛座主〉，台南：和裕出版社，2000。

[9] 《徹悟大師遺集》卷中〈紅螺普同塔說〉，世樺國際股份有限公司，2000，頁 59。

[10] 同註 3。

[11] 佛涅槃後有所謂正法、像法、末法三個時期。佛涅槃後不久，釋迦法仍住世，依教法修行即能證果，稱為正法時期。而後雖有教法及行人，然多不能證果，稱為像法時期。此後，正法滅盡，修道者行不如法，故極罕有證果者，甚或無從證果，稱為末法時期。以上為一般通論，然諸家說法不一，未成定格。

生景況，乃針對此狀另開示一殊勝法門，即淨土法門，又稱念佛法門，普渡眾生，了生脫死。此即《大集經》所云：「末法億億人修行，罕一得道，唯依念佛，得度生死。」[12]念佛法門即是佛於末法時期，欲拯救群盟，惠以眾生的真實之「利」。印光法師即言：「使如來不開此法，則末法眾生，無一能了生死者。」[13]此一念佛法門的真實之利，佛陀在《阿彌陀經》中對舍利弗做了詳實的講述：

> 舍利弗！若有善男子、善女人，聞說阿彌陀佛，執持名號，若一日、若二日、若三日、若四日、若五日、若六日、若七日，一心不亂，其人臨命終時，阿彌陀佛與諸聖眾，現在其前。是人終時，心不顛倒，即得往生阿彌陀佛極樂國土。舍利弗！我見是利，故說此言。

《阿彌陀經》是佛在舍衛國祇樹給孤獨園中，無問自說的殊勝經典[14]，此即彰顯佛陀哀愍眾生之悲心至極，故在無人請問之下，自行說出此經，以歸結其出世本懷成始成終之教。[15]此亦即印光法師之論判：「淨土者，乃究竟暢佛本懷之法也。」[16]佛陀開示淨土念佛法門，使末法眾生得以悟入佛之知見，究竟了脫生死，而完滿此一段興出世間的大事因緣。

---

[12] 轉引自李淨通居士選輯，《印光法師文鈔菁華錄》，南投：蓮因寺出版，1999，頁9。

[13] 同上註，頁11。

[14] 一般佛經都是佛陀應某人的請問而說。例如淨土三經中的《佛說無量壽經》是依阿難之請問而說出，《佛說觀無量壽經》則是依韋提希夫人之所請而說。《阿彌陀經》佛不問自說之義蘊，李炳南居士有一精要之闡述：「淨土法門，義理深微，唯佛與佛，乃能究盡。眾人不解，遂不置信。心存不信，便不啟請開演。世尊慈愍眾生，不能出要，乃以徹底悲心，不問自說。既肯自說，必求契機之人。諸比丘中，唯舍利弗智慧第一，故直呼而說之。而舍利弗並無一語問答，似初聞之際，亦未能深信其事也。」（《佛說阿彌陀經義蘊》，收於《雪廬老人淨土選集》，台中：佛教蓮社，1997，頁27。）

[15] 參見柏原祐義，《淨土三部經講話》，台北：法爾出版社，1994，頁601-602。

[16] 同註12，頁2。

三、淨土法門要義

淨土法門乃佛徹底悲心普渡眾生，三根普被利鈍全收之殊勝法門，「九界同歸，十方共讚，千經俱闡，萬論均宣」[17]。蕅益大師謂：「諸佛憫念群迷，隨機施化，雖歸元無二，而方便多門。然於一切方便之中，求其至直截、至圓頓者，則莫若念佛求生淨土。」[18]此念佛往生淨土法門，以信願行為三大綱要，「非信不足以啟願，非願不足以導行。」[19]行者若能具足此三資糧，必定九品往生，須知往生與否全由信願之有無，品味之高下則在行持之深淺。信願行三者如鼎之三足，缺一不可。印光法師即說：「須知吾人欲了生死，實不在多。只一真信切願，念佛求生西方足矣。縱饒讀盡大藏，亦不過為成就此事而已。」[20]誠哉斯言！今即以信願行三要略述淨土要義。

《大智度論》中說：「佛法大海，唯信能入。」《華嚴經》中也說：「信為道源功德母，長養一切諸善根。」在淨土法門中，信尤為重要。佛在《阿彌陀經》中對諸僧眾講述了念佛的真實之利，之後又明確指出這是「一切世間難信之法」[21]，此乃佛親知親證之境界，非我縛地凡夫所能了知，若不生信，則無法真正得到念佛之利益。正如《龍舒淨土文》所言：「佛能度一切眾生，不能度一切不信之人。」[22]因此，首先須生信之事即：深信淨土念佛法門乃世尊真實語絕非虛言。《金

---

[17] 釋印光，〈淨土五經重刊序〉，《淨土五經》，台南：和裕出版社，2001。

[18] 蕅益智旭，《佛說阿彌陀經要解》，收於蕅益大師選，《淨土十要》，佛光出版社，1995，頁3。

[19] 同註18，頁5。

[20] 同註12，頁38。

[21] 《佛說阿彌陀經》：「舍利弗！當知我於五濁惡世，行此難事，得阿耨多羅三藐三菩提，為一切世間說此難信之法，是為甚難！」《佛說無量壽經卷下》亦云：「如來興世，難值難見。諸佛經道，難得難聞。菩薩勝法，諸波羅密，得聞亦難。遇善知識，聞法能行，此亦為難。若聞斯經，信樂受持，難中之難，無過此難！」佛如是說，可見其難。

[22] 王日休居士撰，《龍舒淨土文》，台中：瑞成書局，2002，頁15。

剛經》中說：「如來是真語者、實語者、如語者、不誑語者、不異語者。」佛因度脫眾生故興出於世，開示末法時期眾生得以解脫生死之念佛法門，此乃佛陀大慈大悲心至極之體現，絕無虛妄。次則應相信西方極樂世界實有。《阿彌陀經》中佛告舍利弗：「從是西方，過十萬億佛土，有世界名曰極樂。其土有佛，號阿彌陀，今現在說法。舍利弗！彼土何故名為極樂？其國眾生，無有眾苦，但受諸樂，故名極樂。」真有如是沒有痛苦只有快樂之極樂世界，確是難信之事，但以聖言量證之，佛言無妄，應深信不疑。再則應相信：念佛之正念必能與阿彌陀佛之願力感應道交，臨終蒙阿彌陀佛與諸聖眾接引往生西方。

有了真信深信，就要依信發願。願在學佛修持中相當重要，依其內涵可大分為二：總願與別願。總願是一切菩薩共通的誓願，也就是菩薩從初發心到圓成佛道的基本精神，此即最為人們所熟悉的「四弘誓願」：眾生無邊誓願度，煩惱無盡誓願斷，法門無量誓願學，佛道無上誓願成。別願則是因位菩薩依其特定因緣所發之誓願，如釋迦牟尼佛有五百大願，觀音有六願，普賢菩薩有十大願，藥師佛有十二願，阿彌陀佛則有四十八願。西方極樂世界就是阿彌陀佛之願力所成就的依正莊嚴。對淨土法門深信之後，就應發厭離娑婆欣求極樂之願，願往生西方極樂世界。發願的重要性，蕅益大師在《阿彌陀經要解》中說得很清楚：「非信不能發願，非願信亦不生。故云若有信者，應當發願。又願者，信之券，行之樞，尤為要務。舉願則信行在其中。」[23]《華嚴經普賢行願品》更指出：「人臨命終時，最後剎那，一切諸根悉皆散壞，一切親屬悉皆捨離，一切威勢悉皆退失，輔相大臣、宮城內外、象馬車乘、珍寶伏藏，如是一切無復相隨。唯此願王，不相捨離，於一切時，引導其前，一剎那中，及得往生極樂世界。」此所以佛於《阿彌陀經》中苦口婆心地三勸發願往生。[24]

---

[23] 同註 18，頁 47-48。

[24] 一勸發願：「眾生聞者，應當發願，願生彼國。」二勸發願：「若有眾生，聞是說者，應當發願，生彼國土。」三勸發願：「諸善男子、善女人，若有信者，應當發願，生彼國土。」

信願行是往生西方淨土之三資糧，行以信願為基礎，信願則須在行持中得到具體的實踐。正如徹悟大師所言：「信而不願，猶不信也。願而無行，猶弗願也。行而不猛，猶弗行也。行之所以不猛，由願不切。願之所以不切，由信不真。總之，生真信難。信果真矣，願自能切。願果切矣，行自能猛。真切信願，加以勇猛力行，決定得生淨土。」[25]印光法師亦言：「既有真信切願，當修念佛正行；以信願為先導，念佛為正行；信願行三，乃念佛法門宗要。有行無信願，不能往生；有信願無行，亦不能往生；信願行三，具足無缺，決定往生。」[26]是故，淨土念佛法門別無奇特，只以真信、切願、力行為三大要務。力行之要在念佛，念佛之法有四：

(一) 實相念佛。依實相理念法身佛，法身清淨遍一切虛空，實無有相可得，實相無相，故離生滅、有無、能所等相，專念自性本具之佛。無能念之心相，亦無所念之佛相，能所雙亡，心佛不二，即心是佛，即佛是心。觀此現前一念，無性無體無相，則念而無念，無念而念，一心不亂，必得往生。

(二) 觀想念佛。此即依《觀無量壽經》所說，起心觀想西方極樂世界之依正莊嚴，行十六妙觀，依次第而觀。初日觀，正坐西向觀想落日，所以標的西方，令趨彼土。次水觀。三地觀。四寶樹觀。五寶池觀。六總觀，又稱寶樓觀。七華座觀。八像觀。九佛身觀。十觀音觀。十一勢至觀。十二普觀。十三雜想觀。十四上輩觀。十五中輩觀。十六下輩觀。觀想得成就，即得往生彼土。

(三) 觀像念佛。於清淨室內，供奉佛像，靜坐觀佛形象，或觀眉間白毫，或觀佛面，或觀佛全身。觀像功成，得無量福，捨身他世，生諸佛前。

---

[25] 《徹悟大師遺集》卷上〈法語〉，世樺國際股份有限公司，2000，頁31。
[26] 同註12，頁49。

(四) 持名念佛。此乃《阿彌陀經》所示念佛法門，執持名號，不
　　勞參究，不需觀想，不用觀像，但只一心稱念阿彌陀佛名號，
　　至誠懇切，一心不亂，必得往生。

四種念佛之中，實相念佛法門高超，非上上根器者，難以契入。觀
想念佛，眾生心思散亂，無法制心一處，難以達至觀想成就。觀像念佛，
受制於佛像之有無，修持之功不易相續，亦難成就。只有持名念佛，「其
法極其平常，雖愚夫愚婦，亦能得其利益；而復極其玄妙，縱等覺菩薩，
不能出其範圍。故無一人不堪修，亦無一人不能修；下手易而成功高，
用力少而得效速。實為如來一代時教中之特別法門。」[27]蕅益大師即說：
「當知執持名號，既簡易直捷，仍至頓至圓。以念念即佛，故不勞觀
想，不必參究，當下圓明，無餘無欠。上上根不能逾其閫，下下根亦
能臻其域。」[28]此乃契合福薄慧淺末法眾生根機之殊勝法門，故歷來淨
宗大德極力提倡持名念佛，一心專念阿彌陀佛名號，求生西方淨土。

四、淨土法門的臨終關懷及其哲學基礎

在醫學臨床上，一個有病將死的人，稱為「瀕死病人」（dying
patient）。醫學上的臨終關懷，即是針對這些瀕死病人的安寧療護，
透過積極性的生理痛苦的緩解，提供病患心理與靈性上的平安，以協
助其達到優質死亡的善終。這種醫學上的臨終關懷，我們可稱之為「狹
義的臨終關懷」。相對於此，淨土法門的臨終關懷則可名之為「廣義
的臨終關懷」。

活著（living）是我們當下存在的實況，「人生在世皆有一死」此
一命題所表述的是死亡的必然性。此不可避免的死亡揭示了我們有一
天將不再活著，死亡是生命不可逾越的關卡，是肉體生命的終點，無
一人可以倖免。然而真正的情形是：人們打從出生之日起即一步一步
地趨向此死亡終點，人是向死的存在。更透徹地說，活著即死去（living

---

[27] 同註 12，頁 7。
[28] 同註 18，頁 36。

is dying），死亡不僅是生命的終結，根本上就是生命的本質，德國哲學家舍勒（Max Scheler，1874-1928）指出：

> 每一種生命（包括我們自己）經驗的本質都包含著這樣一點，即：這種經驗具有指向死的方向。死屬於那種形式和結構，在其中被給予我們的只是每一種生命，我們自己的生命以及其它各種生命，以及內在的和外在的生命。死不是一個偶而添加到個別心理或生理程序的形象上的架構，而是一個屬於形象本身的架構，沒有它，就沒有生命的形象了。[29]

依上所論，事實上，每一個活著的人本質上都是「瀕死的人」（dying person），活著即死去，只不過無病在身而已。同樣重要的事實是，我們對此必有的一死，卻一點也無法預料它何時、何地、會以何種方式降臨到我們頭上。此「死亡的不可測性」所彰顯的就是「生命的無常」。就因生命無常，所以隨時必須有死亡的準備，而非到了病危臨命忠時方關切死亡的到來，臨渴掘井，終不濟事。這是「廣義的臨終關懷」之基本內涵。不同於狹義臨終關懷之針對瀕死病人，廣義的臨終關懷就成了死亡之前終生的修持，正如《觀無量壽佛經》中所說：

> 欲生彼國者，當修三福——一者孝養父母，奉事師長，慈心不殺，修十善業。二者受持三皈，具足眾戒，不犯威儀。三者發菩提心，深信因果，讀誦大乘，勸進行者。如此三事，名為淨業。……此三種業，乃是過去、未來、現在三世諸佛，淨業正因。

勤修三福乃往生正因，此即《阿彌陀經》所說：「不可以少善根福德因緣，得生彼國。」第一福是指孝養父母，奉事師長，慈心不殺，修十善業。十善業的具體內容是：不殺生、不偷盜、不邪淫、不妄語、不綺語、不惡口、不兩舌、不貪欲、不瞋恚、不愚癡。身業三、語業

---

[29] Max Scheler, *Tod, Fortleben und Gottesidee*, 孫周興譯，《死、永生、上帝》，漢語基督教文化研究所，1996，頁 20-21。

四、意業三，共十種。此福為「共世間善行」[30]。未能出家修道之行者，勤修此福，念佛回向，即轉世間善行為往生淨因，具足信願，皆得往生。第二福是指受持三皈，具足眾戒，不犯威儀。這是持戒所得之福，為「共三乘善行」[31]。三皈即皈依佛、皈依法、皈依僧。皈依、持戒、不犯威儀，即是培植善根，長養淨業資糧。第三福是指發菩提心，深信因果，讀誦大乘，勸進行者。這是行持所得之福，乃「大乘善行」[32]。行者深信因果罪福，發菩提心，自我信解大乘精神而奉行不已，又能慈悲利他兼勸有緣者如是奉行。

《無量壽經》中亦有「三輩往生」之說，三輩是就行者行持淨因深淺程度之不同，所分判之品位。該經卷下首先揭示了往生之基本原則：

> 十方恆沙諸佛如來，皆共讚嘆無量壽佛威神功德不可思議！諸有眾生，聞其名號，信心歡喜，乃至一念至心迴向，願生彼國，即得往生，住不退轉。惟除五逆、誹謗正法。

無量壽是阿彌陀佛之另稱，眾生聞名念佛願生，即得往生彼國。但是「五逆」、「誹謗正法」之眾生不在此列。五逆亦稱五無間業，乃罪大惡極，極度違逆於法理之五種大罪，據稱是將墮無間地獄報應之惡業。有小乘五逆與大乘五逆之分。小乘五逆包括：害父、害母、害阿羅漢、破和合僧、惡心出佛身雪血。大乘五逆則包括：破壞塔寺經像；誹謗聲聞、緣覺與大乘佛法；妨礙或傷害出家者修法；犯小乘所說五逆中的任一種；不相信業報、行十不善業。誹謗正法是指誹謗一切大乘經典非佛所說，或者不信大乘經典而加以破壞，此舉斷盡一切善根，將墮地獄。除此之外，至心念佛願生彼國者，因其在世之時所行淨因不同而分為三輩。上輩往生者：「捨家棄欲而作沙門，發菩提心，一向專念無量壽佛，修諸功德，願生彼國。」中輩往生者：「雖不能行作沙門，大修功德，當發無上菩提心。一向專念無量壽佛，多少修

---

[30] 印順法師，〈淨土新論〉，收於《淨土與禪》，正聞出版社，1998，頁 51。

[31] 同上註。

[32] 同上註。

善，奉持齋戒，起立塔像，飯食沙門，懸繒然燈，散華燒香，以此迴
向，願生彼國。」下輩往生者：「假使不能作諸功德，當發無上菩提
之心，一向專念，乃至十念，念無量壽佛，願生其國。」三輩往生之
共同條件是發菩提心，一向專念阿彌陀佛，願生彼國，皆以信願持名
念佛為正行，以修諸功德為助行，即能成就往生大事。三輩行因不同，
故有不同之品位。

信願持名念佛以求往生淨土，此乃娑婆眾生一生修持之事業，然
「臨終一關，最為緊要。」[33]圓瑛法師即說：「凡我等念佛求生淨土之
人，當知一生辛勤，收功就在末後一著。當臨命欲終，正是聖凡立判
之時節。此時應當萬緣放下，寸絲不掛，一心專念彌陀聖號，求見我
佛接引，求生上品蓮台，正念昭彰，往生可必。」[34]行者一生修持，
雖具足信願行三資糧，最怕臨命終時，為種種事緣擾亂其心，失其正
念，礙其往生。《阿彌陀經》中佛陀即開示：執持名號需至一心不亂
之境界，臨命終時，能保持心不顛倒之正念，即得往生阿彌陀佛極樂
國土。臨終一刻乃驗收一生修行至關緊要之時刻，臨終一念是超生與
墮落之關鍵，需了知明曉，以免誤了往生大事。印光法師即殷切告誡
臨終三大要：第一、善巧開導安慰，令生正信；第二、大家換班念佛，
以助淨念；第三、切戒搬動哭泣，以防誤事。[35]

此三要務若作不好，則臨終者隨業受生，不得往生淨土。故眷屬道
友，應於此關鍵時刻助念佛號，增長其正念，以助其往生。這種臨終前
的助念，是淨土法門獨特的臨終關懷方式，也是最好的臨終關懷。[36]

淨土法門的助念往生是奠立在佛教生命哲學基礎上的臨終關懷
方式，這與醫學臨終關懷背後的生命哲學大異其趣。佛教把眾生一期
的生命，分為生有、本有、死有、中有四大階段，此處的「有」即存

---

[33] 印光法師語。同註 12，頁 131。

[34] 圓瑛法師，《勸修念佛法門》，台中：瑞成書局，1981，頁 48。

[35] 釋印光，《臨終三大要》與弘一大師《人生之最後》合刊，台中：佛教蓮社，
1999，頁 1-2。

[36] 參見林克智，《一生解脫之路》，北京：宗教文化出版社，2003，頁 210-228。

在形式之義。「生有」指投胎受生最初一剎那身心的生命形式，「本有」是指從出生至瀕死的全部過程，即一般所理解的人們活著的生命形式，即吾人的現世一生；「死有」指命終時剎那間的身心狀態，「中有」則指人死後到再生之過渡階段的生命形式。[37]此一生命歷程在藏傳佛教中有一更詳實的闡述。據藏傳佛教始創人蓮花生大士巖藏《六中有自解脫導引》此一經典所示，將人的生死以至投胎受生的存在歷程，分為六個中有[38]：

1. 處生中有（Skye gnas bardo，life between）
2. 夢幻中有（rmi lam bardo，dream between）
3. 禪定中有（bsam gtan bardo，trance between）
4. 臨終中有（'ch'i kha bardo，death-point between）
5. 法性中有（ch'os nyid bardo，reality between）
6. 受生中有（srid pa bardo，existence between）

「中有」在藏文中稱為 Bardo，是指：「一個情境之完成與另一情境之開始二者之間的過渡或區間」（a transition or a gap between the completion of one situation and the outset of another）[39]，也就是說，一種「中間狀態」（intermediate state）或「過度狀態」（transitional state）。一般而言，「中有」所指的是此生與來世之間的中介階段；然而在《六中有自解脫導引》的教授中，則配合生命存在的每一歷程，包括生時、死亡以及死後的各個階段；要言之，即指生死流轉過程中的每一個「中間狀態」或「過渡狀態」。

「處生中有」即是我們現在活著的這一世。而在我們這一生中，實際上我們白天在如幻的世界中行動，夜晚則在如夢的世界中活動，

---

[37] 參見陳兵，《生與死——佛教轉迴說》，內蒙古：人民出版社，1994，頁 18。

[38] 蓮花生大士巖藏，談錫永譯，《六中有自解脫導引》（香港密勝佛學會，1999）。此處六中有（six bardos）之英文名稱是依照 R. Thurman 之英譯，見其所著 *The Tibetan Book of the Dead: Liberation Through Understanding in the Between*, Bantam Books, 1994。

[39] Sogyal Rinpoche, *The Tibetan Book of Living and Dying*, Random House, 1992, p.102.

因此便有貫串日夜的「夢幻中有」。修道之人修習禪定，功夫深時會進入一個禪定的世界，此時的心境便是「禪定中有」。此「處生中有」、「夢幻中有」、「禪定中有」稱為「生的三中有」。

人於臨近死亡時，會經歷一個死亡過程，這一過程有人長，有人短，但最重要的是臨死的一剎那間，這短暫的剎那，即是「臨終中有」的階段。經歷「臨終中有」，死者於是正式進入一般所謂的「中有」，亦即此一世的生命完全結束，而尚未取得下一世的生命，此一中間、過渡階段，即稱為「法性中有」，也就是所謂的死後生命（life after death）的階段。之後，此中有身便隨著業力的牽引而去投胎受生，即接受一段新的「處生」，這段投胎前至投入母胎的階段，便稱為「受生中有」。此「臨終中有」、「法性中有」、「受生中有」稱為「死的三中有」。一個人若無法修行以得解脫，這六中有就是生死輪迴流轉的無盡歷程。[40]

佛教即以超輪迴了生死為最終目的，然淨土法門是以往生西方極樂世界為要務，則往生西方與了生死之關係為何，需作進一步之說明。

淨土作為佛教解脫法門之一，其終極目的當然是了生死，佛為末法眾生開示念佛往生西方之殊勝法門，其目的也是為了了生死。只是末法時期，正法衰微，眾生福薄慧淺、障厚業深，於此世間無以仰仗自力修成正果獲得解脫。於是有賴於佛力之加持，先行往生阿彌陀佛宏大願力所成就的莊嚴國土中，繼續修行以成就聖果。雖然西方極樂世界確是「無有眾苦但受諸樂」，然而此「極樂世界」並非是以享樂為終極目的的「天國」、「天堂」，而是以清淨梵行志證無上佛道為歸

---

[40] 在此相同的生命觀基礎上，藏傳佛教揭示了一個與淨土法門殊異的解脫方式。不同的中有階段，可以是實相的當下證境，亦可以是凡夫迷亂的心識狀態。六中有之教授即在引導行者透過修習，能轉迷亂心識為對實相光明的證悟。因六中有的教法與生命歷程的每一部份皆息息相關，依六中有的修習，上根者能於處生中有即身解脫（即身成佛），中根者則能於臨終中有得到解脫，下根者則可於法性中有得解脫，若不得解脫，至少能使行者於受生中有時走上輪迴的三善道（天道、阿修羅道、人道），而不致淪入三惡道（惡鬼道、畜生道、地獄道）。

趨之理想的修行道場。印順法師說的好：「生淨土不是天國式的以為就此完成，而是到那邊去，正好進修。」[41]為何一定要到西方極樂世界去修？與此娑婆世界相比，就修行而論，娑婆難修而極樂易進，因為在此世間有太多的牽絆，有礙修行。[42]而在極樂世界中，其國土中之種種皆以修行為著眼點，令此國土中的眾生無時無地無不升起清淨心而導入修行，如《阿彌陀經》中佛告舍利弗云：

> 彼國常有種種奇妙雜色之鳥——白鶴、孔雀、鸚鵡、舍利、迦陵頻伽、共命之鳥。是諸眾鳥，晝夜六時，出和雅音，其音演唱五根、五力、七菩提分、八聖道分，如是等法。其土眾生，聞是音已，皆悉念佛、念法、念僧。舍利弗！汝勿謂：「此鳥實是罪報所生。」所以者何？彼佛國土，無三惡道。舍利弗！其國佛土，尚無惡道之名，何況有實？是諸眾鳥，皆是阿彌陀佛欲令法音宣流，變化所作。舍利弗！彼佛國土，微風吹動，諸寶行樹及寶羅網，出微妙音，譬如百千種樂，同時俱作。聞是音者，自然皆生念佛、念法、念僧之心。

其他經文所提，諸如壽命無量、衣食無缺、無三惡道之名實、有諸樂無眾苦等等特點，皆是強調極樂淨土不是一個以享樂為主之天堂樂

---

[41] 印順法師，〈求生天國與往生淨土〉，收於《淨土與禪》，正聞出版社，1998，頁 128。

[42] 圓瑛法師就此區別詳舉十點，論之甚切：
一、此土有不常值佛苦，彼土則花開見佛常得親近之樂。
二、此土有難聞佛法苦，彼土有水鳥樹林皆宣妙法之樂。
三、此土有惡友牽纏苦，彼土有諸上善人聚會一處之樂。
四、此土有群魔惱亂苦，彼土有諸佛護念遠離魔事之樂。
五、此土有輪迴不息苦，彼土有橫截生死永脫輪迴之樂。
六、此土有難免三途苦，彼土有永離惡道名且不聞之樂。
七、此土有世緣障道苦，彼土有受用自然不俟經營之樂。
八、此土有壽命短促苦，彼土有壽與佛同更無限量之樂。
九、此土有修行退失苦，彼土有入正定聚永無退轉之樂。
十、此土有佛道難成苦，彼土有一生補處速證菩提之樂。
以上十點見其所著《勸修念佛法門》，台中：瑞成書局，1981，頁 43-44。

園，而是一個不為雜務干擾而純粹以修行證入佛果為根本歸趨之理想修行道場。

死亡為宗教之母，佛之出興於世悟道說法開示，就是為了徹底解決此事，因此直面死亡真摯意欲了脫之心，最為緊要。徹悟大師即言：「真為生死，發菩提心，以深信願，持佛名號，十六字，為念佛法門一大綱宗。若真為生死之心不發，一切開示，皆為戲論。」[43]圓瑛法師亦說：「修道不色身上苦不苦，而在生死心切不切。」[44]「念佛之人，生死心切，乃是真念佛。」[45]印光法師在其晚年八十高齡於案頭親筆手書「死」而謂：「學道之人，念念不忘此字，則道業自成。」

淨土法門為人們揭示了究竟的安身立命與臨終關懷，提供了徹底解脫生死之直捷大道，眾生如能恪遵佛語，真信切願力行，一心不亂持名念佛，仰仗阿彌陀佛大悲願力，臨終往生西方淨土，必能出離生死苦海，穩達涅槃彼岸圓成佛果。

五、結語：一點反思

臨終關懷的的根本目的在使瀕死者得到善終，在醫學安寧療護上，此一目的體現為：透過積極性地緩解通苦，而達到死亡前之美好的生命品質，讓瀕死者了無遺憾而有尊嚴地走到生命的盡頭。淨土法門的善終則是要讓死者能夠往生西方極樂世界。對比於宗教的形上智慧，醫學臨終關懷上正確的做法，事實上在淨土法門的臨終關懷上卻是有大害的。這其中最大的癥結在於二者對於病痛意義之差異性的理解，而此差異性理解又與其背後之生命觀密不可分。

醫學基本上所抱持的是「一世的生命觀」，生命基本上是從生到死之間的有限歷程，既無前世也無來生，而痛苦是生命美好品質最大的致命傷，為了避免瀕死者有痛不欲生之感，痛苦的緩解就成了安寧

43　同註 25，頁 3-4。
44　同註 34，頁 60。
45　同註 34，頁 61。

171

療護最初的著力點，進而提供病患心理與靈性上的平安，以協助其達到優質死亡的善終。相對於此而言，在淨土法門的臨終關懷上，病痛有其重要而深層的生命意義，最好的做法不是解除它，而是要面對它而且有所承擔。按照佛教三世因果業報的觀念來看，病痛基本上是前是惡業於此世果報成熟之顯現，必須承受方可消此業障，否則業障未消，則生命繼續在輪迴之中沉淪，不得解脫。弘一法師說：「若病重時，痛苦甚劇者，切勿驚惶。因此病苦，乃宿世業障。或亦是轉未來三途惡道之苦，於今生輕受，以速了償也。」[46]印光法師引玄奘法師臨終亦有病痛之例而陳述此義說：「玄奘法師臨終，亦稍有病苦，心疑所譯之經，或有錯謬。有菩薩安慰言，汝往劫罪報，悉於此小苦消之，勿懷疑也。」[47]在三世生命觀的理念觀照之下，病痛乃呈顯出不同於一世生命觀下的意義，因而形成在很大程度上相互衝突的臨終關懷做法。一方是實證的醫學，一方是偉大宗教人格的慈悲宣說，如何抉擇是令人困惑的，也許哲學家威廉詹姆士（W. James，1842-1910）的洞見是個可以依循的引導：「惡之事實，是現實中一個真實的部分。畢竟在後來，這些惡有可能成為生命意義的最佳鑰匙，也可能是那唯一幫助我們開眼看到最深刻真理的途徑。」[48]

---

[46] 釋演音弘一，《人生之最後》，與印光大師《臨終三大要》合刊，台中：佛教蓮社，1999，頁12。

[47] 同註12，頁135。

[48] W. James, *The Varieties of Religious Experience*，蔡怡佳、劉宏信譯，《宗教經驗之種種——人性的探究》，立緒文化，2001，頁196。

尋找上帝：人性中的宗教關懷
——威廉・詹姆斯的宗教哲學

精神在天性上就是宗教的。

——C. G. Jung

宗教是人性尋求上帝的反應。

——A. N. Whitehead

宗教是人類精神生活的要旨、基礎和深層。

——Paul Tillich

一、尋找上帝——托爾斯泰的生命危機

俄國大文豪托爾斯泰（Leo Tolstoy，1828-1910）在他近五十歲時發生重大的生命危機，他說：「生命停頓了，似乎我不知道我該怎樣活著，該做什麼，我惶惶不安，心情抑鬱。」[1]但令人疑惑的是，這種生命停頓的感覺卻是發生在托爾斯泰美滿幸福的人生時期：擁有一位善良體貼可愛的妻子、一群好孩子、巨大的田產、身體健康，精神飽滿，可以連續工作八至十小時、在文學上已享有國際的聲譽。如此人人稱羨可望不可及的美好人生，為何活不下去了？這種感覺越來越頻繁地出現，越來越強烈地要求回應，托爾斯泰很清楚地意識到這不是偶發的不舒服，而是某種非常重要的現象，甚至是生死攸關的大問題，托爾斯泰如此自述：

---

[1]　Leo Tolstoy，*My Confession*，馮增文譯，《托爾斯泰懺悔錄》，北京華文出版社，2003，頁 25-26。

> 我的問題，使我五十歲的時候想要自殺的問題，是從無知的嬰
> 兒到大智大慧的老人心理都有的一個最簡單的問題。**這個問題
> 不解決，便不可能活下去，就像我在實際中體驗到的那樣。**問
> 題是這樣的：我目前所做的、將來要做的一切會產生什麼結
> 果，我的全部生命會產生什麼結果？這個問題換句話表述出來
> 是這樣的：我為什麼要活著，為什麼要有願望，為什麼要做事？
> 還可以用另一種方式把問題表述成這樣：我的生命是否具有這
> 樣的意義，它並不因為我不可避免要死亡而消失？[2]

「這些問題」，托爾斯泰說道，「看起來是那樣愚蠢、簡單、幼稚。而一旦接觸它們，並企圖解決，我便確信：第一，這不是幼稚和愚蠢的問題，而是生活中最重要最深刻的問題；第二，不管我如何絞腦汁，我都無法解決它們。」[3]此一為托爾斯泰所深切體認之生活中最重要最深刻的問題，就是有關生命意義的問題，此一問題若沒有得到真正的解決，就會有活著卻不存在的虛無感受，這種折磨人的心境，托爾斯泰稱之為「**尋找上帝**」。[4]值得注意的是，這個問題無法透過理智來解決。尋找上帝，正如托爾斯泰自己所言：「這種尋找不是推理，而是感覺，因為這種尋找不是從我的思路中產生的（它甚至與我的思想對立），它是從心裡產生的。**這是身處異域而又指望有人來幫助的一種恐怖、孤獨、悽涼的感覺。**」[5]

最後，托爾斯泰在宗教信仰中找到生命的意義與存在的可能性：人生的任務就是尋找上帝，尋找上帝就是挽救自己的靈魂。

二、威廉・詹姆斯的宗教探究

威廉・詹姆斯（W. James，1842-1910）是美國思想史上的重要人物，他是美國心理學之鼻祖，是「實用主義」（pragmatism）理論主

---

[2]　同上註，頁 42。黑體字為作者所加作為強調之用。
[3]　同上註，頁 28-29。
[4]　同上註，頁 104。
[5]　同上註，頁 104。

要倡導者之一，在其晚年更成為美國哲學界的學術領袖。1890 年出版了他在心理學方面的巨著：《心理學原理》（*Principle of Psychology*），之後開始轉向研究宗教心理與宗教哲學的領域。1898 年，他接受蘇格蘭愛丁堡大學（University of Edinburgh）基佛講座（Gifford Lecture）之邀請，講授「自然宗教」（Natural Religion），但因健康因素，遲至 1900 年才成行。被喻為宗教心理學（Psychology of Religion）奠基之作的名著《宗教經驗之種種——人性之探究》（*The Varieties of Religious Experience：A Study in Human Nature*）一書，便是基於該講座之講稿修改而成書，並於 1902 年出版，此書全面而深入地體現出詹姆斯的宗教觀。

在《宗教經驗之種種——人性之探究》一書中，詹姆斯極富創意地探討了信仰個體的宗教經驗，此乃基於他對宗教本質（the nature of religion）的反思。他指出，大部分宗教哲學的論著一開始就想確切地規定「宗教的本質」為何，這實際上是一種獨斷論的做法，把研究的素材做了太過於簡單的處理。事實上，「宗教」一詞並不意味著任何單一的要素或本質，它是一個集合名詞（a collective name）。[6]所以，宗教並沒有唯一的本質，而是同時存在許多不同的特徵。進而，詹姆斯將宗教分為兩大類：制度性的宗教（institutional religion）與個人的宗教（personal religion）。[7]制度性的宗教其重點在於對超越神性的崇拜、獻祭、儀式、神學、教會組織等；個人的宗教所關心的則是信仰個體個人的內在經驗（詹姆斯稱之為「第一手的宗教生活」）。二者相比，個人的宗教比制度性的宗教更為基本、更為重要。因為，各大制度性宗教的創始者，最初無一不是通過其內在深刻的宗教體驗而獲得巨大的力量，耶穌、穆罕默德、大雄、那納克、釋迦牟尼等皆是如此。但是，制度一但建立，便會因襲傳統而過著一種墨守成規的生活方式，並可能因而產生積習與流弊，而喪失原本的宗旨。是故，詹姆斯對宗教的研究，並不從宗教的歷史、制度組織與典章儀式下手，因為

---

[6] W. James, *The Varieties of Religious Experiences: A Study in Human Nature, Routledge*, 2002, Centenary Edition, p.26.

[7] 同上註，p.28。

他認為，制度性宗教所形塑出來的虔信只是一種因循的習慣（詹姆斯稱之為「二手的宗教生活」，因其信仰是別人創建的，而生活方式是傳統給予的）。因此，他強調信仰個體內在經驗的重要性，尤其是那些最偏激、最誇張、最強烈的宗教經驗更能彰顯宗教的特質所在。

在科技日新發達、物質生活月益便利的現代社會中，種種的「宗教熱現象」，在在提醒我們，人類最深刻的需求還是在內心精神層面的滿足，人類似乎無法在物質生活中獲得最終的平安、真正的幸福。宗教作為神學家田立克（Paul Tillich）所稱的「終極關懷」（ultimate concern），對於此終極關懷，人類的有限性與自由意志，卻又是那麼容易錯把世俗的成就滿足當作終極關懷的價值，最後釀成不可收拾的人生災難。也許真正理解宗教經驗的多樣性質，才有可能真正掌握宗教的實質內涵，而能真正掌握宗教的實質內涵，也許才能真正避免種種不幸宗教事件的發生。也許對於宗教經驗的一種理性的哲學分析與釐清，多少能夠糾正、避免因靈性盲目的信仰所造成的偏差與不幸，因而對現代生活提供一定的啟示作用。

三、個人的宗教──人性中的宗教關懷

《宗教經驗之種種──人性之探究》一書有個附標題：人性之探究（a study of human nature），此正突顯出詹姆斯宗教探究的目的與特點，將宗教生活與人性關聯起來，或者說從宗教的面向來揭示人性的奧秘。[8]詹姆斯在 1900 年 4 月 12 日致友人莫斯（Frances Morse）信中談及《宗教經驗之種種──人性之探究》一書的主題以及他對人性探究的結論：**整個宗教生活是人類最重要的功能**。[9]按照詹姆斯原先的構想，基佛講座包含兩門課程，一門是描述性的「人的宗教嗜好」（Man's religious appetites），另一門是形上學的「透過哲學的滿足」（Their satisfaction through philosophy）。但當他真正動筆寫作時，心理學方面

---

[8] 參見尚新建，〈宗教：人性的展現──論威廉·詹姆斯《宗教經驗之種種》〉，《基督教思想評論》第一輯，上海人民出版社，2004，頁 297-320。
[9] 同上註。

的素材卻出乎意外地多，因此第二個課程就幾乎完全被耽擱了，全部的內容大都是描述人的宗教構成（man's religious constitution）。[10]依詹姆斯之見，宗教乃人類之本性，人不只是智人（homo sapiens）還是宗教人（homo religiosus）。詹姆斯對宗教的界定很清楚地表明此點：

> 一種對於不可見的秩序（unseen order），以及人的至善（supreme good）就在於將自身與此秩序調整至和諧狀態的信仰。**這種信仰與調整是在我們靈魂內的宗教態度**（the religious attitude in the soul）。[11]

詹姆斯將宗教大分為二：制度的宗教（institutional religion）與個人的宗教（personal religion）。對制度的宗教而言，崇拜與犧牲、界定神性之步驟、神學、儀式與教會組織都是其構成要素。若將宗教限定於此，則宗教成了外在的藝術，一種贏得上帝眷顧之藝術（the art of winning the favor of the God）。反之，個人的宗教則關心人的內在性情，諸如人的良心、美德、無助感與不完善性等。在此面向上，教會組織、牧師、聖禮以及其他的中介者都居於次要的地位。這是人與其神聖者之間心對心、靈魂對靈魂的直接關係。威廉詹姆斯進一步指出，個人的宗教比制度的宗教更為基本，因為每一個制度宗教的創始者無一不是通過個人與神聖者的直接交流（their direct personal communion with the divine）而獲得力量。而制度一但建立，就會形成傳統而有因循的生活習慣，則其一般信徒過的不過是「二手的宗教生活」（second-hand religious life）。[12]在這種理解之下，詹姆斯對個人的宗教作了如下的定義：

> 個體在其孤獨中，當其領會到自身處於與神聖者之關係時的情感、行動與經驗。（the feelings, acts, and experiences of individual

---

[10] 同註6，〈序言〉。
[11] 同註6，p.46。
[12] 同註6，p.11。

men in their solitude, so far as they apprehend themselves to stand in relation to whatever they may consider the divine.）[13]

此「神聖者」（the divine）就是人類宗教經驗中信仰的對象，它是「原初的實在」（a primal reality）[14]，是「更高的力量」（the higher power）[15]，是「不可見者」（the unseen），它決定著某種「不可見的秩序」，對此不可見秩序之信仰就是一個人的宗教信仰，而個體將自身與此秩序調整至和諧狀態就是「至善」（supreme good），這是人生最終的目的，也就是生命意義之所在。詹姆斯在〈生活值得過嗎？〉（*Is Life Worth Living?*）一文中指出：

> 所謂自然秩序——它構成了這個世界的經驗——只是總體宇宙的一部分。在這可見的世界之外，還有一個延伸的看不見的世界。……我們現在生活的真正意義正在於我們與這個看不見世界的關係。在我看來，一個人的宗教信仰，在本質上意味著他對某種看不見的秩序存在的信仰。[16]

詹姆斯很明顯將宗教信仰視為生命意義之真正所在，它還是人生幸福之根源，他說：

> 任何強烈擁有這種感受的人，自然而然地認為，就算是世界上最微不足道的細節，也因為與那不可見的神聖秩序（an unseen divine order）之關係而獲得無限的意義。此一神聖秩序

---

[13] 同註6，p.29-30。

[14] 「神聖者對我們而言，指的是個人覺得被趨迫要以莊嚴認真，而非以詛咒或譏諷的方式回應的那一個**原初的實在**。」（*The Varieties of Religious Experience*，p.35）

[15] 詹姆斯也將個人宗教描述成「個人自覺他與一個和他有關且更高的力量之間的交流」（*The Varieties of Religious Experience*，p.359），並指出「感受到一個更高、更友善的力量之臨在，似乎是精神生活的基本特質。」（同上，p.214。）

[16] W. James, '*Is Life Worth Living?*' in *The Will To Believe and other essays in popular philosophy*, Dover Publications, Inc., New York, 1956, p.51.

的思想給予他一種更高的快樂，以及一種無可比擬之靈魂穩
定感。[17]

依詹姆斯之見，任何宗教信仰的核心均包含兩部分：

(一) 某種不安（An uneasiness）。

(二) 它的解決（Its solution）。

這種不安是一種當我們處在自然狀態下，感受到自身某種不對勁的
狀態。它的解決就是經由與更高力量的適當聯繫，而從這種不對勁之中
得到解救。[18]宗教無論是什麼，它都是個人對其人生處境的整體回應。
一個有宗教信仰的人與一個普通人的回應是大不相同的。無論我們多博
學，總有我們所不知之事；無論我們能力多強，總有我們做不到的事；
無論我們如何深思熟慮，總有意外發生；無論我們多長壽，有一天都會
死。而也就是在我們生命的最後一站——死亡面前，我們最終都將成為
無助的失敗者。然而對一個有宗教信仰的人，也就是在此時刻，宗教成
為我們的救援，並將我們的命運交到上帝手上，一切的不足甚至滅絕，
在此時卻露出一線希望的曙光。詹姆斯如此陳述人的這種不安及其解救：

> 有一種心境，只有宗教人士知悉，其他人則不知道。在這種心
> 境中，維護自身與掌握自身的意志已經讓渡給另一種決心，決
> 定保持緘默，只在上帝的波濤巨浪中做一個無關緊要的人。在
> 這種心境中，原來最懼怕的反倒成了我們的庇護所，而那必來
> 的死亡時刻也成為我們靈性的生日（spiritual birthday）。我們
> 靈魂緊張的時期已經過去，隨之而來的是歡悅的輕鬆、平靜的
> 深呼吸、永恆的現在以及一個無須憂慮的未來。[19]

---

[17] 同註 6，p.287。

[18] 同註 6，p.392。詹姆斯強調這就是宗教問題真正的核心：「在極需救助的情況
下，我們平常優雅的樂觀和理智與道德上的慰藉顯得多麼遙遠、多麼不相干
啊！這就是宗教問題的真正核心：救命啊！救命啊！（Here is the real core of
the religious problem: Help! Help!）」（p.129）

[19] 同上，p.42。

詹姆斯的意思很清楚：宗教的本質在於個人內心深切的體驗，這也就是「個人宗教」的實質內涵：個體在其孤獨中，當其領會到自身處於與神聖者之關係時的情感、行動與經驗。真正的宗教即存在於人與上帝此一更高力量的交流之間，一個虔誠的宗教人熱切地將自我交付給這個力量，這就是詹姆斯所謂的「皈依」（conversion），而這種皈依經驗的一個主要特質就是被更高力量支配的感受（sense of higher control）。[20]這種對更高力量的自我交付（self-surrender）總是被視為宗教生活中最為關鍵的轉捩點，當然此處的宗教生活是指精神上的，而非外在的運作、儀式或禮節。[21]而且「只要我們真正地將自己交付給那個更高的力量，並同意去運用此一力量，它就將以特定的方式照料我們，比我們自己照顧自己還要好。」[22]此種自我的交付，使人超越了自己的軟弱無助，也讓人在憂苦煩勞之中帶來內在的平安與寧靜。

人需要自我交付這一事實，神學用「人的絕境是神的機會」（Man's extremity is God's opportunity）來表達，詹姆斯引用宗教心理學家斯塔柏克（E. D. Starbuck）的話：「他必須放鬆，也就是說，他必須依賴那個助長公義的更大力量（the larger Power），讓它按自己的方式完成它已開始的工作，而這種力量，正是從其本心湧現而出的………從這種觀點看，所謂順從行為（the act of yielding），就是讓自我進入新的生活，成為新人格的中心，以前自我認做的客觀真理，現在則從內在變成活生生的現實。」[23]從此皈依經驗中，我們看到了人性中的宗教需求。皈依的結果為皈依者帶來一種人生態度的改變，一個以宗教為其生活中心的人，與他之前的生命狀態是截然不同的。在此過程中，人的內在心態轉到一個與過去全然不同的平衡點，從此活在一個新的能量核心，用詹姆斯的話說就是：「原來處於邊緣地位的宗教觀

---

[20] 同上，p.191。詹姆斯指出另外還有兩個特質，分別是：領悟前所未知的真理之感、世界起了客觀變化之感（頁194）。

[21] 同上，p.166。

[22] 同上，p.97。

[23] 同上，p.166。

念，現在佔據了核心的位置，而且宗教的目標變成其能量的習慣中心
（the habitual centre of his personal energy）。」[24]

宗教經驗在一個人性格上成熟的結果，詹姆斯稱之為「聖徒性」
（saintliness），這是遍在所有宗教之中的特性，它具有四項基本的特徵[25]：

(一) 一種更寬闊的生命之感，超越塵世微末的私利；確信存在著一
種理想力量（Ideal Power），他不僅是理智的，似乎也是可感的。

(二) 覺得理想的力量與我們自己的生活是連續的，親密無間，並
心甘情願受此理想力量的支配。

(三) 極度的興奮與自由之感，好像約束自我的界線消融了。

(四) 關注非自我的要求，情緒中心轉向愛與和諧，轉向肯定的
「是！是！」遠離否定的「不！」

這些聖徒性的特徵乃皈依的結果，皈依者完全放棄了自我意志，
將自己交付給更高的理想力量，以換取生活的幸福，不過這種宗教的
幸福並非世俗的享樂，而是在實踐中的禁欲苦行、犧牲奉獻、純潔慈
悲所帶來的莊嚴喜悅與平安。在這些看似不僅不合時宜甚至是背俗的
聖徒性格中，卻是展現了人性中某些美好的特質，諸如忠誠、堅忍、
純淨與慈悲，並且揭示了人類所應追求的美善生活，正如詹姆斯所言：
「我們可以承認一切聖徒所具有的慈善，以及有些聖徒過度的慈善，
都是真正富有創造性的社會力量，具有讓只是可能的美德變成現實的
傾向。聖徒是美善的創作者、拍賣者與增生者。（The saints are authors,
auctores, increasers, of goodness）」[26]人性的發展潛力深不可測，許多看
起來是心硬到無可救藥的人，實際上能夠軟化、改變與重生，在聖徒
身上具體地彰顯了這種可能性，也可以說這就是宗教的功能與力量。

宗教的實質既存在於個人自覺他與一個和他有關且更高的力量
之間的交流，祈禱便成了宗教的靈魂與核心。[27]詹姆斯區別了兩種不

---

[24] 同上，p.155。

[25] 同上，p.212-213。

[26] 同上，p.278。

[27] 同上，p.358。

同的祈禱：一是狹義的「**祈求式的祈禱**」（petitional prayer），諸如祈求
風調雨順、國泰民安、身體健康、金榜題名、升官發財之類的請求；
另一是廣義的「**感通式的祈禱**」（prayer as inward communion or
conversation with the power recognized as divine），這是指個人與更高神
聖力量的一種內在感應或對話，正是這種感通的祈禱構成宗教的靈魂
與核心。詹姆斯引用法國神學家沙巴提爾（Auguste Sabatier）的話：「祈
禱是一個在痛苦中的靈魂與這個靈魂的命運所仰賴的神秘力量之間的
交流，這是一種有意識而自願的關係。與神的這種交流是通過祈禱實現
的。**祈禱是實踐的宗教**（Prayer is religion in act.），也就是說，**祈禱是真
正的宗教**（Prayer is real religion.）。祈禱使得宗教與其類似或鄰近的現
象，即純粹道德或美感情操有所區別。**宗教是整個心靈試圖救度自己
的生命活動，心靈緊緊抓住某個原則從中汲取它的生命，這種生命活
動就是祈禱**。我所說的祈禱並不是語言上空洞的演練，也不是反覆誦
唸某些神聖的經文，而是靈魂的運動本身，靈魂將自身置於一種與自
覺其臨在之神秘力量所接觸的私人關係中——即便無以名之亦可發
生。**沒有這種內在的祈禱，也就沒有宗教；反之，只要祈禱發生並激
動靈魂，即使沒有形式、沒有教義，也是活生生的宗教。**」[28]在這種交
流感通過程中，能量從高處流溢回應了祈禱，而且在吾人心中原本潛伏
的精神力量也實實在在地活躍起來，並對我們的生活產生實質的作用。

四、神秘主義──個人宗教的根基與中心

正如詹姆斯所指出的，「神秘主義」（mysticism）與「神秘的」
（mystical）這些詞經常是在貶斥的意義上被使用，用以指責我們視為
模糊不清、浩瀚無邊、濫情且缺乏事實或邏輯根據的事務。但是，個
人的宗教經驗卻是以神秘的意識狀態（mystical states of consciousness）
為其根基與中心。[29]詹姆斯所稱的神秘經驗具有四項特性[30]：

---

[28] 同上，p.359。
[29] 同上，p.294。

（一）不可言傳性（Ineffability）

此特性是「一切神秘主義的基調」[31]。經歷神秘意識狀態的人總是說它超越言說，不能用語言恰當地表達其內容，因此只能直接經驗它，而無法將此經驗傳達給他人。

（二）可知性（Noetic quality）

神秘狀態雖然很像感受，但在那些經驗者看來，它們似乎也是一種知性狀態。它們是對於推論的理智所無法探測之深刻真理的洞見。詹姆斯特別強調此點，他說：「宗教人常常宣稱自己以一種特殊的方法看見真理，那種方式稱之為神秘主義。」[32]它們是洞見、啟示，雖無法言傳，但充滿義涵並深具重要性，且對未來還帶有一種奇特的權威感。

（三）暫時性（Transiency）

神秘狀態不會維持太久，當經驗消褪時，通常只剩下殘缺不全的模糊記憶，但當它再度發生時，則能夠清楚地指認出來。

（四）被動性（Passivity）

雖然神秘狀態的發生可以經由有系統的修煉所激發，但當神秘經驗發生時，經驗者會覺得自己的意志好像終止一樣，好像被一個更高的力量所擄獲。

神秘經驗的特性既如上述，問題是，神秘經驗作為宗教生活的根基與中心，是否具有真實可靠的權威性？詹姆斯對此問題的回答包含三部分[33]：

（一）神秘經驗得到充分發展之時，對於有此經驗的人，通常是而且有理由成為絕對可靠的經驗。

---

[30] 同上，p.295-296。

[31] 同上，p.314。

[32] 同上，p.293。

[33] 同上，p.327-332。

(二) 對於那些沒有直接經驗的人，神秘經驗沒有任何的權威要他們毫無批判地接受這些經驗的啟示。

(三) 神秘經驗打破了非神秘意識或理性意識（the non-mystical or rationalistic consciousness）的權威，因為後者僅僅建立在理智和感官的基礎上。神秘狀態表明，理性意識只是意識的一個種類，它們揭示了其它真理的可能性。

詹姆斯的回答更深入地展示其「個人宗教」觀念的內涵，同時也呼應了其晚年有關經驗與意識理論的基調。宗教的實質在於個人內心的體驗，體驗到神聖更高力量的存在，這種宗教體驗不同於日常經驗，亦超越理性意識，儘管它不可言傳，卻是實實在在的經驗，就像感官知覺經驗一樣的實在。詹姆斯曾經透過氧化亞氮、亞醚等麻醉劑所引發的迷醉狀態證明此點，對此他總結地說：

> 日常的覺醒意識，即我們所謂的理性意識，只不過是一種特殊的意識狀態，在其周圍還存在許多全然不同形式的意識狀態，彼此之間僅以一層薄幕相隔開。我們可能一輩子都沒有察覺它們的存在，但若有必要的刺激，它們將一觸即發，完全呈現，表現為某種確定的心理狀態，也許某處正是其應用與適用的範圍。任何關於宇宙整體的論述，若忽略這些形式的意識狀態，是不會有什麼結論的。[34]

---

[34] 同上，p.300-301。詹姆斯在稍晚（1909 年）的著作《多元的宇宙》（*A Pluralistic Universe*）一書中論及自然經驗與宗教經驗之別時亦強調了這個觀點：「理性在我們其它的諸多經驗上起作用，甚至在我們的諸多心理經驗上起作用，但決不會在這些特別具有宗教意義的經驗確實到來之前把它們推斷出來。理性不會懷疑這些宗教經驗的存在，因為這些宗教經驗緊接在自然經驗之後發生，並且轉換了自然經驗的價值，因而和自然經驗不相連續。但是在這些宗教經驗實際上發生並且為人所感受的時候，就擴大了感受到這些經驗者的眼界。這些宗教經驗啟發我們，我們的自然經驗，我們嚴格的道德學的和謹慎的經驗，可能只是真實的人類經驗的一小片段。這些宗教經驗使得自然之輪廓不那麼明確，因而開拓了最為奇怪的諸多可能的事情和遠景。」（吳棠譯，北京商務印書館，2002，頁 166。）

詹姆斯的意思很清楚，在宗教信仰上，體驗感受才是宗教更深刻的根源，理性的論證，不論是哲學的還是神學的，都是第二序的次級產物，它不過是對此體驗內容的一種事後的辯護。這種理性認知當然也是人性的不得不然，人們總會不由自主地將其宗教信仰理智化，理性界定我們的信仰，並使它得到語言表述的能力與支持或反對的合理性。但理性從來不曾產生信仰，也不能為信仰做擔保，推論（ratiocination）是走向神性（the deity）較為膚淺而不實在的路。[35]關於宗教對象的實在感，也就是在人的意識中「**有某種東西在那裡**」（something there）的感受，詹姆斯強調，它從來不是以視覺、聽覺、觸覺或是任何平常知覺的方式被感知到。但是，對有這種實在感受的人而言，它們與任何一種直接的感官經驗一樣真實可靠，也比那些僅僅透過理性推論的邏輯關係所得到的結果更令人信服。「**那是一種對於真理的知覺，一種對於某種實在的揭露。**」[36]

詹姆斯不但肯認神秘經驗超越地域與教義差異的遍在性，更視其為人性中宗教需求的根源所在，並深刻地影響著宗教歷史之塑造，這點是他對神秘經驗所做出的結論：

> 在宗教中，我們人性的某一部分通常是與意識界外或閾外意識領域有非常密切的關係。……它也是孕育宗教的源泉。……對深入宗教生活的人而言，通向此區域的門似乎是異常寬敞地打開著──這就是我的結論。無論如何，使他們進入此門的經驗，在塑造宗教歷史方面，始終發揮著重要影響。[37]

神秘的意識狀態是實實在在的經驗，此點似乎已無庸置疑，然而更重要的是它們對生命所帶來的美好後果。當我們由日常意識進入神秘的意識狀態，這不僅僅是進入更寬廣的意識領域，從而擴大了我們生命的範圍，更是進入了一種從騷動到安寧的幸福狀態，人們生命中的不

---

[35] 同上，p.346。

[36] 同上，p.61。

[37] 同上，p.374。

安經由與更高力量的交流而得到解救，從而獲得一種宗教上的平安，
正如詹姆斯所言：

> 神秘經驗，指出了甚至非神秘經驗者都會傾向的宗教情懷。它
> 們訴說著至高的理想、訴說廣大、訴說合一、訴說安全，也訴
> 說平靜。[38]

五、實用主義的有神論

詹姆斯總結宗教生活的特性，包括三條信念、兩個心理特徵。[39]三
條信念分別是：

(一) 可見世界是更具精神性世界（a more spiritual universe）的一
部分，前者的主要意義是從後者取得的。

(二) 與此更高世界的合一或和諧的關係，是我們真正的目的。

(三) 祈禱或是與世界精神——無論此精神是上帝還是法則——
的內在交流，都是實際發生作用的過程，精神力量流入現象
世界並引發心理或物質的效果。

兩個心理特徵則是：

(一) 一種新的熱情就向天賜的禮物一般進入生命中，以抒情的魅
力或是以激發真誠和英雄氣概的形式表現出來。

(二) 安全的保證與平和的性情，而且在與他人的關係上，親愛的
情感勝過一切。

詹姆斯的宗教觀一般將之歸於實用主義（pragmatism）之名下，
懷特（M. White）說：「詹姆斯是以實用主義闡明宗教的哲學家。」[40]

---

[38] 同上，p.332。詹姆斯在該書別處也提到：「內在平靜的天堂，似乎是信仰帶來
的平常結果。」（p.222）「我們能夠經驗到與一個比我們更大的某物的合一
（union with SOMETHING larger than ourselves），在此合一中，我們找到最大
的平安（greatest peace）。」（p.405）

[39] 同上，p.375。

[40] 懷特編著，杜任之主譯，《分析的時代——二十世紀的哲學家》，谷風出版社，

神學家尼布爾（R. R. Niebuhr）則將之稱為「宗教經驗的實用主義形上學」（pragmatic metaphysics of religious experience）。[41]詹姆斯自己也明白表示：「我相信實用主義是以較深刻的方式來看待宗教，它賦予宗教靈魂，也賦予它肉體。」[42]這樣的立場在其稍晚（1907）的著作《實用主義》一書中有更明確的陳述。詹姆斯指出，經驗論哲學的宗教性不夠，而宗教哲學又經驗性不足。但是我們對尊重事實的要求，並沒有取消我們心中的宗教信仰，用詹姆斯自己的話說：「**他要事實，他要科學，但他也要一種宗教。**」[43]詹姆斯提出實用主義就是作為經驗論與人性中的宗教需求之間的一個調和者：「實用主義作為可以滿足兩種要求的哲學。它既像理性主義一樣，含有宗教性，但同時又像經驗主義一樣，能保持和事實最密切的關係。」[44]正如詹姆斯所指出的，實用主義的方法沒有任何偏見，也沒有獨斷的教條，它只不過是一種確定方向的態度：「這個態度不是去看最先的事物、原則、範疇和假定是必須的東西；而是去看最後的事物、收穫、效果和事實。」[45]在宗教事務上，詹姆斯甚至認為實用主義的方法比理性主義與經驗主義更具優越性，他說：

> 總之，它（實用主義）擴大尋求上帝的領域。理性主義堅持邏輯與崇高。經驗主義則堅持外在的感覺。實用主義願意承認任何東西，願意遵循邏輯或感覺，並且願意考慮最卑微的純粹是個人的經驗。只要有實際的的後果，實用主義還願意考慮神秘

1986，頁 178。

[41] Richard R. Niebuhr，*William James on religious experience*，in *The Cambridge Companion to WILLIAM JAMES*（Edited by Ruth Anna Putnam），Cambridge University Press，1997，p.234。

[42] 同註 6，p.400。

[43] W. James，*Pragmatism*，陳羽綸、孫瑞禾譯，《實用主義》，商務印書館，1997，頁 11。

[44] 同上，頁 20。

[45] 同上，頁 31。

> 的經驗。實用主義願意承認那生活在污濁的私人事務裡的上帝
> ——如果在這樣的地方能找到上帝的話。[46]

這正是詹姆斯在《宗教經驗之種種》一書中所做的探討，尤其是第十六、十七章論及神秘經驗的部分。而神秘經驗對當事者的具體生活確實有很高的價值，為其生命帶來美好的後果。宗教必須隨其效果是否真正發生來定其真妄，這是實用主義宗教觀的基本立場。根據實用主義的原則，只要關於上帝的假設在實際上能令人滿意地起作用，那這假設就是真的。[47]對此，詹姆斯的立場非常明確：

> 對我而言，上帝是否存在這個問題的重要性就在於：**如果上帝存在的話，它為特定事實所帶來的結果為何**。對我來說，上帝的存在不能為具體的特定經驗帶來任何改變，幾乎是個不可能的命題。[48]

因此詹姆斯總結地說：「上帝是真實的，因為祂帶來真實的作用。」[49]

回顧詹姆斯對宗教所下的定義：「一種對於不可見的秩序，以及人的至善就在於將自身與此秩序調整至和諧狀態的信仰。」對此定義我們可由兩方面來看。首先是「對不可見秩序的信仰」，就此面向而言，它超越了感官知覺與理性意識的自然經驗層面，進入神秘經驗的

---

[46] 同上，頁 44。

[47] 詹姆斯在《信仰的意志》（*The Will to Believe*）一書中將任何可能向我們的信仰所提及的東西稱為「假設」（hypothesis）。（p.2）在此有關上帝假設的說法援用此義。然此處所指的「上帝」並非任何制度性宗教中所稱的至高無上的神，而是指在個人宗教經驗中所信仰的神聖對象，這是詹姆斯一再強調的重點：「如果我們把宗教定義為個人與其認定為神聖對象的關係，我們必須將『神聖』一詞解釋得很廣，把它理解為任何似神（god-like）的對象，無論它是不是指向一個具體的神。」（《宗教經驗之種種》，p.32。）就基督教徒而言，「上帝」是對此神聖對象很自然的稱呼，但我們不能太過隨意地將自己置於某一特定的神學立場，就太快地將「神聖者」定義為基督教的上帝，或者伊斯蘭教的安拉，這對其他宗教並不公平。

[48] 同註 6，p.402。

[49] 同上，p.399。

領域，而神秘經驗是我們內心實實在在的感受，依此，詹姆斯的立場屬於「**超自然主義**」（supernaturalism）[50]。再者，就「人的至善就在於將自身與此秩序調整至和諧狀態」此一面向而言，我們可以說，當個人自覺與此秩序處於一種不和諧的狀態時，所引發的現象就是生命中某種深度的不安，而此生命的不安，必須透過與更高神聖力量的交流感通，將自身調整至與此秩序達到一種和諧的狀態，才能得到徹底的解決，而這就是我們人生的真正目的。如此看來，追根究底，宗教真正的目的並不在崇拜上帝，而是我們的生活，但不是更舒適的生活，而是更寬廣、更平安的生活。這就是**實用主義的宗教觀點：宗教給我們帶來平安**。綜上所述，一般將詹姆斯的宗教思想稱為「實用主義的宗教觀」並不恰當，這只說了故事的其中一半。較正確的稱呼應該是「**超自然的實用主義**」（supernatural pragmatism），或者用詹姆斯自己的說法：「**實用主義的有神論**」（the pragmatistic type of theism）[51]。

六、尋著上帝：生命意義的安立

托爾斯泰年近五十歲時的生命危機驅迫他去尋找上帝，但是它所要尋找的上帝並非是存在於人們理性中的上帝概念（**哲學家的上**

---

[50] 同上，p.401-403。詹姆斯將所有思想家區分為「自然主義者」（naturalist）與「超自然主義者」（supernaturalist），而將自己歸於超自然主義者之列。詹姆斯進一步將超自然主義分為「精緻的超自然主義」（refined supernaturalism）與「粗糙的超自然主義」（crasser supernaturalism）。他並指出大部分的超自然主義者是屬於精緻的一類，他們認為超自然世界是不同向度的實在，對現象界並沒有足以產生效果的因果作用，二者不可相混。這是「普遍主義的超自然主義」（universalistic supernaturalism）。詹姆斯將自己歸類為「粗糙的超自然主義」而稱之為「零碎的超自然主義」（piece-meal supernaturalism），他相信超自然界對此世界具有因果作用，在與超自然界的交流感通中，新的力量會進入世界，並為這個世界帶來新的變化。此外，詹姆斯在〈生活值得過嗎？〉（*Is Life Worth Living?*）一文中區別自然經驗與宗教信仰時，亦明確表示他是在超自然的意義上使用宗教這個詞。（*The Will To Believe and other essays in popular philosophy*，p.51。）

[51] 同註43，p.154。

帝），也不是他從小就受洗之東正教中所崇拜的上帝（**教堂中的上帝**），而是「**生命中不可缺少的東西**」。[52]上帝即是此生命中不可缺少的東西，也是宗教信仰之源，而宗教信仰的實質在於賦予有限生命以不朽的意義。[53]很明顯可以看出，托爾斯泰所尋求的上帝其實就是詹姆斯所說個人宗教中信仰的神聖對象，而尋找上帝乃是人性中宗教關懷的具體展現，那是人性中一種深層的精神需求。

人是多層次、多面向的存在，人在世活著就會有各種不同的需求：大要而言，首先是「生理的需求」，包括飢、渴、暖、性等，此一層次需求的滿足是最基本的，否則生命根本無法生存與成長；再來是「心理的需求」，包含安全、歸屬、尊重與自我實現等需求，此一層次需求的滿足給人帶來生命更美好之感；此外還有「靈性的需求」。何謂「靈性的需求」？在此引用義大利精神醫師，同時也是心理統合（Psychosynthesis）的創始人亞薩鳩里（R. Assagioli，1888-1974）的說法：

> 在前兩類（生理上及心理上的）的需求得到滿足後，令人不解的是，它會引發某種無聊、倦怠、空虛及無意義感，它會令人不知不覺地開始尋求「其他某種東西」，另有它求。我們常見到許多人在世界中已得到相當大的成就及滿足後，反而愈來愈焦躁不安，開始有叛逆思想或是憂鬱沮喪……大部分的時刻都在潛藏狀態的高層境界遲早會要求實現，它要人接納它並活出它來，這是人的無奈也是人的榮耀。[54]

托爾斯泰在他幸福美滿的人生時期所發生的生命停頓的強烈感受，無疑就是這種「別有它求」浮現所引發的靈性危機（spiritual crisis）。詹姆斯則稱之為「**思辯性的憂鬱**」（speculative melancholy），那是**受挫的宗教需求所引發的病態顫慄**（**the sick shudder of the**

---

[52] 同註 1，頁 109。
[53] 同上，頁 117。
[54] R. Assagioli, *The Act of Will*，轉引至李安德著、若水譯，《超個人心理學──心理學的新典範》，桂冠圖書公司，2000，頁 290。

frustrated religious demand）。[55]此靈性的需求很明顯無法透過生理與心理需求中量的增加或質的提昇來滿足，否則這種需求也就不會出現了，它超越了這兩個層次。這種超越性的靈性需求乃是人性中相當根本而重要的一部分，就像生理與心理的需求一樣真實，也同樣要求滿足。當此需求出現時，壓抑或者忽視都是不健康的態度，此一需求若無法得到滿足，將導致像托爾斯泰那樣感到生命停頓的存在虛無感，也就是詹姆斯所謂人生不對勁的某種不安。而此需求的滿足則會給人帶來生命意義的安立，這讓我們覺得生命是值得活的，不至於在死亡到來之時方悔虛度年華，一生白活，也就是對生命不安的解救，這其實就是托爾斯泰在尋著上帝之後的生命狀態。

在此，「靈性」與「宗教」二者的關係有必要做一些說明。所謂的靈性是指人性中與生理、心理層次一樣真實，但又不同的超越性層次。詹姆斯將宗教區分為「個人的宗教」與「制度性宗教」，我們可將「靈性」與「宗教」的差別依詹姆斯之見做如下的陳述：「靈性」即是「個人的宗教」中人性對神聖信仰之內在需求，我們可稱之為「廣義的宗教」；「宗教」則是指狹義的「制度性宗教」，這是對靈性的一種特殊立場的詮釋，因此可稱之為「狹義的靈性」。當我們談到尋找上帝就是人性中的宗教關懷時，基本上都是指廣義的個人宗教而言，而不是狹義的制度性宗教。簡言之，靈性就是廣義的宗教，宗教則是狹義的靈性。宗教關懷是人性中的靈性需求，就此而言，人是不折不扣的「宗教人」（homo religiosus），雖然他不見得一定會成為某一個制度性宗教的信徒（「宗教徒」，religious believer）。

依詹姆斯之見，科學談論事物的存在，道德談論某些事物比其他事物更好，宗教則談論最美好的事物（the best things），而對此最美好事物的信仰會讓我們當前的處境更好。[56]雖然科學無法確證，理性也不能提供充分的實據，但就詹姆斯而言，宗教信仰是人生中真正的

---

[55]　同註 16，p.42。

[56]　W. James, '*The Will To Believe*' in *The Will To Believe and other essays in popular philosophy*', Dover Publications, Inc., New York, 1956, p.25-26.

選擇（genuine option），而選擇就有一定的風險。每個人都必須依靠信仰而活，信仰意指相信在理論上依然可以存疑的某種事物。[57]就算懷疑論（skepticism）也不是迴避選擇，它之質疑從而否認信仰正如信仰者之堅持信仰一樣，都是一種選擇。懷疑論者之所以做出這樣的選擇，在於它太過擔心信仰可能錯誤，因此抱持寧可失去獲得真理的可能機會也不可犯錯的生活態度。相反地，信仰者則希望信仰可能為真，並依此希望而活。擔心犯錯還是希望成真，這是我們在選擇時必須承擔的風險。[58]不過，若宗教信仰為真，而我們卻不信，那將利益全失；若宗教為假，而我們卻相信，則損失不大。為我們人生的利益著想，我們較為明智的選擇應該是去信仰，並依此信仰而活出一種希望，而不是懷疑地等待，等到有充分證據再作打算。當然，宗教信仰絕不是一種賭徒心態式利害得失的算計，這種心態缺乏宗教的神聖莊嚴感（divine solemnity）。詹姆斯說：「在我們身上有某種深刻的東西，他告訴我們，事物中有一種我們應予忠誠的精神（There is a Spirit in things to which we owe allegiance.），為此之故，我們必須保持嚴肅的心態（the serious mood）。」[59]宗教是人性中的靈性需求，是我們必須以嚴肅心態認真對待的事，那是莊嚴神聖的人生任務。每個人都必須嚴肅而認真地作出自己的選擇，做出什麼選擇當然是我們的意志自由，但不要忘了詹姆斯教授的提醒：

> 相信，那麼你將是對的，因為你將拯救了自己；懷疑，那麼你將還是對的，因為你將滅亡。唯一的差別在於：相信對你大大有利。[60]

57　同上，p.90。

58　同註16，p.26-27。

59　同註16，p.43。

60　同註56，p.97。Believe, and you shall be right, for you shall save yourself; doubt, and you shall again be right, for you shall perish. The only different is that **to believe is greatly to your advantage**."

參考文獻

W. James, *The Varieties of Religious Experience: A Study in Human Nature, Routledge*, 2002, Centenary Edition.

W. James, *Pragmatism: A New Name for Some Old Ways of Thinking*, New York: Longman Green and Co., 1907.

W. James, *A Pluralistic Universe*, Longmans, Green, And Co., 1909.

W. James, *The Will To Believe and other essays in popular philosophy, Dover Publication*, Inc., New York, 1956.

W. James, *Essays in Radical Empiricism*, Gloucester, Mass. Peter Smith, 1967

W. James, *Collected Essays And Reviews*, Thoemmes Press, 1994.

H. M. Kallen (ed.), *The Philosophy of William James*, The Modern Library, New York, 1953.

P. L. Quinn & C. Taliaferro (ed.), *A Companion To Philosophy of Religion, Blackwell*, 1997.

J. Bowker (ed.), *The Oxford Dictionary of World Religions*, Oxford University Press, 1997.

J. S. Bixler, *Religion in The Philosophy of William James*, AMS Press, New York, 1926.

G. P. Graham, *William James and the Affirmation of God*, Peter Lang, 1992.

Richard R. Niebuhr, *William James on religious experience,* in *The Cambridge Companion to WILLIAM JAMES*（Edited by Ruth Anna Putnam）, Cambridge University Press, 1997.

W. James，唐鉞譯，《宗教經驗之種種：人性之研究》，北京商務印書館，2002。

W. James，蔡怡佳、劉宏信譯，《宗教經驗之種種：人性的探究》，立緒文化，2001。

W. James，尚新建譯，《宗教經驗之種種》，北京華夏出版社，2005。

W. James，陳月綸、孫瑞天譯，，《實用主義》，北京商務印書館，1989。

W. James，龐景仁譯，《徹底的經驗主義》，上海人民出版社，1987。

W. James，吳棠譯，《多元的宇宙》北京商務印書館，2002。

W. James，田平譯，《心理學原理》，中國城市出版社，2003。

L. Tolstoy，馮增文譯，《托爾斯泰懺悔錄》，北京華文出版社，2003。

B. Russell，馬元德譯，《西方哲學史及其與從古代到現代的政治、社會情況的聯繫》，（上、下卷），北京商務印書館，2002。

M. White，杜任之譯，《分析的時代：二十世紀的哲學家》，谷風出版社，1986。

D. L. Murray，方東美譯，《實驗主義》，仰哲出版社，1987。

D. R. Griffin，鮑世斌譯，《超越解構：建設性後現代哲學的奠基者》，中央編譯出版社，2002。

R. Shorto，易之新譯，《聖徒與瘋子》，張老師文化，2001。

M. Scheler，孫周興譯，《死、永生、上帝》，漢語基督教文化研究所，1996。

M. Eliade，王建光譯，《神聖與世俗》，華夏出版社，2003。

S. Reid，李麗譯，《從靈魂到心理：心理學的產生，從伊拉斯馬斯·達爾文到威廉·詹姆士》，三聯書店，2001。

萬俊人、陳亞軍編選，《詹姆斯集》，上海遠東出版社，2004。

張志剛，《理性的徬徨——現代西方宗教哲學理性觀比較》，北京東方出版社，1997。

張志剛，《宗教學是什麼？》，北京大學出版社，2002。

張志剛，《宗教哲學研究：當代觀念、關鍵環節及其方法論批判》，中國人民大學出版社，2003。

胡景鍾、張慶熊（主編），《西方宗教哲學文選》，上海人民出版社，2002。

單純，《宗教哲學》，中國社會科學出版社，2003。

呂大吉，《宗教學通論新編》，中國社會科學出版社，1998。

呂大吉，《西方宗教學說史》（上）（下），中國社會科學出版社，2005。

彭越，《實用主義思潮的演變》，廈門大學出版社，1992。

高宣揚，《實用主義概論》，仰哲出版社，1987。

陳亞軍，《實用主義——從皮爾士到普特南》，湖南教育出版社 1999。

李安德著、若水譯，《超個人心理學——心理學的新典範》，桂冠圖書公司，2000。

尚新建，《美國世俗化的宗教與威廉·詹姆斯的徹底經驗主義》，上海人民出版社，2002。

尚新建，〈宗教：人性的展現——論威廉·詹姆斯《宗教經驗之種種》〉，《基督教思想評論》第一輯，上海人民出版社，2004，頁 297-320。

高湘澤，〈詹姆士哲學思想新論〉，《外國哲學》13，222-235，商務印書館，1994。

止於至善：人文精神與莊子的精神超越

> 一切技術，一切規劃以及一切實踐與抉擇，都以某種善為目標。[*]
> ——Aristotle（384-322 B.C.）

> 每個人都必須盡其力所能及地去做，以便成為一個更善的人。[#]
> ——Kant（1724-1804）

一、前言

　　唐君毅先生於其《中國人文精神之發展》一書中，曾就「人文精神」一詞做出廣義與狹義兩種界定。廣義而言，一切學術思想都是人的思想，一切文化都是人創造的。因此，一切文化的精神都是人文精神。[1]因而討論任何一種學術思想，都是討論一種人文中的思想。然如此論說人文精神，似乎過於空泛，無所對照，則人文精神之確義無以彰顯。因此，唐先生在人文思想之外，進一步區分了非人文思想、超人文思想、次人文思想與反人文思想。此中區別，唐先生定義如下[2]：

> 所謂「非人文思想」，是指對人以外的所有經驗對象，或所理解對象，如人外的自然、抽象的形數關係等的思想，此即如自然科學數學中所包括之思想。

---

[*] Aristotle，苗力田譯，《尼各馬科倫理學》1094a:1-3，收於苗力田主編，《亞里斯多德全集》（第八卷），北京：中國人民大學出版社，1992，頁 3。

[#] I. Kant，李秋零譯，《單純理性限度內之宗教》，台北：商周出版，2005，頁 110。

[1] 唐君毅，《中國人文精神之發展》，廣西師範大學出版社，2005，頁 1。

[2] 同上註，頁 1-2。

所謂「**超人文思想**」，是指人以上的，一般經驗理解所不及的超越存在，如天道、神靈、仙佛、上帝、天使之思想。

所謂「**次人文思想**」，是指對於人性、人倫、人道、人格、人的文化與文化的歷史之存在與其價值，未能全幅加以肯定尊重，或忽略人性、人倫、人道、人格、人文與其歷史之某一方面之存在與價值的思想。

所謂「**反人文思想**」，是指對於人性、人倫、人道、人格及人的文化歷史之存在與價值，不僅加以忽略，而且加以抹殺曲解，使人同化於人以外、人以下之自然生物、礦物，或使人入於如基督教所謂魔鬼之手，使人淪至佛家所謂惡鬼道、地獄道之思想。

由上面諸定義之對照下，唐先生所謂「人文思想」即指：對於人性、人倫、人道、人格、人之文化及其歷史之存在與其價值，願意全幅加以肯定尊重，不有意加以忽略，更絕不加以抹殺曲解，以免人同於人以外、人以下之自然物等的思想。此人文思想與非人文思想、超人文思想、次人文思想與反人文思想交互發生關係，在相依相涵或相反相成中得以發展。而在此相續不斷的人文思想發展歷程中，便顯出一種人類之精神的嚮往，這種精神即稱之為「人文精神」。這是唐先生對於「人文精神」的狹義界定。

此「狹義的人文精神」：一種人類之精神的嚮往，雖不較「廣義的人文精神」：一切人類文化的精神，來得空泛，但也不夠具體明確。**人類之精神的嚮往**同樣是廣泛而多樣的，正如唐先生自己在書中提到的，它既可以是「自覺能通貫到超人文境界之人文精神」[3]，也可以是「注重感覺經驗世界問題之人文精神」，這是屬於「非人文的自然世界的人文精神」[4]，順此思路，甚至可以有一種「反人文的人文精神」，畢竟這也是一種人類之精神的嚮往。如此便會導致在理解「人文精神」實質內涵上的困擾。

---

[3] 同上註，頁 18。
[4] 同上註，頁 20。

　　唐先生基本上是從「文蔽」的角度來看人文的問題，「文蔽」意指外在文飾太過之蔽，文勝於質，即「人自身之德，不足以持其所成之文。」[5]唐先生此處以人文對舉，「人」指內心之德，「文」則指外在之禮儀文飾。「文蔽」所指的就是吾人內心之德與外在之禮儀文飾不相符契，甚至可能流為有文無質之形式主義，猶如悼死哭而不哀，徒具形式而無實質精神內涵，此時之文就是一種「虛文」，虛偽的文飾。[6]而「人文精神」就是強調以人為本，重視內心之德的精神。此一面向對人而言當然是重要的，它拋棄虛偽的面貌，而展現出人性的真誠。不過這似乎仍太平面地看待人性，而忽略了人性可上可下的可變性。

　　「人文精神」一詞本身即蘊含一種正面的價值意義，它既是人性向善的翻轉，也是生命境界的向上提昇。「超越性」是「人文精神」的核心意義，這一層意義可以用柏拉圖（Plato, ca.428-348 B.C.）所說的「走出洞穴」，以及康德（I. Kant, 1724-1804）所謂的「理性啟蒙」，來加以說明。

二、走出洞穴與理性啟蒙

　　古希臘的哲學家柏拉圖在其《理想國》（The Republics）一書中透過其偉大的哲學導師蘇格拉底（Socrates, ca.470-399 B.C.）陳述了一則著名的「洞穴之寓」（the allegory of the cave），指出受過教育的人與沒受過教育的人在本質上的不同。[7]柏拉圖在此所謂的教育，並非如現代人所熟悉、所理解的進學校學習的教育，那是一種教化，攸關靈魂轉化上升的神聖事業。教育的目的在使靈魂轉離拘蔽不實如影子般的世界，

---

[5] 同上註，頁 22。

[6] 這種徒有外在形式而無實質內涵之情形，極為普遍。學哲學的沒有哲學精神，做科學的沒有科學精神，有信仰的沒有宗教精神，搞歷史的沒有歷史精神，修佛的沒有慈悲精神，從事民主政治的沒有民主法治的精神，老師沒有教育熱忱，學生則無學習動機，而公務人員則缺乏為民服務之精神。

[7] Plato，郭斌和、張竹明譯，《理想國》，第七卷 514-517，北京：商務印書館，1997，頁 272-276。

從黑暗轉向光明，終至直視最根本、最明亮的存在──「善」。康德也深刻地指出：「教育或許會變得越來越好，而且每一代都向著人性的完滿實現更近一步；因為在教育背後，存在著關於人類天性之完滿性的偉大秘密。」[8]美國學者布魯姆（Allen Bloom）對此有一精闢的闡釋，他說：

> 柏拉圖式的洞穴圖景描述了人類的根本處境。人是其所處時代及場所中權威意見的囚徒，一切人由此開始，大多數人也在此結束。教育就是從這種束縛中獲得解放，就是上升到某種立場，從那裡可以看到洞穴。蘇格拉底斷言，他只知道自己是無知的，這說明他獲得了這樣的立場，從這裡他看到，被他人當作知識的，只不過是意見──被洞穴生活的必然性所規定的意見。[9]

此番洞見值得我們深思。教育是一種走出柏拉圖洞穴看到洞穴之外太陽底下真實事物的過程，只有走出了洞穴而上升到某種立場，從那裡才可以看到洞穴。人是有限的理性存有，常會受限而不自覺地陷於某種洞穴之中，正如莊子所言：「井蛙不可以語於海者，拘於墟也；夏蟲不可以語於冰者，篤於時也；曲士不可以語於道者，束於教也。」（〈秋水〉）拘於墟、篤於時、束於教這都是吾人所不自覺的洞穴。河伯總要到了北海才會望洋興嘆，此時方覺自己過往眼界之狹窄。教育應該是引導人們走出柏拉圖洞穴的精神昇華歷程。這裡所說「走出柏拉圖洞穴的教育」，就是康德所說的：教育關乎人類天性之完滿，亦即促使成為一個更善的人。事實上這也就是康德所關心的「人類的啟蒙」。

十八世紀是個啟蒙的時代，康德於 1784 年發表了〈回答一個問題：什麼是啟蒙？〉的文章頌揚啟蒙思想。康德於文中指出，所謂啟蒙「就是人從自己造成的未成年狀態中走出。」[10]其基本信念是「在

---

[8] I. Kant，趙鵬、何兆武譯，《論教育學》，上海：人民出版社，2005，頁 5-6。

[9] Allen Bloom，〈紀念施特勞斯〉，收於張輝選編，秦露、林國榮、嚴蓓雯等譯，《巨人與侏儒──布魯姆文集》（*Giants and Dwarfs*），北京：華夏出版社，2003，頁 8。

[10] I. Kant，李秋零譯，〈回答一個問題：什麼是啟蒙？〉，收於李秋零編譯《康德書信百封》，上海人民出版社，2006，頁 268。所謂「未成年狀態」就是：沒

一切事物中公開地使用自己理性的自由」[11]，也就是自由獨立的思考，反對盲目信從。所以啟蒙的格言就是：「要有勇氣使用自己的理性！」[12]康德在文中自我設問：「我們生活在一個啟蒙了的時代嗎？」其答案是否定的：「我們僅僅生活在一個啟蒙的時代。」康德將此啟蒙的時代稱為「批判的時代」，要求對一切事物進行理性的批判，即便是尊嚴的法律與神聖的宗教也不例外。[13]康德如是宣示啟蒙時代之批判精神：

> 我們的時代是真正的**批判**時代，一切都必須經受批判。通常，宗教憑藉其神聖性，立法憑藉其權威，想要逃脫批判。但這樣一來，它們就激起了對自身的正當的**懷疑**，並無法要求別人不加偽飾的**敬重**，**理性**只會把這種敬重給予那經受得住它的自由而公開的檢驗的事物。[14]

唯有經過理性自由與公開的檢驗，始能與予該事物誠摯的敬重，否則難免遭遇被懷疑的命運，即使尊嚴如法律、神聖如宗教，亦然。此理性之批判實即康德哲學之基本精神[15]，哲學家雅斯培（K. Jasper，

有人的指導就不能使用自己的理性。倘若此未成年狀態的原因並不在於缺乏理性，而是在於缺乏無須他人指導就使用自己理性的決心和勇氣，則這種未成年狀態就是「自己造成的」。

[11] 同上註，頁 269。

[12] 同上註，頁 268。原譯文使用「知性」一詞，依上下文來看，應可解為「理性」之義，為求概念之一致，改之。

[13] 康德尤其用心於對神聖宗教之理性批判，他在〈回答一個問題：什麼是啟蒙？〉一文中即言：「我在這裡規定了啟蒙的要點，即人從自己造成的未成年狀態走出的啟蒙。這主要是針對宗教事務而言。」（同註 10，頁 273）

[14] I. Kant，鄧曉芒譯，《純粹理性批判》第一版序言的註，北京人民出版社，2004，頁 3。黑體字為作者所加，作為強調之用，以下皆同。

[15] 康德於《純粹理性批判》〈純粹理性的建築術〉一章的最後提到：「所以自然的形而上學以及道德的形而上學，尤其是作為預習（入門）而先行的、對駕著自己的翅膀去冒險的理性所做的批判，其實才是惟一構成我們在真正意義上能夠稱之為哲學的東西。」（同注 12，頁 641）在 1798 年出版的《系科之爭》一書中，Kant 將「理性」定義為：「依照自律，即自由地（符合思維的一般原理）進行判斷的能力。」（I. Kant，趙鵬、何兆武譯，《系科之爭》，收於 I. Kant，趙鵬、何兆武譯，《論教育學》，上海：人民出版社，2005，頁 69）

1883-1969）盛讚康德在這一點上對哲學的偉大貢獻，他說：「康德是無法迴避的。沒有他，人們在哲學中還毫無批判性。」[16]理性批判的啟蒙精神意味著在根本上（而非表面上）刺激著吾人彼此的理性清明，對不同的意見採取相對開放的態度，並且願意接受對自己基本信念之質疑，提供一個公共的討論空間，以避免各是其所是非其所非地堅持己見的意氣之爭。這種精神仍是我們這個時代所需要的。更為重要的是，康德堅信，惟有通過這種理性批判的精神，人類才能真正實現「從自己造成的未成年狀態中走出」的啟蒙。

三、存在處境的價值反思

每一個人，就其自身而言，都是一個獨立的個體（individual），擁有個人獨特的生活經驗、知識背景或宗教信念。不過，每一個人同時也是一個社會性的存有（social being），在複雜的社會關係網絡中扮演某些角色，與他人有一定程度的互動影響。那麼，在此雙重身分之下，作為一切技術、規劃以及實踐與抉擇之目標的善是什麼？亞里斯多德二千多年前的主張，在今日看來依然是真知灼見。它提供給我們的答案是個人的幸福與社會的美好，也就是說，建立一個足以讓個體生活幸福的美好社會，在其中每個人得以安身立命。但是，我們當前的存在處境又是如何呢？社會的發展走向是否讓我們更趨近那個目標的善？

我們生活在資本主義當道的社會中，資本主義的價值觀，不論在個人範疇還是社會層面均影響甚鉅。人們生活週遭充斥著形形色色創意十足誘人的商業廣告，透過蓬勃大眾媒體的推波助瀾，社會大眾陷溺其中，無法超拔，多少的行為抉擇被文化催眠式的廣告牽著鼻子走

理性依其本性是自由的，它不接受任何要求它把某種東西當作是真的命令。這其實說的就是理性批判的基本精神，此精神即具體表現為：「公開地展示真理」（同上，頁74）。

[16] K. Jasper，李雪濤主譯，《大哲學家》，北京：社會科學文獻出版社，2005，頁548。

而一點也不自知。這正是我們的問題所在，而其嚴重性，正如社會學家艾爾金（Duane Elgin）所言，在於「廣告不僅只是推銷某種產品，它們並且推銷給我們隨著產品所無形帶來的思想態度、價值觀念與生活型態。服裝、汽車、餐具以及數不清的廣告中的東西，都傳輸給我們生活標準和行為模式方面，具有暗示性的強烈訊息，從而形成我們社會的標準。」[17]這個社會標準就是「消費的價值觀」，這種價值觀，一言以蔽之，就是「我消費，故我在。」

消費成為所有經濟活動的唯一目的與指標，在此指標下，只當一個人具有消費能力時，它的存在才有價值；而當一個人喪失其消費能力時，它在資本主義社會中的存在價值便消失了。換言之，在資本主義社會中，人類的存在價值是由他擁有什麼來界定的，而他擁有什麼則是透過消費得來的；同時，人們也習於以年消費金額來衡量一個社會的生活水準，並認定消費越多者比消費較少者來得更好，因為「消費的價值觀」之基本假設是：消費越多，你就會得到越多的快樂。因此，我們很清楚地看到，所有的商業廣告無所不用其極地，露骨或隱然地，激情或溫情地，不斷挖掘、刺激人們的慾望；可怕的是，慾望被越挖越大，形成一種十分飢渴的生活型態。為了填滿日益擴大的慾望深壑，必須增加消費擁有更多，但可悲的是，更多的擁有並沒有帶來真正的滿足，反而是更大的飢渴。人們沉淪於此惡性循環的洪流之中，無法自拔，此等焦慮不安的存在情境，正印證了亞里斯多德的警語：對於越來越多的無止境追求是病態的，超過了某一個界線，「擁有越多」對於生活是具有破壞性的。因此，在物質文明光鮮亮麗的表相之下，所隱藏的其實是一顆顆動盪不安的心靈，更糟的是人們並無此自覺。

當然，無可否認地，資本主義社會物質文明的發達，也為我們日常生活帶來前所未有的便利。不過，我們也為了擁有科技文明的便利，付出永無止境的辛勞，最後卻無法真正悠閒地享受便利。就算我

---

[17]　D. Elgin，*Voluntary Simplicity*，張至璋譯，《自求簡樸》，台北：立緒文化，1996，頁 198-199。

們在享受使用的便利，另一方面我們也在默默地承受其制約，在獲得速度與便利的同時，也在流失生活的自由度與生命的自主性。

在今日科學昌明、科技發達、專業掛帥、物慾橫流、人心不古、價值錯亂、是非不分的年代裡，人們似乎喪失了個體安身立命與促進社會美好之善的準則。看看在我們的社會中，一個藥學博士竟然在實驗室中製造俗稱快樂丸的禁藥，販賣牟利，獲益數千萬元。一個受過高等教育的社會精英為何會作出這種事情，著實令人十分驚訝！是無知而為？還是迫於無奈？是無心之過？還是心存僥倖唯利是圖？也許他真的情有可原，但無論如何我們要譴責他的行為。

一個人能不能表現出某種行為，這是事實問題。但一個人要不要表現出某種行為，則是價值問題。在此，我們的行為表現有應該、不應該之價值判斷與取捨。並不是所有的事實（to be）都是應該的（ought to be），舉凡販毒賣淫、綁票勒索、搶劫偷盜、殺親虐子等等，均是人類社會中的經常事實，但這些並非我們肯認與追求的價值，我們反倒認為這些事實在一個幸福的人生與美好的社會中不應該發生。

藥學博士在實驗室中製造禁藥販賣牟利，是不爭的事實，但卻是我們所要譴責的行為。在此事件中，我們所關懷的並不是「能不能的問題」，該藥學博士的專業素養是不用懷疑的，他絕對能做這件事；但我們的焦點是在「做不做的問題」，這是價值的反思與安立──「不為也，非不能也」──能而有所為有所不為的價值取捨。

誠如古希臘哲學家蘇格拉底（Socrates，469-399B.C.）所言：「未經檢視的生命是不值得活的。」[18]人活著而有值不值得的衡量，正突顯事實與價值的不同。活著是生命中的事實，值不值得活則是價值的省思，是生命意義的確立，而這正是我們這個時代所迫切需要的。

---

[18] Plato, *Socrates' Defense (Apology)* 38a, in *PLATO: The Collected Dialogues*, Edited by Edith Hamilton and Huntington Cairns, New York: Bollingen Foundation, 1961.

四、「人文精神」釋義

生命之所以需要價值的反思與安立，就在於人性發展的可能性。而首先必須面對的大問題是：人是什麼？人是一種什麼樣的存在？

人基本上是一種動物，但畢竟不同：人可以向上提拔昇華，超越動物性的存在，成聖成賢成佛成仙；人也可以維持動物性的生命型態；但可怕的，也是我們所最擔憂的是：人也會向下墮落沉淪，連禽獸都不如。如是，很明顯地，某些人性發展的可能性對於幸福人生的追求與美好社會的建立即構成不利的因素。如何避免人性的沉淪，促成人性的提昇，開展人性的光彩耀輝，建立和諧安樂的社會，即是我們必須面對的重大課題，這就是「人文」。

「人文」一詞最早出現於《周易・賁卦・彖傳》[19]，其文曰：「剛柔交錯，天文也。文明以止，人文也。觀乎天文以察時變，觀乎人文以化成天下。」賁之義為飾，飾就是文。文與質相對待，質指事物的本質、天性，文則是事物的修整、潤飾。一個社會若質勝於文，無文飾或文飾不足，則無以發展；但若文勝於質，文飾過了頭，徒具形式名實不符，社會也會出問題。《論語》中即言：「質勝文則野，文勝質則史。」[20]明梁寅解釋賁卦曰：「賁者，文飾之道也。有質而加之文，斯可亨矣。……文飾之道，但加之文彩耳，非能變其實也。故文之過剩，非所利也。」[21]因此，社會文明的發展要有節制、限度，此一節制與限度必須透過人建立一套價值規範予以調控，這就是人文，即「文明以止，人文也。」[22]建立價值規範以止文明，在於止文明之過度，止文明之弊，其目的在於教化天下，真正成就文明，即「觀乎人文，

---

[19] 見吳正南、王金芳編著，《中華傳統人文精神概論》，武漢：華中師範大學出版社，2001，頁 39。

[20] 〈雍也第六〉，引自楊伯峻，《論語譯注》，北京：中華書局，2000 十五刷，頁 61。

[21] 轉引自李光地，《周易折中》（上冊），九州出版社，2006 三刷，頁 137。

[22] 朱熹注《論語・子罕》「文王既沒，文不在茲乎」謂：「道之顯者謂之文，蓋禮樂制度之謂。」（朱熹，《四書集注》，陳戍國標點，岳麓書社，2004，頁 125。）

以化成天下」，達到「文質彬彬，然後君子」[23]的境界。以上所析乃「文明以止」之「止」的一個重要涵義：止而不過也，此明何楷所言：「止者限而不過之謂。」[24]除「限而不過」之義外，「止」另有一層重要的義涵，即「止於至善」之義，此義與「文」之引申義相互輝映，而構成「人文」之核心內涵：人性超越提昇的面向。

此外，「文」即「花紋」、「紋路」的「紋」，本義是指相交錯的線條，《說文解字》：「文，錯畫也；象交文。」進一步，文亦指顏色有序的配合，如《周禮‧考工記》：「青與赤，謂之文。」《禮記‧樂記》：「五色成文而不亂。」顏色有秩序的配合即展現美麗的圖樣與光彩，因此之故，文進而引申而指一切事物有條理、有光采之具體呈現，即《釋名》所謂：「文者會集眾彩，以成錦繡。」

如此，「人文」並舉之大義就是：將動物性存在的人向上提昇，使其生命綻放人性中的條理與光采，成就人性之完滿與社會之美善。這是以人為本的教化與成就，是人文化成，不是自然天成。自然天成只是事實的發展，人文化成則是價值的取捨安立與實踐力行。而「精神」者，心靈之覺醒也。**「人文精神」即自覺成為更善之人的心靈覺醒，以促成體現人性之向善，生命境界之提昇。**

五、生命境界的展現

人的生命涵蓋四大面向：自我、自然界、社會界與超越界。自然界與社會界是吾人生命展現之場域，在此場域中，生命歷經生長老死，亦遭逢悲歡離合之酸甜苦澀。然而在生命的展現之中，人性既有向善的提昇，即自我從小我到大我的超越，或說超凡入聖人性向神性的上揚，但也有向惡的沉淪，亦即人性向動物性的墮落。而人生在世，總有科學尚無法驗證，理性並無法理解，但又必須面對的問題：生命

---

[23] 同註 20。
[24] 同註 21，頁 381。

從何而來？又將何去何從？有一天我們一定會死，則生命存在的意義為何？人的行為善惡是否有相應的福殃報應？這是關乎超越界的問題。

人文並舉之深義在於揭示：人可以向上提昇，超越動物性的存在，成就一種更善的存在。這種人性的超越正是人文精神之核心意義所在，此所言「超越」涵蓋二面向：一指止於至善的向上提昇，二則指向超越的領域上達神聖世界。而既有存在之提昇超越，生命即展現為不同的境界。依哲學家馮友蘭的說法，人生中的境界可分為四種，依序為：（一）自然境界，（二）功利境界，（三）道德境界，（四）天地境界。馮先生是以人對於宇宙人生覺解的不同程度而定出此四種不同的生命境界，他說：

> 人對於宇宙人生底覺解程度，可有不同。因此，宇宙人生，對於人底意義，亦有不同。人對於宇宙人生在某種程度上所有底覺解，因此，宇宙人生對於人所有底某種不同底意義，即構成人所有底某種境界。[25]

何謂「覺解」？馮先生解釋說：

> 解是了解。……覺是自覺。人做某事，了解某事是怎麼一回事，此是了解，此是解；他於做某事時，自覺其是做某事，此是自覺，此是覺。[26]

人透過此一覺解，即建立了自己的意義世界或價值世界，這一特徵將人與動物做了本質上的區分：人的活動、文化是有覺解的，而動物的活動、文化則是無覺解的。「有覺解是人生的最特出顯著的特質。」[27]此外，人除了有覺解之外，尚有「高一層之覺解」，即覺解其覺解。此高一層之覺解並非人人皆有，人於社會文化日常活動有所覺解，但未必覺解其覺解。

---

[25] 馮友蘭，《新原人》，《三松堂全集》（第四卷），河南人民出版社，2001 二版，頁 496。
[26] 同上註，頁 471-472。
[27] 同上註，頁 473。

吾人即依此對宇宙人生覺解之不同程度，從而體現出由低而高不同層次的生命境界，依次為：自然境界，功利境界，道德境界與天地境界。[28]

自然境界是人生的最低境界，其特徵是：在此境界中的人，對其所從事之活動尚無清楚的了解，其行為經常只是「**順才**」或者「**順習**」的「**照例行事**」。所謂才是指人在生物上的自然之性，習可以是個人習而不察的習慣，也可以是視為理所當然日用而不知的社會習俗。馮先生區分了「人之性」與「人所有之性」。前者是指人之所以為人的本質規定，後者除了包括「人之性」之外，尚包括人的生物性。自然境界中的人，總是順著自然的生物性或習慣而行，對於「人之性」之自覺是很低的。

功利境界則比自然境界更高一層。在此境界中的人，雖然對其所從事之活動有比較清楚的了解，因此高於自然境界，但他的行為是「**為利**」的，都是「為我」的、「自私」的。功利境界中的人比自然境界中的人有更高的覺解，但其目的都是為了個人的私利，而未能自覺自己也是一社會性存有。

高於功利境界的是道德境界。道德境界的特徵是：在此境界中的人是「**行義**」的。功利境界的特徵是「為利」，二者之差別即在義利之對立。與義相對的利，是指個人之私利，而義則表現為社會之公利。「求自己的利底行為，是為利底行為；求社會的利底行為，是行義的行為。」[29]功利境界與道德境界中的人，她們對於人之性均有覺解，二者之差別僅僅在於為公還是為私。行義者並非不為利，只不過其所

---

[28] 馮友蘭先生言：「境界有高低。此所謂高低的分別，是以到某種境界所需要底人的覺解的多少為標準。其需要覺解多者，其境界高；其需要覺解少者，其境界低。自然境界，需要最少底覺解，所以自然境界是最低的境界。功利境界高於自然境界，而低於道德境界。道德境界高於功利境界，而低於天地境界。天地境界，需要最多底覺解，所以天地境界，是最高的境界。至此種境界，人的覺解已發展至最高底程度。」（同上，頁501。）馮先生以覺解之「多少」而定出生命境界之「高低」，但覺解似乎是難以用多少來量化，事實上以覺解不同程度之質，而非多少之量，來定境界之高低，應該是比較恰當的。馮先生自己也提到，在天地境界，「人的覺解已發展至最高底程度」，是「最高底程度」，而不是「最多的量」。

[29] 同註25，頁499。

謂之利是公利而不是私利。「一個人應該犧牲他自己，以求社會的利。」[30]
這是道德境界中的行義表現，那不是以佔有，而是以貢獻為目的。

　　高於道德境界的是天地境界。在此境界中的人有了更高一層的覺
解，他知道人不僅僅是社會的一部分，而且是宇宙的一部分。因此對
於社會，人應該有所貢獻，對於宇宙也應該有所貢獻，這就是馮先生
所謂的「**事天**」。天地境界是吾人生命所能達到的最高成就，馮先生說：

> 有各種底人。對於每一種人，都有那一種人所可能有底最高底
> 成就。例如從事于政治工作底人，所可能有底最高底成就是成
> 為大政治家。從事于藝術底人，所可能有底最高底成就是成為
> 大藝術家。人雖有各種，但各種底人都是人。專就一個人是人
> 說，他的最高底成就，是成為聖人。這就是說，他的最高底成
> 就，是得到我們所謂天地境界。[31]

而此一天地境界高於道德境界，它是「從一個比社會更高的觀點看人
生」[32]，它並且也是「人的最高的安身立命之地」[33]。天地境界是四
種境界中最高的境界，只有達到天地境界，人才算是真正實現了人之
所以為人的最高成就，找到安身立命之地。天地境界是人生的最高境
界，也是人生追求的最高目的，馮先生又稱之為「聖人境界」。[34]

---

[30]　同上註，頁 550。

[31]　馮友蘭，《新原道‧緒論》，《三松堂全集》（第五卷），頁 4。

[32]　馮友蘭，《三松堂自序》，《三松堂全集》（第一卷），頁 227。

[33]　同上註，頁 226。

[34]　關於天地境界，馮先生曾於《四十年的回顧》（1959）一書中做了自我的思想
批判，明確地指明：「天地境界是虛構的。」（《三松堂全集》（第十四卷），頁
1051。）但馮先生在否定《新原人》所說的天地境界之同時，卻又肯定一種
由於科學技術的進步，帶領人們超越地球的限制進入宇宙空間，以遊無窮的
天地境界。馮先生更說，這種經由科學技術所達到的天地境界不是虛構的。（同
上，頁 1071。）不過在馮先生一生的最後著作《中國哲學史新編》的最後一
冊（第七冊）最後一章（第八十一章）的〈總結〉中又重新肯定了《新原人》
一書中所說的四種境界，而依然以天地境界為最高境界。不過馮先生這時卻
強調，要達到此天地境界，非經過**哲學**這條路不可。（《三松堂全集》（第十卷），
頁 648。）

　　人之生命因其對宇宙人生之覺解的不斷提高，而展現出不同的境界，從自然境界，進到功利境界，再進到道德境界，最後達到最高的天地境界，這個過程體現為層層遞進的精神超越。這事實上就是我們在此所說的「人文精神」的核心內涵。

　　天地境界是人生的最高境界，馮先生又特別地稱之為「哲學境界」。[35]馮先生一再強調，只有通過哲學，獲得對宇宙人生的某種覺解，才能達到天地境界。天地境界是透過哲學的修養，而非宗教的冥想，所得到的境界。[36]那麼，何謂「哲學」？馮先生解釋說：

> 哲學是人類精神的反思。所謂的反思就是人類的精神反過來以自己為對象而思之。[37]

馮先生強調，學哲學並非記教條、背格言，它要求學者對於人的精神活動有所反思。由反思中得到一些體會，增加一些理解，懂得一些道理。如此就能使他的精神境界有所豐富，有所提高。總結而言，哲學之作用有二：一是鍛鍊人的理論思維的能力，二是提高人的精神境界。[38]而提高人的精神境界才是哲學最重要的任務與最大的責任，其終極目的則在於給人安身立命之地。馮先生如是說：

> 哲學可以給人一個「安身立命之地」。就是說，哲學可以給人一種精神境界，人可以在其中「心安理得」地生活下去。他的生活可以是按部就班的和平，也可以是槍林彈雨的戰鬥。無論是在和風細雨之下，或是在驚濤駭浪之中，他都可以安然自若地生活下去。這就是他的「安身立命之地」。這個「地」就是人的精神境界。[39]

---

[35] 馮友蘭，《中國哲學簡史》，《三松堂全集》（第六卷），頁 286。

[36] 馮友蘭，《三松堂自序》，《三松堂全集》（第一卷），頁 228-229。

[37] 馮友蘭，《中國哲學史新編・緒論》（第一冊），《三松堂全集》（第八卷），頁 15。

[38] 同上註，頁 31。

[39] 同上註，頁 32。

哲學可以給人一個「安身立命之地」，而天地境界是人的最高的安身立命之地，因此，天地境界也就是哲學所追求的最終、最高目的。在馮先生看來，哲學是人類精神的反思。以人生為對象而思之，就是對人生有覺解。透過哲學提高對人生覺解之程度，自然可以層層提昇吾人之精神境界。馮先生念茲在茲地再三叮嚀，哲學家不要忘記哲學的任務並承擔起哲學的責任，不要把本來是哲學應該解決的問題都推給宗教了。[40]

六、莊子的精神超越之道

提昇人們生命的精神境界，這就是人文精神的真正內涵。

依馮友蘭先生之見，從自然境界、功利境界、道德境界到天地境界的發展提昇，人們的覺解程度亦依次提高。但重點是，如何才能提高吾人覺解之程度而有生命精神境界之提昇？馮先生以為，只有通過哲學方能層層提昇吾人之精神境界，而哲學的本質在於人類精神的反思，就在這種反思的同時也就自動地提高了一個人的精神境界。馮先生如是說：

> 人對於他的精神活動的反思，就自動地豐富、提高了他的精神境界。我說「自動地」，意思是說，哲學和精神境界之間，沒

40　馮友蘭，《三松堂自序》，《三松堂全集》（第一卷），頁 222。馮友蘭先生贊成哲學而反對宗教，他十分明白地主張「**以哲學代宗教**」。（《中國哲學簡史》，《三松堂全集》（第六卷），頁 9。）哲學與宗教之不同，馮先生以為有四：第一，宗教是根據迷信或者是同迷信分不開的。哲學則是尊重理性，反對迷信的。第二，宗教用的是形象思維，哲學則是理論思維。第三，宗教所幻想的世界模式是社會組織的反映，哲學所思考的世界模式則是人類精神的創造。第四，信仰宗教的人的精神境界不高。他可能是功利境界，因為他往往是希望憑藉對於上帝或諸神的信仰，以求得他們的保佑。有些人可能只是隨著大家做一些宗教的儀式，而莫知其所以然，這些人的境界就是自然境界。而由哲學所達到的境界可以是天地境界，那是人生最高的精神境界。（《三松堂自序》，《三松堂全集》（第一卷），頁 228-229。）馮先生的宗教觀念帶有一種理性的傲慢，並充滿對於宗教的偏見。宗教有迷信之成份，也有精神境界低下的信仰者，但宗教亦有其神聖的內涵，亦不乏令人感動而崇敬的高尚人格。此外，哲學是理性的事業，而宗教似乎是超理性之事務，等而視之，確是不當。

> 有手段和目的的關係的問題。不是以哲學為手段，達到提高、
> 豐富精神境界的目的。在哲學的反思之中，人的精神境界同時
> 就豐富、提高了。[41]

依馮先生所言，只要我們一進行哲學的反思，在此反思的同時也就提昇了我們的精神境界。馮先生似乎把精神提昇的功夫論問題太過簡化了，是否透過哲學的反思即同時自動地提高了人的精神境界？哲學的反思確實提供吾人精神提昇的一個重要階梯，它刺激著吾人的理性保持清明，讓我們明白自己陷於洞穴之中並得以藉此階梯而走出洞穴。但理性的獨斷也會使我們掉入另一個洞穴而不自覺。所以，透過哲學的反思隨時保持理性清明的自覺乃精神提昇的必要條件，但要達到最高的天地境界仍有不足。當馮先生談到莊子透過「去知」而達到天地境界時[42]，似乎即表明了此義，但馮先生並無就此做出進一步的論述。本文即順此線索切入莊子的精神超越之道。

吾人欲了解莊子的精神超越之道，首先須具備一種正確的態度，做好心理準備，否則容易將莊子之論視為荒唐無稽之言，在未能領略莊子深義之前就棄之不前了。這似乎就是〈天下〉篇中所言：「以天下為沉濁，不可與莊語」之情況。[43]莊子自己也很清楚，「大聲不入於里耳，折楊皇華，則嗑然而笑。是故高言不止於眾人之心；至言不出，俗言勝也。」（〈天地〉）「大聲」指咸池、大韶之高雅樂曲，折楊皇華則為民間里巷俗曲。莊子論道之高言、至言正如大聲之不入於里耳，非世俗中人所能領會，「不止於眾人之心」，於是就成了俗言充斥的局面了。是故，莊子於其書之首篇〈逍遙遊〉起始便以「鯤化為鵬，水擊三千里，摶扶搖而上者九萬里，徙於南冥」之喻，以明「小大之辨」。蜩與學鳩嘲笑大鵬鳥展翅高飛之舉動說：「我決起而飛，槍榆枋，時則不至，而控於地而已矣！悉之九萬里而南為？」關於調鳩對鵬鳥的嘲笑，莊子做了如下的評論：

---

[41] 《中國哲學史新編・緒論》（第一冊），《三松堂全集》（第八卷），頁 31。
[42] 《新原道》，《三松堂全集》（第八卷），頁 53-56。
[43] 郭象注、成玄英疏，《南華真經注疏》，中華書局，1998。以下莊子引文皆用此書，只列篇名，不另作注。

> 適莽蒼者，三湌而反，腹猶果然；適百里者，宿舂糧；適千里
> 者，三月聚糧。之二蟲，又何知！

莊子之意，小蜩鳩安知大鵬鳥鴻飛沖舉之志，蜩鳩之笑乃「大聲不入於
里耳，折楊皇華，則嗑然而笑」之笑，是「下士聞道大笑之」之笑，其
笑正顯其無知之極。「之二蟲，又何知」中之「二蟲」，很明顯是指蜩與
學鳩，但郭象卻將之注為鵬與蜩而論說「適性逍遙」之義。郭向注云：

> **二蟲，謂鵬蜩也。**對大於小，所以均異趣也。夫趣之所以異，
> 豈知異而異哉？皆不知所以然而自然耳。自然耳，不為也，此
> 逍遙之大意。

又言：

> 苟足於其性，則雖大鵬無以自貴於小鳥，小鳥無羨於天池，而
> 榮顯有餘矣。故小大雖殊，逍遙一也。

依郭象之說，鵬與蜩鳩雖有形體大小之分，但二者若能各自「足
於其性」，則都是一種逍遙，各逍其遙，並無差別，「逍遙一也」。如
此解義實則大大誤解莊子之言，大鵬之展翅沖舉確是莊子之所貴、所
羨。鯤鵬蜩鳩之說是一種譬喻，其寓意非如郭象所言是表達「適性逍
遙」之義，而是「小大之辨」。「適性逍遙」之說，實不差，亦有其理，
然屬世俗中言（俗言），非有道之識（至言）。適性逍遙畢竟仍是有待，
但莊子所追求的是無待的逍遙。二者確有不同，其異即在大知小知之
不同。莊子借鵬鳩之喻以明眼界大小之分與境界高低之別，並指出「小
知不及大知」之義。莊子很明顯是斥蜩鳩而貴大鵬，是捨小就大，他
要我們突破時間、空間、學識、心智上的種種自我限制，如此才有可
能上達而觀看到一個更寬廣、更高超的世界。

同樣是在〈逍遙遊〉的篇章中，我們看到莊子所舉的另一事例。
肩吾聞言於接輿有關神人之說：「藐姑射之山，有神人居焉。肌膚若
冰雪，綽約若處子。不食五穀，吸風飲露。乘雲氣，御飛龍，而遊乎

四海之外，其神凝，使物不疵癘而年穀熟。」肩吾認為這根本上是大
而無當、不近人情之狂言，故驚怖不信，而問疑於連叔。連叔的回應
頗堪玩味：

> 瞽者無以與乎文章之觀，聾者無以與乎鐘鼓之聲，豈唯形骸有
> 聾盲哉，夫知亦有之。[44]

連叔舉「形之聾盲」，以明「知之聾盲」。形有聾盲者，則無以觀眾物
之美、聽鐘鼓之音；知有聾盲者，亦無以聽聞高論至言。肩吾的驚怖
不信，就是「知之聾盲」，心知上有所障礙。知障之弊，莊子多有所說：

> 聖人有所遊，而知為孽。（〈德充符〉）

> 井蛙不可以語於海者，拘於墟也；夏蟲不可以語於冰者，篤於
> 時也；曲士不可以語於道者，束於教也。（〈秋水〉）

> 褚小者不可以懷大，綆短者不可以汲深。（〈至樂〉）

井蛙拘於墟、夏蟲篤於時、曲士束於教，凡此種種皆聞道之孽，乃自
限不明之弊也。只有在哪一天可以接觸到海洋、冰塊與大道，也就是
掌握了莊子所謂的「大知」，方能對舉出一察自是自好管見之偏失錯
狹。莊子以夢覺之說以論此境況，其言曰：

> 夢飲酒者，旦而哭泣；夢哭泣者，旦而田獵。方其夢也，不知
> 其夢也。夢之中又占其夢焉。覺而後知其夢也。且有大覺，而
> 後知此其大夢也，而愚者自以為覺，竊竊然知之。（〈齊物論〉）

井蛙、夏蟲、曲士即是處於夢中不知夢，而自以為覺竊竊然知之的情
境。看到海洋、接觸冰塊、體悟大道，這是覺醒的時刻，至此方知其
夢之不真，知之不切。

---

[44] 〈大宗師〉有「夫盲者無以與乎眉目顏色之好，聾者無以與乎青黃黼黻之觀。」
之言，文字稍異而義理則同。

　　任何「小知」皆形成一種觀看事物的特殊方式，各有所見，亦有其偏缺，莊子言：「**以物觀之**，自貴而相賤；**以俗觀之**，貴賤不在己；**以差觀之**，因其所大而大之，則萬物莫不大；因其所小而小之，則萬物莫不小。……**以功觀之**，因其所有而有之，則萬物莫不有；因其所無而無之，則萬物莫不無。……**以趣觀之**，因其所然而然之，則萬物莫不然；因其所非而非之，則萬物莫不非。」（〈秋水〉）因其所觀，而各是其是各非其非。只有上達「**以道觀之**」的層次，才猛然醒覺了悟物無貴賤、大小、有無、是非，始覺前述諸觀之偏失。依莊子之見，只有「真人」（真正的覺醒者）才達到「以道觀之」的層次，「有真人而後有真知」（〈大宗師〉）。未達真人境界者之知，皆是各是其所是非其所非的「小知」。「小大之辨」務須了悟，這是掌握莊子修道思想至為緊要之關鍵，而修道的終極目的就是要上達「以道觀之」之「真人真知」的境界，此一境界就是馮先生所謂的「天地境界」。

　　在莊子眼中，存在兩個世界：大知、小知的世界／真知、俗見的世界／真人、俗人的世界。於此二世界中，存在各式各樣的人：有「折楊皇華，嗑然而笑」的俗民；有「刻意尚行，離世異俗，高論怨誹」的「山谷之士，非世之人」；有「與仁義忠信，恭儉推讓」的「平世之士，教誨之人」；有「語大功，立大名，禮君臣，正上下」的「朝廷之士，尊主強國之人」；有「就藪澤，處閒曠，釣魚閒處」的「江海之士，避世之人」；有「吹呴呼吸，吐故納新，熊經鳥申」的「導引之士，養形之人」。[45] 這些人各有所見，各有所好，亦各有所為。這些人的所見、所好、所為雖皆有異，但在莊子看來，均屬小知俗見世界中的俗人。莊子所企盼的是一個真人的世界，對比於小知俗見世界中俗人的所見、所好、所為，莊子如是陳述此真人世界：

　　　若夫不刻意而高，無仁義而修，無功名而治，無江海而閒，不
　　　導引而壽，無不忘也，無不有也。澹然無極而眾美從之。此天

---

[45]　「山谷之士，非世之人」、「平世之士，教誨之人」、「朝廷之士，尊主強國之人」、「朝廷之士，尊主強國之人」、「江海之士，避世之人」、「導引之士，養形之人」等等之說見〈刻意〉。

地之道，聖人之德也。故曰：夫恬淡寂漠，虛無無為，此天地
之平而道德之質也。（〈刻意〉）

如莊子所述，此真人世界是與俗迥異的世界，真人世界所體現的是恬淡
寂漠、虛無無為的「天地之道，聖人之德」，「不刻意而高，無仁義而修，
無功名而治，無江海而閒，不導引而壽，無不忘也，無不有也」，這與
世俗中人之刻意有為、逐求佔有，大相逕庭。然情形尚不僅只於此。

在有關渾沌的寓言中[46]，莊子暗示了此小知俗見世界是一個「開竅
了的世界」，這個為視聽食息而「開竅了的世界」卻破壞了生命本真的
「渾沌世界」，進而加速了本真生命的敗亡。此一「開竅了的世界」，依
莊子看來，充其量不過是「泉涸，魚相與處於陸，相呴以濕，相濡以沫」
般處境堪憐的世界，去「相忘於江湖」的自在世界遠矣！這兩個世界之
分，也就是莊子「天道」與「人道」之別，務要明辨慎察。莊子言：

不明於道者，悲夫！何謂道？有天道，有人道。無為而尊者，
天道也；有為而累者，人道也。主者，天道也；臣者，人道也。
天道之與人道也，相去遠矣，不可不察也。（〈在宥〉）

莊子之道論承繼老子之說。老子之道論可分為「天道」與「人道」兩
部分。「天道」所指為「本體義的道」，即以道為天地萬物之本根，道
為天地根，為萬物之宗。「人道」則是人在生活中的行為表現，這些行
為或可透過修道的與道合真而合乎天道，或者因為不修道、不知道而違
反天之道。合於天道之人道，稱為「聖人之道」；不合於天道之人道，
則為一般之人道，就稱之為「人之道」。[47]依上引文，莊子以天道無為
而尊，人道則是有為而累，此之人道即老子所稱不合於天道之「人之
道」。以天道為主，以人道為臣，莊子基本上是以一種「麗姬悔泣」的

---

[46] 「南海之帝為儵，北海之帝為忽，中央之帝為渾沌。儵與忽時相與遇於渾沌
之地，渾沌待之甚善。」儵與忽謀報渾沌之德，曰：『人皆有七竅以視聽食息。
此獨無有，嘗試鑿之。』日鑿一竅，七日而渾沌死。」（〈應帝王〉）

[47] 有關老子的道論與修道思想請參見拙文：〈老子《道德經》中的道論與修道思
想〉，《高雄師大學報》第二十二期，2007，頁 77-89。

心情看待此人道世界。[48]以如是的方式觀照此世界，則此世界是應該被超越的對象，超越那以諸多行為規範相濡以沫的情境，而達至如魚相忘於江湖般自在逍遙的境界。這是莊子「天人之分」的最終結論——捨人就天，乃相應於先前「小大之辨」的捨小就大。捨人就天，不以人滅天，莊子稱之為「反其真」（〈秋水〉）。反其真者，即是「真人」。反之，一個人若是「喪己於物，失性於俗者，謂之倒置之民。」[49]（〈繕性〉）真人「以天待之，不以人入天」（〈徐无鬼〉），莊子謂此為「法天貴真」：

> 禮者，世俗之所為也；真者所以受於天也，自然不可易也。故聖人法天貴真，不拘於俗。愚者反此。不能法天而恤於人，不知貴真，祿祿而受變於俗，故不足。（〈漁父〉）

禮所代表的就是俗世中的種種外在行為規範，「真者，精誠之至也」（〈漁父〉），乃秉受於天之自然法則。此處所稱「聖人」，即反其真之「真人」。真人不為俗所拘，法天貴真而反其真也。一般愚俗之人不識小大之辨、不明天人之分，只能受變於俗，無以超脫。受變於俗的「倒置之民」，追求俗世之所尊、所樂者：富貴、壽善、身安、厚味、美服、好色、音聲等；逃避俗世之所下、所苦者：貧賤、夭惡、身不得安逸、口不得厚味、形不得美服、目不得好色、耳不得音聲等。然所尊所樂者總有所不得，而所下所苦者亦總無所逃，樂之不得，苦之不去，總是個憂苦的人生。（〈至樂〉）此一世俗世界，雖有所尊所樂者，然根本上仍是個「與憂俱生」（〈至樂〉）的世界。此憂苦之生命，吾人若欲求得一個安頓，依莊子之見，其要在於深明「天人之分」，不以人滅天，捨人就天，由人道復反其天道自然之真，「與天和者也」（〈天道〉）。此實則莊子修道思想之理據與工夫之所在。與天和者，莊子謂之「天樂」

---

48 「麗姬悔泣」之事見於〈齊物論〉：「麗之姬，艾封人之子也。晉國之始得之也，涕泣沾襟，及其至於王所，與王同匡牀，食芻豢，而後悔其泣也。」本文以為此亦莊子「小大之辨」之又一譬喻。

49 「倒置之民」又稱「蔽蒙之民」：「繕性於俗學以求復其初，滑欲於俗思以求致其明，謂之蔽蒙之民。」（〈繕性〉）

（〈天道〉），相對於伴有憂苦的「人樂」，天樂乃無苦之至樂。能遊乎至樂者，謂之至人。（〈田子方〉）莊子謂：「得道者，窮亦樂，通亦樂，所樂非窮通也。」（〈讓王〉）得道者窮通皆樂，無所不樂，此為「天樂」，可名之「道樂」，乃無待之逍遙。是故，吾人若能修至與道合真之至樂境界，就是生命徹底安頓之處，此即精神超越之終極目的。

真人即有真知者，是與道合真之體道者，莊子亦稱之為「天人」、「神人」、「至人」、「聖人」等等，其言：

> 聖有所生，王有所成，皆原於一。不離於宗，謂之天人；不離於精，謂之神人；不離於真，謂之至人。以天為宗，以德為本，以道為門，兆於變化，謂之聖人。（〈天下〉）

成玄英疏曰：「以上四人，只是一耳，隨其功用，故有四名也。」是故，所謂「一」、所謂「宗」，所謂「精」、所謂「真」，實均指「天道」而言。[50]

莊子可以說是老子思想最好的承繼者與闡發者。老子之道論並不是因應人生之需求逐步向上思考推求的形上學系統，而是體道合真由上而下作為人生行為規範之根源。老子之道並不是從人道到天道由下而上逐級上推的思考推斷，反之，它是從天道到人道由上而下的價值體悟，依天道以行人道，率人道以合天道，此實則乃老子修道之根本義涵。也就是說，老子深切地體悟到宇宙中有一股無形無狀之力量，

---

[50] 《南華真經》一書中對這些名稱之使用並非總是一致的，如〈逍遙遊〉中言：「至人無己，神人無功，聖人無名。」看來，至人、神人、聖人是有所不同的。但似乎也可做不同的解釋，成玄英對此不同即疏曰：「至言其體，神言其用，聖言其名，故就用語神，就名語聖，其實一也。詣於靈極，故謂之至；陰陽不測，故謂之神；正名百物，故謂之聖。一人之上，其有此三，欲顯功用名殊，故有三人之別。」依此說，至人、神人、聖人是真人同實殊用異名之別稱，本文從此解。此外必須辯明的是，「聖人」之不同意涵。如〈馬蹄〉篇中所稱：「夫殘樸以為器，工匠之罪也；毀道德以為仁義，聖人之過也。」此「聖人」之義實不同於「真人」義之「聖人」，一為倡行仁義道德之「儒家聖人」，一是自然無為體道合真之「道家聖人」，其義遠矣，二者不可混淆。

此力量依一定的規律展現出某種秩序，而人生之至善就在於將自己之生命調整至與該秩序和諧一體的狀態（與道合真的生命境界）。老子的修道思想，不但有原則性的提示（為道日損），也有具體功夫之指點（如致虛守靜、處下不爭、以百姓心為心、儉嗇知足等等）。而老子修道功夫之根本要訣就是其「虛心實腹」之教：「虛其心，實其腹，弱其志，強其骨。」（三章）虛心弱志是屬於精神性的修心功夫，實腹強骨則是有關形體的養身之方，二者兼備，方為長生久視之道。這虛心實腹之教大大影響了後世「形神兼養」、「性命雙修」的修煉觀念，不過老子並無明確提出修道階次之功夫次第的觀念。莊子完全繼承老子修道養生之說，其言曰：「道之真以治身，其緒餘以為國家，其土苴以治天下。由此觀之，帝王之功，聖人之餘事也，非所以完身養生也。」（〈讓王〉）聖人即老子所稱之「有道者」。莊子將修道養生區分為養形與養神，他說：「吹呴呼吸，吐故納新，熊經鳥申，為壽而已矣。此導引之士，養形之人，彭祖壽考者之所好也。」（〈刻意〉）又說：「純粹而不雜，靜一而不變，淡而無為，動而以天行，此養神之道也。」（〈刻意〉）養形與養神二者皆修道養生之重要內涵，然二者相較，莊子更重養神之道，其言：「純素之道，惟神是守。守而勿失，與神為一。一之精通，合於天倫。……故素也者，謂其無所與雜也；純也者，謂其不虧其神也。能體純素，謂之真人。」（〈刻意〉）莊子所謂真人即體道合真之人，是全神保生之有道者。「惟神是守，不虧其神」之說，可見莊子之所重。此純素養神之道實即老子「虛心之教」之繼承與發揮，這就是莊子著名的「心齋坐忘說」，指明修心養神的功夫原則階次與相應的心靈境界。

心齋坐忘雖密切相關，理趣歸一，畢竟為二法。「心齋」之法載於《莊子・人間世》，乃不同於不飲酒、不茹葷的「祭祀之齋」，其詳細內容是：

> 若一志，無聽之以耳而聽之以心，無聽之以心而聽之以氣。聽止於耳，心止於符。氣也者，虛而待物者也。唯道集虛。虛者，心齋也。

郭象注曰：「虛其心，則至道集於懷。」成玄英疏曰：「唯此真道，集在虛心。」坐忘之法則出自《莊子‧大宗師》，其言曰：

> 墮肢體，黜聰明，離形去知，同於大通，此謂坐忘。

郭象注曰：「夫坐忘者，悉所不忘哉！既忘其迹，又忘其所以迹者。內不覺其一身，外不識有天地，然後曠然與變化為體而無不通也。」成玄英疏曰：「大通猶大道也。道能通生萬物，故謂道為大通也。外則離析於形體，一一虛假，此解墮肢體也。內則除去心識，恬然無知，此解黜聰明也。既而枯木死灰，冥同大道，如此之益，謂之坐忘也。」坐忘即物我兩忘與道合一的境界，也就是莊子所說：「忘乎物，忘乎天，其名忘己，忘己之人是謂入於天。」（〈天地〉），而要達到此一境界，有其修習之次序。《莊子‧大宗師》中記載南伯子葵問乎女偊曰：「子之年長矣，而色若孺子，何也？」女偊回曰：「吾聞道矣。」南伯子葵進而問曰：「道可得學耶？」女偊乃告知學道之階曰：

> 參日而後能**外天下**；七日而後能**外物**；已外物矣，吾又守之，
> 九日而後能**外生**；已外生矣，而後能**朝徹**；朝徹而後能**見獨**；
> 見獨而後能**無古今**；無古今而後能入於**不死不生**。

外天下→外物→外生→朝徹→見獨→無古今→入於不死不生，女偊所述學道之階即坐忘循序漸進之實踐步驟。首先是「外天下」，外即遺忘之意。成玄英疏曰：「凝神靜慮，修而守之。凡經三日，心既虛寂，萬境皆空，是以天下地上，悉皆非有也。」也就是說，已能把天下置之度外，「舉世而譽之而不加勸，舉世而非之而不加沮。」（〈逍遙游〉）接著是「外物」，郭象注曰：「物者，朝夕所須，切己難忘。」成玄英進一步疏曰：「天下萬境疏遠，所以易忘；資身之物親近，所以難遺。守經七日，然後遺之。」再來就是「外生」，成玄英疏曰：「隳體離形，坐忘我喪。」此時已達忘我之境，能將生死置之度外。功夫再精進一步就能「朝徹」、「見獨」了。成玄英疏「朝徹」曰：「朝，旦也。徹，明也。死生一觀，物我兼忘，惠照豁然，如朝陽初啟，故

謂之朝徹也。」疏「見獨」曰：「夫至道凝然，妙絕言象，非無非有，不古不今，獨往獨來，絕待絕對。賭斯勝境，謂之見獨。」「見獨」就是見到老子所謂「獨立而不改」的大道，當然這裡所說的「見」並非眼見為憑之見，而是心虛與道契合之義。此乃心齋坐忘功夫達到虛寂靜篤，豁然貫通，而同於大通的境界。達致此合道妙境，也就是入於無古今、不死不生的境界，與道合一，永恆不變，此即馮友蘭先生所說的人生最高境界——「天地境界」，這同時也是人生向上提昇而止於至善的境界。

七、結語

　　雖然這是一個爾虞我詐的社會，但誠信依然是我們肯認的價值。縱使這個社會多麼地貧富不均、資源分配不公，但公平正義還是我們努力的目標。當然這是一個不完美的世界，但是美好理想社會的追求，終究是我們奮鬥的目標。人性之中自有一份基本價值之期許，正如亞里斯多德所言：「一切技術，一切規劃以及一切實踐與抉擇，都以某種善為目標。」人們總是自然而然地追求某種善。我們在社會所需要的不只是一位醫生、護士、老師、法官、工程師、科學家、公務員和領導人，我們所期待的是一位「好」醫生、「好」護士、「好」老師、「好」法官、「好」工程師、「好」科學家、「好」公務員和「好」領導人，這是人的基本價值趨向，一種人性之本然與自然。

　　環顧當今世局，人心敗壞，價值淪喪，社會脫序，身心不安，值此之際，大力鼓吹「人文精神」之價值理念，促進人性之提昇以安立社會人心，乃是當務之急。

　　以上所論乃所以引導行為的實踐，以成就價值，重要的是要有具體行動的實踐，若徒託空言，則無補於用。就像病人很認真地聽醫生所說的話，卻不依照醫生所吩咐的去做，這對病情的改善是沒有用的，亞里斯多德即言：

在實踐的事務中，目的並不在於對每一課題的理論和知識，而更重要的是對它們的實踐。對德性只知道是不夠的，而要力求應用或者以什麼辦法使我們變好。[51]

老子也說過：「合抱之木，生於毫末；九層之台，起於壘土；千里之行，始於足下。」（《道德經》64 章）道經《胎息經》則說：「勤而行之，是真道路。」[52]若無實踐行動，都是空談。

生命若無向上一層境界之翻轉超越，終難避免陷於在下層生命中諸多善惡對立的爭奪拉扯。只有精神境界之超越方能徹底解決人生根本的勞苦煩憂，這是莊子給我們指點的一條人生之路──精神超越之道，這也就是莊子哲學中人文精神之所在。莊子是一位指引我們走出心靈洞穴的精神導師，他要我們像大鵬鳥一樣，搏扶搖而上天際，游心於道，回歸帝鄉。

> 高山仰止，景行行止，
> 心嚮往之，行以至之！

---

[51] Aristotle，苗力田譯，《尼各馬科倫理學》1179b:1-5，收於苗力田主編，《亞里斯多德全集》（第八卷），北京：中國人民大學出版社，1992，頁 232。

[52] 幻真先生，《胎息經注》，收於丁福保主編，《道藏精華錄》（第三冊），北京圖書館出版社，2005，頁 406。

和諧與至樂：威廉詹姆斯與老莊

學不際天人，不可謂之學。

學不至於樂，不可謂之學。

——邵雍：〈觀物外篇〉

一、引言

　　將實用主義哲學家威廉詹姆斯（William James，1842-1910）與主張無為自然、無用之用的道家相提並論，乍看之下，似乎顯得十分荒謬。然而，若深入理解老子的道論與修道思想、莊子的逍遙境界與威廉詹姆斯的宗教觀，則將驚訝地發現二者竟然如此契合。

　　老莊之道論並不是因應人生之需求逐步向上思考推求的形上學系統，而是體道合真由上而下作為人生行為規範之根源。老莊之道並不是從人道到天道由下而上逐級上推的思考結果，反之，它是從天道到人道由上而下的價值體悟。依天道以行人道，率人道以合天道，實則此乃老莊修道之義涵。也就是說，老子深切地體悟到宇宙中有一股無形無狀之力量，此力量依一定的規律展現出某種秩序，而人生之至善就在於將自己之生命調整至與該秩序和諧一體的狀態。此即莊子所謂與道合真之至樂境界，這也就是生命徹底安頓之處，此乃修道之終極目的。

　　威廉詹姆斯將宗教界定為：「一種對於不可見的秩序（unseen order），以及人的至善（supreme good）就在於將自身與此秩序調整至和諧狀態的信仰。」宗教是對一種神聖不可見秩序之信仰，而個體將自身與此秩序調整至和諧狀態就是「至善」，這是人生最終的目的，

221

也就是生命意義之所在。因此，與這個不可見的秩序和諧一致，不僅是生命的最終目的，也是人生的幸福根源。

在此基礎上，進行二者深入的比較研究，應該是一個值得探討的有趣課題，其結論也許指向一條中西思想會通之路。

二、威廉詹姆斯的宗教觀

威廉詹姆斯一生的學術生涯滲透著深刻的宗教關懷[1]，他曾在給友人的信中談及研究宗教之旨趣：

> 首先，為了捍衛（一反我那個階層的所有偏見）經驗，而非哲學，作為世界宗教生活的中樞——我的意思與通常關於吾人命運與世界意義的高貴看法正相反，而是指祈禱、指引，以及一切直接與私下感受到的各類事物。其次，為了使聽眾或讀者相信我至死深信不渝的信念，亦即，儘管宗教的特殊展現（指宗教的信條與理論）可能是荒謬的，然而做為整體的宗教生活卻是人類最重要的功能。此一任務幾乎沒有成功的可能，我恐怕注定要失敗，不過嘗試去做就是我的宗教行為。[2]

詹姆斯在此信中清楚表明了它個人的兩個基本信念：（一）做為整體的宗教生活是人類最重要的功能；（二）宗教生活的核心是經驗而非哲學。在全面體現其宗教觀，且被喻為宗教心理學（Psychology of Religion）奠基之作的經典名著《宗教經驗之種種》（*The Varieties of Religious Experience*）一書中，有個副標題：「人性之探究」（*A Study in Human Nature*），此正突顯出詹姆斯宗教探究的目的與特點，將宗教

---

[1] 尚新建，《美國世俗化的宗教與威廉・詹姆斯的徹底經驗主義》，上海人民出版社，2002，頁 57。

[2] *Letters of William James*, ed. Henry James, 2Vols., Boston: The Atlantic Monthly Press, 1920, Vol.1:127.

生活與人性關聯起來，或者說從宗教的面向來揭示人性的奧秘。[3]詹姆斯說：「在我們身上有某種深刻的東西，它告訴我們，事物中有一種我們應予忠誠的精神（There is a Spirit in things to which we owe allegiance.），為此之故，我們必須保持嚴肅的心態（the serious mood）。」[4]宗教是人性中一種深層的精神關懷，是我們必須以嚴肅心態忠誠對待的深刻事情，那是莊嚴神聖的人生使命。

在《宗教經驗之種種——人性之探究》一書中，詹姆斯極富創意地探討了信仰個體的宗教經驗，此乃基於他對宗教本質的反思。他指出，大部分宗教哲學的論著一開始就想確切地規定「宗教的本質」為何，這實際上是一種獨斷論的做法，把研究的素材做了太過於簡單的處理。事實上，「宗教」一詞並不意味著任何單一的要素或本質，它是一個集合名詞（a collective name）。[5]所以，宗教並沒有唯一的本質，而是同時存在許多不同的特徵。進而，詹姆斯將宗教分為兩大類：制度性的宗教（institutional religion）與個人的宗教（personal religion）。[6]制度性的宗教其重點在於對超越神性的崇拜、獻祭、儀式、神學、教會組織等；個人的宗教所關心的則是信仰個體個人的內在經驗（詹姆斯稱之為「第一手的宗教生活」）。二者相比，個人的宗教比制度性的宗教更為基本、更為重要。因為，各大制度性宗教的創始者，最初無一不是通過其內在深刻的宗教體驗而獲得巨大的力量，耶穌、穆罕默德、大雄、那納克、釋迦摩尼等皆是如此。但是，制度一但建立，便會因襲傳統而過著一種墨守成規的生活方式，並可能產生積習與流弊，因而偏離甚至喪失原本的宗旨。是故，詹姆斯對宗教的研究，並不從宗教的歷史、制度組織與典張儀式下手，因為他認為，制度性宗

---

[3] 參見尚新建，〈宗教：人性的展現——論威廉・詹姆斯《宗教經驗之種種》〉，《基督教思想評論》第一輯，上海人民出版社，2004，頁 297-320。

[4] W. James, '*Is Life Worth Living?*' in *The Will To Believe and other essays in popular philosophy*, Dover Publications, Inc., New York, 1956, p.43。

[5] W. James, *The Varieties of Religious Experiences: A Study in Human Nature*, Routledge, 2002, Centenary Edition, p.26。

[6] 同上註，p.28。

教所形塑出來的虔信只是一種因循的習慣（詹姆斯稱之為「二手的宗教生活」，因其信仰是別人創建的，而生活方式是傳統給予的）。因此，他強調信仰個體內在經驗的重要性，尤其是那些最偏激、最誇張、最強烈的宗教經驗更能彰顯宗教的特質。

依詹姆斯之見，宗教乃人類之本性，人不只是智人（homo sapiens）還是宗教人（homo religiosus）。詹姆斯對宗教的界定很清楚地表明此點：

> 一種對於不可見的秩序（unseen order），以及人的至善（supreme good）就在於將自身與此秩序調整至和諧狀態的信仰。**這種信仰與調整是在我們靈魂內的宗教態度**（the religious attitude in the soul）。[7]

對制度的宗教而言，崇拜與犧牲、界定神性之步驟、神學、儀式與教會組織都是其構成要素。若將宗教限定於此，則宗教成了外在的藝術，一種贏得上帝眷顧的藝術（the art of winning the favor of the God）。反之，個人的宗教則關心人的內在性情，諸如人的良心、美德、無助感與不完善性等。在此面向中，教會組織、牧師、聖禮以及其他的中介者都居於次要的地位。這是人與其神聖者之間心對心、靈魂對靈魂的直接關係。威廉詹姆斯進一步指出，個人的宗教比制度的宗教更為基本，因為每一個制度宗教的創始者無一不是通過個人與神聖者的直接交流（their direct personal communion with the divine）而獲得力量。但制度一但建立，便會逐漸形成傳統，信徒因循傳統而生活，所以他們所過的只是「二手的宗教生活」（second-hand religious life）。[8]在這種理解之下，詹姆斯對個人的宗教作了如下的定義：

> 個體在其孤獨中，當其領會到自身處於與神聖者之關係時的情感、行動與經驗。[9]

---

[7] 同上註，p.46。

[8] 同上註，p.11。

[9] 同上註，pp.29-30。

此「神聖者」（the divine）就是人類宗教經驗中信仰的對象，它是「原初的實在」（a primal reality）[10]，是「更高的力量」（the higher power）[11]，是「不可見者」（the unseen），它決定著某種「不可見的秩序」，對此不可見秩序之信仰就是一個人的宗教信仰，而個體將自身與此秩序調整至和諧狀態就是「至善」（supreme good），這是人生最終的目的，也就是生命意義之所在。詹姆斯在〈生活值得過嗎？〉（*Is Life Worth Living?*）一文中指出：

> 所謂自然秩序——它構成了這個世界的經驗——只是總體宇宙的一部分。在這可見的世界之外，還有一個延伸的看不見的世界。……我們現在生活的真正意義正在於我們與這個看不見世界的關係。在我看來，一個人的宗教信仰，在本質上意味著他對某種看不見的秩序存在的信仰。[12]

詹姆斯很明顯將宗教信仰視為生命意義之真正所在，它還是人生幸福之根源，他說：

> 任何強烈擁有這種感受的人，自然而然地認為，就算是世界上最微不足道的細節，也因為與那不可見的神聖秩序（an unseen divine order）之關係而獲得無限重大的意義。此一神聖秩序的思想給予他一種更高面向的快樂，以及一種無可比擬之靈魂穩定感。[13]

---

[10] 「神聖者對我們而言，指的是個人覺得被趨迫要以莊嚴認真，而非以詛咒或譏諷的方式回應的那一個原初的實在。」（*The Varieties of Religious Experience*，p.35。）

[11] 詹姆斯也將個人宗教描述成「個人自覺他與一個和他有關且更高的力量之間的交流」（*The Varieties of Religious Experience*，p.359。），並指出「感受到一個更高、更友善的力量之臨在，似乎是精神生活的基本特質。」（同上，p.214。）

[12] W. James, '*Is Life Worth Living?*' in *The Will To Believe and other essays in popular philosophy*, Dover Publications, Inc., New York, 1956, p.51。

[13] W. James, *The Varieties of Religious Experiences: A Study in Human Nature*, Routledge, 2002, Centenary Edition，p.287。

依詹姆斯之見，任何宗教信仰的核心均包含兩部分：

　　(一)某種不安（An uneasiness）。
　　(二)它的解決（Its solution）。

這種不安是一種當我們處在自然狀態下，感受到自身某種不對勁的狀態。它的解決就是經由與更高力量的適當聯繫，而從這種不對勁之中得到解救。[14]宗教無論是什麼，它都是個人對其人生處境的整體回應。一個有宗教信仰的人與一個普通人的回應是大不相同的。在現實世界中，無論我們多博學，總有我們所不知的事；無論我們能力多強，總有我們做不到的事；無論我們如何深思熟慮，總有意外發生；無論我們多麼善良，總有層出不窮化解不盡的邪惡；無論我們如何樂善好施，人生總還有諸多不幸；無論我們多長壽，總有一天會死。而站在我們生命的終點站──死亡面前，我們畢竟會成為無助的失敗者。然而對一個有宗教信仰的人來說，正是此時刻，宗教成為我們的救星，當我們的命運交付上帝[15]的手上，一切的缺憾終將滅絕，它為我們顯露出一線曙光。詹姆斯如此陳述人的這種不安及其解救：

> 有一種心境，只有宗教人士知悉，其他人則不知道。在這種心境中，維護自身與掌握自身的意志已經讓渡給另一種決心，他決定保持緘默，只在上帝的波濤巨浪中做一個無關緊要的人。

[14] 同上註，p.392。詹姆斯強調這就是宗教問題真正的核心：「在極需救助的情況下，我們平常優雅的樂觀和理智與道德上的慰藉顯得多麼遙遠、多麼不相干啊！這就是宗教問題的真正核心：救命啊！救命啊！（Here is the real core of the religious problem: Help! Help!）」（p.129）

[15] 此處所指的「上帝」並非任何制度性宗教中所稱的至高無上的神，而是指在個人宗教經驗中所信仰的神聖對象，這是詹姆斯一再強調的重點：「如果我們把宗教定義為個人與其認定為神聖對象的關係，我們必須將『神聖』一詞解釋得很廣，把它理解為任何似神（god-like）的對象，無論它是不是指向一個具體的神。」（The Varieties of Religious Experience，p.32。）就基督教徒而言，「上帝」是對此神聖對象很自然的稱呼，但我們不能太過隨意地將自己置於某一特定的神學立場，否則太快地將「神聖者」定義為基督教的上帝，或者伊斯蘭教的安拉，這對其他宗教並不公平。

> 在這種心境中，原來最懼怕的反倒成了我們的庇護所，而那必
> 來的死亡時刻也成為我們靈性的生日（spiritual birthday）。我
> 們靈魂緊張的時期已經過去，隨之而來的是歡悅的輕鬆、平靜
> 的深呼吸、永恆的現在以及一個無須憂慮的未來。[16]

詹姆斯的意思很清楚：宗教的本質在於個人內心深切的體驗，這也就
是「個人宗教」的實質內涵：個體在其孤獨中，當其領會到自身處於
與神聖者之關係時的情感、行動與經驗。真正的宗教即存在於人與上
帝此一更高力量的交流之間，一個虔誠的宗教人熱切地將自我交付給
這個力量，這就是詹姆斯所謂的「皈依」（conversion），而這種皈依
經驗的一個主要特質就是被更高力量支配的感受（sense of higher
control）。[17]這種對更高力量的自我交付（self-surrender）總是被視為
宗教生活中最為關鍵的轉捩點，當然此處的宗教生活是指精神上的，
而非外在的運作、儀式或禮節。[18]而且「只要我們真正地將自己交付
給那個更高的力量，並同意去運用此一力量，它就將以特定的方式
照料我們，比我們自己照顧自己還要好。」[19]此種自我的交付，使人
超越了自己的軟弱無助，也讓人在憂苦煩勞之中帶來內在的平安與
寧靜。

　　人需要自我交付這一事實，神學用「人的絕境是神的機會」（Man's
extremity is God's opportunity）來表達，詹姆斯引用宗教心理學家斯
塔柏克（E. D. Starbuck）的話：「他必須放鬆，也就是說，他必須依
賴那個助長公義的更大力量（the larger Power），讓它按自己的方式完
成它已開始的工作，而這種力量，正是從其本心湧現而出的……從這
種觀點看，所謂順從行為（the act of yielding），就是讓自我進入新的

---

[16] W. James, *The Varieties of Religious Experiences: A Study in Human Nature,
Routledge*, 2002，Centenary Edition, p.42。

[17] 同上註，p.191。詹姆斯指出另外還有兩個特質，分別是：領悟前所未知的真
理之感、世界起了客觀變化之感（p.194）。

[18] 同上註，p.166。

[19] 同上註，p.97。

生活，成為新人格的中心，以前自我認做的客觀真理，現在則從內在變成活生生的現實。」[20]從此皈依經驗中，我們看到了人性中的宗教需求。皈依的結果為皈依者帶來一種人生態度的改變，一個以宗教為其生活中心的人，與他之前的生命狀態是截然不同的。在此過程中，人的內在心態轉到一個與過去全然不同的平衡點，從此活在一個新的能量核心，用詹姆斯的話說就是：「原來處於邊緣地位的宗教觀念，現在佔據了核心的位置，而且宗教的目標變成其能量的習慣中心（the habitual centre of his personal energy）。」[21]

　　宗教經驗在一個人性格上成熟的結果，詹姆斯稱之為「聖徒性」（saintliness），這是遍在所有宗教之中的特性，它具有四項基本的特徵[22]：

(一) 一種更寬闊的生命之感，超越塵世微末的私利；確信存在著一種理想力量（Ideal Power），他不僅是理智的，似乎也是可感的。

(二) 覺得理想的力量與我們自己的生活是連續的，親密無間，並心甘情願受此理想力量的支配。

(三) 極度的興奮與自由之感，好像約束自我的界線消融了。

(四) 關注非自我的要求，情緒中心轉向愛與和諧，轉向肯定的「是！是！」遠離否定的「不！」

　　這些聖徒性的特徵乃皈依的結果，皈依者完全放棄了自我意志，將自己交付給更高的理想力量，以換取生活的幸福，不過這種宗教的幸福並非世俗的享樂，而是在實踐中的禁欲苦行、犧牲奉獻、純潔慈悲所帶來的莊嚴喜悅與平安。在這些看似不僅不合時宜甚至是背俗的聖徒性格中，卻是展現了人性中某些美好的特質，諸如忠誠、堅忍、純淨與慈悲，並且揭示了人類所應追求的美善生活，正如詹姆斯所言：「我們可以承認一切聖徒所具有的慈善，以及有些聖徒過度的慈

---

[20] 同上註，p.166。
[21] 同上註，p.155。
[22] 同上註，p.212-213。

善，都是真正富有創造性的社會力量，具有讓只是可能的美德變成現實的傾向。聖徒是美善的創作者、拍賣者與增生者。（The saints are authors, auctores, increasers, of goodness）」[23]人性的發展潛力深不可測，許多看起來是心硬到無可救藥的人，實際上能夠軟化、改變與重生，在聖徒身上具體地彰顯了這種可能性，也可以說這就是宗教的功能與力量。

　　宗教的實質既存在於個人自覺他與一個和他有關且更高的力量之間的交流，祈禱便成了宗教的靈魂與核心。[24]詹姆斯區別了兩種不同的祈禱：一是狹義的「祈求式的祈禱」（petitional prayer），諸如祈求風調雨順、國泰民安、身體健康、金榜題名、升官發財之類的請求；另一是廣義的「感通式的祈禱」（prayer as inward communion or conversation with the power recognized as divine），這是指個人與更高神聖力量的一種內在感應或對話，正是這種感通的祈禱構成宗教的靈魂與核心。詹姆斯引用法國神學家沙巴提爾（Auguste Sabatier）的話：「祈禱是一個在痛苦中的靈魂與這個靈魂的命運所仰賴的神秘力量之間的交流，這是一種有意識而自願的關係。與神的這種交流是通過祈禱實現的。祈禱是實踐的宗教（Prayer is religion in act），也就是說，祈禱是真正的宗教（Prayer is real religion）。祈禱使得宗教與其類似或鄰近的現象，即純粹道德或美感情操有所區別。宗教是整個心靈試圖救度自己的生命活動，心靈緊緊抓住某個原則從中汲取它的生命，這種生命活動就是祈禱。我所說的祈禱並不是語言上空洞的演練，也不是反覆誦唸某些神聖的經文，而是靈魂的運動本身，靈魂將自身置於一種與自覺其臨在之神秘力量所接觸的私人關係中——即便無以名之亦可發生。沒有這種內在的祈禱，也就沒有宗教；反之，只要祈禱發生並激動靈魂，即使沒有形式、沒有教義，也是活生生的宗教。」[25]在這種交流感通過程中，能量從高處注溢回應了祈禱，而且在吾人

---

[23] 同上註，p.278。

[24] 同上註，p.358。

[25] 同上註，p.359。

心中原本潛伏的精神力量也實實在在地活躍起來，並對我們的生活產生實質的作用。

　　正如詹姆斯所指出的，「神秘主義」（mysticism）與「神秘的」（mystical）這些詞經常是在貶斥的意義上被使用，用以指責我們視為模糊不清、浩瀚無邊、濫情且缺乏事實或邏輯根據的事務。但是，個人的宗教經驗卻是以神秘的意識狀態（mystical states of consciousness）為其根基與中心。[26]詹姆斯所稱的神秘經驗具有四項特性[27]：

(一) **不可言傳性（Ineffability）**。此特性是「一切神秘主義的基調」[28]。經歷神秘意識狀態的人總是說它超越言說，不能用語言恰當地表達其內容，因此只能直接經驗它，而無法將此經驗傳達給他人。

(二) **可知性（Noetic quality）**。神秘狀態雖然很像感受，但在那些經驗者看來，它們似乎也是一種知性狀態。它們是對於推論的理智所無法探測之深刻真理的洞見。詹姆斯特別強調此點，他說：「宗教人常常宣稱自己以一種特殊的方法看見真理，那種方式稱之為神秘主義。」[29]它們是洞見、啟示，雖無法言傳，但充滿義涵並深具重要性，且對未來還帶有一種奇特的權威感。

(三) **暫時性（Transiency）**。神秘狀態不會維持太久，當經驗消褪時，通常只剩下殘缺不全的模糊記憶，但當它再度發生時，則能夠清楚地指認出來。

(四) **被動性（Passivity）**。雖然神秘狀態的發生可以經由有系統的修煉所激發，但當神秘經驗發生時，經驗者會覺得自己的意志好像終止一樣，好像被一個更高的力量所擄獲。

---

[26] 同上註，p.294。
[27] 同上註，pp.295-296。
[28] 同上註，p.314。
[29] 同上註，p.293。

神秘經驗的特性既如上述，問題是，神秘經驗作為宗教生活的根基與中心，是否具有真實可靠的權威性？詹姆斯對此問題的回答包含三部分[30]：

(一) 神秘經驗得到充分發展之時，對於有此經驗的人，通常是而且有理由成為絕對可靠的經驗。

(二) 對於那些沒有直接經驗的人，神秘經驗沒有任何的權威要他們毫無批判地接受這些經驗的啟示。

(三) 神秘經驗打破了非神秘意識或理性意識（the non-mystical or rationalistic consciousness）的權威，因為後者僅僅建立在理智和感官的基礎上。神秘狀態表明，理性意識只是意識的一個種類，它們揭示了其它真理的可能性。

詹姆斯的回答更深入地展示其「個人宗教」觀念的內涵，同時也呼應了其晚年有關經驗與意識理論的基調。宗教的實質在於個人內心的體驗，體驗到神聖更高力量的存在，這種宗教體驗不同於日常經驗，亦超越理性意識，儘管它不可言傳，卻是實實在在的經驗，就像感官知覺經驗一樣的實在。詹姆斯曾經透過氧化亞氮、亞醚等麻醉劑所引發的迷醉狀態證明此點，對此他總結地說：

> 日常的覺醒意識，即我們所謂的理性意識，只不過是一種特殊的意識狀態，在其周圍還存在許多全然不同形式的意識狀態，彼此之間僅以一層薄幕相隔開。我們可能一輩子都沒有察覺它們的存在，但若有必要的刺激，它們將一觸即發，完全呈現，表現為某種確定的心理狀態，也許某處正是其應用與適用的範圍。任何關於宇宙整體的論述，若忽略這些形式的意識狀態，是不會有什麼結論的。[31]

---

[30] 同上註，pp.327-332。

[31] 同上註，pp.300-301。詹姆斯在稍晚（1909年）的著作《多元的宇宙》（*A Pluralistic Universe*）一書中論及**自然經驗**與**宗教經驗**之別時亦強調了這個觀點：「理性在我們其它的諸多經驗上起作用，甚至在我們的諸多心理經驗上起作用，但

詹姆斯的意思很清楚，在宗教信仰上，體驗感受才是宗教更深刻的根源，理性的論證，不論是哲學的還是神學的，都是第二序的次級產物，它不過是對此體驗內容的一種事後的辯護。這種理性認知當然也是人性的不得不然，人們總會不由自主地將其宗教信仰理智化，理性界定我們的信仰，並使它得到語言表述的能力與支持或反對的合理性。但理性從來不曾產生信仰，也不能為信仰做擔保，推論（ratiocination）是走向神性（the deity）較為膚淺而不實在的路。[32]關於宗教對象的實在感，也就是在人的意識中「有某種東西在那裡」（something there）的感受，詹姆斯強調，它從來不是以視覺、聽覺、觸覺或是任何平常知覺的方式被感知到。但是，對有這種實在感受的人而言，它們與任何一種直接的感官經驗一樣真實可靠，也比那些僅僅透過理性推論的邏輯關係所得到的結果更令人信服。「那是一種對於真理的知覺，一種對於某種實在的揭露。」[33]

詹姆斯不但肯認神秘經驗超越地域與教義差異的遍在性，更視其為人性中宗教需求的根源所在，並深刻地影響著宗教歷史之塑造，這點是他對神秘經驗所做出的結論：

> 在宗教中，我們人性的某一部分通常是與意識界外或閾外意識領域有非常密切的關係。……它也是孕育宗教的源泉。……對深入宗教生活的人而言，通向此區域的門似乎是異常寬敞地打開著──這就是我的結論。無論如何，使他們

決不會在這些特別具有宗教意義的經驗確實到來之前把它們推斷出來。理性不會懷疑這些宗教經驗的存在，因為這些宗教經驗緊接在自然經驗之後發生，並且轉換了自然經驗的價值，因而和自然經驗不相連續。但是在這些宗教經驗實際上發生並且為人所感受的時候，就擴大了感受到這些經驗者的眼界。這些宗教經驗啟發我們，我們的自然經驗，我們嚴格的道德學的和謹慎的經驗，可能只是真實的人類經驗的一小片段。這些宗教經驗使得自然之輪廓不那麼明確，因而開拓了最為奇怪的諸多可能的事情和遠景。」（吳棠譯，北京商務印書館，2002，頁166。）

[32] 同註16，p.346。

[33] 同上註，p.61。

　　進入此門的經驗，在塑造宗教歷史方面，始終發揮著重要影響。[34]

神秘的意識狀態是實實在在的經驗，此點似乎已無庸置疑，然而更重要的是它們對生命所帶來的美好後果。當我們由日常意識進入神秘的意識狀態，這不僅僅是進入更寬廣的意識領域，從而擴大了我們生命的範圍，更是進入了一種從騷動到安寧的幸福狀態，人們生命中的不安經由與更高力量的交流而得到解救，從而獲得一種宗教上的平安，正如詹姆斯所言：「神秘經驗，指出了甚至非神秘經驗者都會傾向的宗教情懷。它們訴說著至高的理想、訴說廣大、訴說合一、訴說安全，也訴說平靜。」[35]

三、老莊的天人合一觀

　　在莊子眼中，存在兩個世界：大知、小知的世界／真知、俗見的世界／真人、俗人的世界。於此二世界中，存在各式各樣的人：有「折楊皇華，嗑然而笑」的俗民；有「刻意尚行，離世異俗，高論怨誹」的「山谷之士，非世之人」；有「與仁義忠信，恭儉推讓」的「平世之士，教誨之人」；有「語大功，立大名，禮君臣，正上下」的「朝廷之士，尊主強國之人」；有「就藪澤，處閒曠，釣魚閒處」的「江海之士，避世之人」；有「吹呴呼吸，吐故納新，熊經鳥申」的「導引之士，養形之人」。[36]這些人各有所見，各有所好，亦各有所為。這

---

[34] 同上註，p.374。

[35] 同上註，p.332。詹姆斯在該書別處也提到：「內在平靜的天堂，似乎是信仰帶來的平常結果。」（p.222）「我們能夠經驗到與一個比我們更大的某物的合一（union with SOMETHING larger than ourselves），在此合一中，我們找到最大的平安（greatest peace）。」（p.405）

[36] 「山谷之士，非世之人」、「平世之士，教誨之人」、「朝廷之士，尊主強國之人」、「朝廷之士，尊主強國之人」、「江海之士，避世之人」、「導引之士，養形之人」等等之說見〈刻意〉。本文中所引莊子章句均引至郭象注、成玄英疏，《南華真經注疏》，北京：中華書局，1998。

些人的所見、所好、所為雖皆有異，但在莊子看來，均屬小知俗見世界中的俗人。莊子所企盼的是一個真人的世界，對比於小知俗見世界中俗人的所見、所好、所為，莊子如是陳述此真人世界：

> 若夫不刻意而高，無仁義而修，無功名而治，無江海而閒，不導引而壽，無不忘也，無不有也。澹然無極而眾美從之。此天地之道，聖人之德也。故曰：夫恬淡寂漠，虛無無為，此天地之平而道德之質也。（〈刻意〉）

如莊子所述，此真人世界是與世俗迴異的世界，真人世界所體現的是恬淡寂漠、虛無無為的「天地之道，聖人之德」，「不刻意而高，無仁義而修，無功名而治，無江海而閒，不導引而壽，無不忘也，無不有也」，這與世俗中人之刻意有為、逐求佔有，大相逕庭。這兩個世界之分，也就是莊子「天道」與「人道」之別，務要明辨慎察。莊子言：

> 不明於道者，悲夫！何謂道？有天道，有人道。無為而尊者，天道也；有為而累者，人道也。主者，天道也；臣者，人道也。天道之與人道也，相去遠矣，不可不察也。（〈在宥〉）

「天道之與人道也，相去遠矣，不可不察也。」莊子之道論承繼老子之說，而老子之道論即分為「天道」與「人道」兩部分。「天道」所指為「本體義的道」，即以道為天地萬物之本根，道為天地之根，為萬物之宗。「人道」則是人在生活中的行為表現，這些行為或可透過修道的與道合真而合乎天道，或者因為不修道、不知道而違反天道。合於天道之人道，稱為「聖人之道」；不合於天道之人道，則為「常人之道」。莊子以天道無為而尊，人道則是有為而累，此之人道即老子所稱不合於天道之「常人之道」。以天道為主，以人道為臣，莊子基本上是以一種「麗姬悔泣」的心情看待此人道世界。[37]以如是的方

---

[37] 「麗姬悔泣」之事見於〈齊物論〉：「麗之姬，艾封人之子也。晉國之始得之也，涕泣沾襟，及其至於王所，與王同匡床，食芻豢，而後悔其泣也。」本文以為此亦莊子「天人之分」之譬喻。

式觀照此世界，則此世界是應該被超越的對象，超越那以諸多行為規範相濡以沫的情境，而達至如魚相忘於江湖般自在逍遙的境界。不以人滅天，捨人就天，莊子稱之為「反其真」（〈秋水〉）。反其真者，即是「真人」。反之，一個人若是「喪己於物，失性於俗者，謂之倒置之民。」[38]（〈繕性〉）真人「以天待之，不以人入天」（〈徐無鬼〉），莊子謂此為「法天貴真」：

> 禮者，世俗之所為也；真者所以受於天也，自然不可易也。故聖人法天貴真，不拘於俗。愚者反此。不能法天而恤於人，不知貴真，祿祿而受變於俗，故不足。（〈漁父〉）

禮所代表的就是俗世中的種種外在行為規範，「真者，精誠之至也」（〈漁父〉），乃秉受於天之自然法則。此處所稱「聖人」，即反其真之「真人」。真人不為俗所拘，法天貴真反其真而登真也。

荀子評論莊子之思想曰：「莊子蔽於天而不知人。」[39]其義是說莊子知天不知人，荀子所謂「不知人」是指莊子忽視了人及其存在價值。[40]然而若深入考察，將發現莊子究其實是要確立人真正的存在價值，只不過他是以一種與儒家不同的方式——「明於天以知人」，來確立人的存在價值。莊子即言：「古之明大道者，先明天而道德次之，道德已明而仁義次之。」（〈天道〉）依此，莊子可以反駁荀子而作出評論：「荀子蔽於人而不知天」。[41]

何謂天？何謂人？莊子做了如下之論述：

---

[38] 「倒置之民」又稱「蔽蒙之民」：「繕性於俗學以求復其初，滑欲於俗思以求致其明，謂之蔽蒙之民。」（〈繕性〉）

[39] 唐楊倞注，清王先謙集解，《荀子集解》，〈解蔽篇第二十一〉，新篇諸子集成（二），世界書局，1991，頁 262。

[40] 參見楊國榮，《莊子的思想世界》，北京大學出版社，2006，頁 20。

[41] 事實上，荀子對莊子的批評是不相應的，因為二人對「天」之理解，其內涵並不相同。荀子的「天」是指不受人們好惡之情所左右的自然現象及其變化，其言：「天行有常，不為堯存，不為桀亡。」（〈天論〉）其義與莊子之「天」相去甚遠。

> 牛馬四足，是謂天；落馬首，穿牛鼻，是謂人。故曰：無以人
> 滅天……，謹守而勿失，是為反其真。（〈秋水〉）

這裡的「天」是指存在的規定性而言，它具體表現為事物的本然
之性，即一般所稱之「天性」或「天真」；它不僅構成了牛馬這一類
對象的本然狀態，而且也體現於人：人的本真規定便以這一意義上的
天為內涵。[42]相對於「事物本然之性」的天，這裡的「人」所指的就
是破壞了事物本然之性的狀態。此「天人之分」，莊子多處言及此義：

(1) 〈養生主〉中言：「澤雉十步一啄，百步一飲，不蘄畜於
樊中。」澤雉十步一啄、百步一飲是「天」，畜於樊中則
為「人」。

(2) 〈駢拇〉中言：「鳧脛雖短，續之則憂；鶴脛雖長，斷之
則悲。」鳧脛短、鶴脛長是「天」，續短斷長則為「人」。

(3) 〈馬蹄〉中言：「馬，蹄可以踐霜雪，毛可以禦風寒，翹
足而陸，此馬之真性。」馬此本真之性是「天」；又言：「及
至伯樂，曰：『我善治馬。』燒之、剔之、刻之。連之以
羈馽，編之以皂棧，馬之死者十二三矣！」則為「人」。

馬有真性，民有常性，此為「天」；若失去常然本真之性，則是「人」，
莊子稱之「倒置之民」（〈繕性〉），而能不以人滅天之反其常性之真者，
莊子謂之「真人」。真人「法天貴真」（〈漁父〉），「以天待之，不以人
入天。」（〈徐無鬼〉）由此，進而可言「天」的另一重要義涵：「無為
為之之謂天」（〈天地〉），這指的就是與道合真之真人的行為方式：順
應常然真性而行，「盡其所受乎天」（〈應帝王〉），「任其性命之情而已」
（〈駢拇〉），成玄英即注曰：「無為為之，率性而動也。」率性而動之
「性」即上面所言之常然真性。莊子自己也說：「無為，天德而已矣。」
（〈天地〉）合於天德之無為，而後能「安其性命之情」（〈在宥〉），這
才是人生之正道。而那些以物易性，失性於俗，無法率性而動者，那

---

[42] 參見楊國榮，《莊子的思想世界》，北京大學出版社，2006，頁 33-34。

就是違真背道失於本性的「倒置之民」。此不以人滅天之無為，在莊子關於「以己養養鳥」之寓言中有非常具象的描述：

> 昔者海鳥止於魯郊，魯侯御而觴之於廟，奏九韶以為樂，具太牢以為膳。鳥乃眩視憂悲，不敢食一臠，不敢飲一杯，三日而死。此以己養養鳥也，非以鳥養養鳥也。夫以鳥養養鳥者，宜栖之深林，遊之壇陸，浮之江湖，食之鰍鰷，隨行列而止，委蛇而處。（〈至樂〉）

對待海鳥，「觴之於廟，奏九韶以為樂，具太牢以為膳」，這是以人滅天之「以己養養鳥」；「栖之深林，遊之壇陸，浮之江湖，食之鰍鰷，隨行列而止，委蛇而處」才是依天順性之「以鳥養養鳥」。這是莊子非常明確的「天人之分」，而莊子本人也是不以人滅天，循天之理，動而以天行的身體力行者，這在莊子堅拒楚王之禮聘一事上表露無遺。〈秋水〉篇中記載：

> 莊子釣於濮水。楚王使大夫二人往先焉，曰：「願以境內累矣！」莊子持竿不顧，曰：「吾聞楚有神龜，死已三千歲矣。王巾笥而藏之廟堂之上。此龜者，寧其死為骨而貴乎？寧其生而曳尾於塗中乎？」二大夫曰：「寧生而曳尾塗中。」莊子曰：「往矣！吾將曳尾於塗中。」

龜曳尾於塗中是為「天」，龜死巾笥藏之廟堂之上奉為神，此為「人」。社會大位，有權、有名、有利，一般大眾莫不趨之若鶩，對此莊子深深慨歎曰：「小人則以身殉利，士則以身殉名，大夫則以身殉家，聖人則以身殉天下。故此數子者，事業不同，名聲異號，其於傷性以身相殉，一也。」（〈駢拇〉）相反的，莊子則明確地堅持「捨人就天」之原則，寧「生而曳尾塗中」，也不傷性以身相殉於名位，此乃「有道者所以異於俗者也」（〈讓王〉）。

當以人滅天，破壞了事物本然之性的狀態，就會導致生命的不幸與敗亡：澤雉畜於樊中即無精打采；續鳧脛之短則憂，斷鶴脛之長則

悲；伯樂之治馬，則馬之死者十二三；以人養養鳥，則鳥乃眩視憂悲，不敢食一臠，不敢飲一杯，三日而死。以人滅天的後果——失性之為生之害，莊子在「渾沌開竅」的寓言中，已經很明白地昭告世人了。[43]

依上所論，莊子很清楚地區分兩種人：一是法天貴真、盡其所受乎天的「真人」，另一則是以物易性、失性於俗的「俗人」。[44]如何才能成為一個登假於道的真人，這是修道功夫論之核心。

前文提及，莊子之道論直承老子之道。老子之道論分為「天道」與「人道」兩部分。「天道」所指為「本體義的道」，即以道為天地萬物之本根。「人道」則是人在生活中的行為表現，這些行為或可透過修行而合乎天道。關於與道合真，老子從兩方面來談：一方面談「功夫義的道」，即體道合真的實踐方法；另一方面則談「境界義的道」，這是修道得道而與道合真的生命境界。關於本體義之道，老子言：「道沖而用之，或不盈。淵兮似萬物之宗。」（四章）[45]又說：「道生一，一生二，二生三，三生萬物。」（四十二章）《道德經》中所展示老子所體之道，此道生萬物，是萬物之宗，也就是作為天地萬物本根之「本體義的道」。老子所體悟的道是真實的存在物，但並不是某種可見可聞可觸的具體物，而是一種希夷微的存在。[46]這種希夷微的存在並非空無一物，而是一種恍惚窈冥的存在：「道之為物，惟恍惟惚。惚兮恍兮，其中有象；恍兮惚兮，其中有物。窈兮冥兮，其中有精；其精甚真，其中有信。」（二十一章）恍惚者，似有若無，若存若亡；窈冥為虛微幽深之義。道之為物並非一具體之物，而是「無狀之狀，無物之象」恍惚窈冥的存在，因其恍惚窈冥，故「道隱無名」（三十五

---

[43] 「南海之帝為儵，北海之帝為忽，中央之帝為渾沌。儵與忽時相與遇於渾沌之地，渾沌待之甚善。」儵與忽謀報渾沌之德，曰：『人皆有七竅以視聽食息。此獨無有，嘗試鑿之。』日鑿一竅，七日而渾沌死。」（〈應帝王〉）

[44] 或者對比於「真人」，稱之為「假人」似乎更貼切些，蓋在未達真人境界之前，他就只能是一個假人。

[45] 本文所引老子經文，以陳鼓應《老子註釋及評介》一書中的文字為準。以下所引，除非引用他註以闡述義理，另有註釋外，則只註明章節。

[46] 視之不見名曰夷，聽之不聞名曰希，搏之不得名曰微。（《老子》十四章）

章），是一種「無名樸」（三十二章）的存在。此恍惚窈冥的存在「先天地生」（二十五章），存在於天地萬物形成之前，而且「為天下母」（二十五章）、「天地根」（六章），化生天地萬物。

老子這些體道的陳述，基本上為莊子所繼承，莊子說：

> 夫道有情有信，無為無形；可傳而不可受，可得而不可見；自本自根，未有天地，自古以固存；神鬼神帝，生天生地；在太極之先而不為高，在六極之下而不為深，先天地生而不為久，長於上古而不為老。（〈大宗師〉）[47]

道是真實的存在，是可得不可見，無為無形之物，先天地生自古以固存，而生天生地，乃天地萬物之本源：「夫道於大不終，於小不遺，故萬物備。廣廣乎其無不容也，淵淵乎其不可測也。」（〈天道〉）道為天地萬物之本源，化生天地萬物，無所不包亦深不可測。此外，莊子亦言：「道者萬物之所由也。庶物失之者死，得之者生。為事逆之則敗，順之則成。」（〈漁父〉）由此看來，本體義的道，不僅構成了一切存在的根據，而且也展現為存在之序。[48]莊子即言：「語道而非其序者，非其道也。」（〈天道〉）此存在之序即表現為天地萬物「本然之性」，也就是「天性」，是為天地萬物存在之規律，此乃「循道而趨」。因此，「天地固有常矣，日月固有明矣，星辰固有列矣，禽獸固有群矣，樹木固有立矣。………循道而趨，已至矣！」（〈天道〉）天地萬物皆有由道而有的常然本真之性，人亦然，凡能法天貴真者，莊子謂之「真人」，反之便是「倒置之民」，不刻逆敗失亡。

老莊深明「天人之分」，不以人滅天，捨人就天，由人道復反其天道，追求自然本真，「與天和者也」（〈天道〉）。此實則老莊修道思

---

[47] 對於此段莊子體道的陳述文字，嚴復先生曾經指出：「自『夫道』以下數百言，皆頌歎道妙之詞，然是莊文最無內心處，不必深加研究。」（轉引自陳鼓應，《莊子今注今譯》，北京中華書局，1983，頁182。）關於道，莊子謂：「有真人而後有真知」。本文視莊子為有成就的修道者，這段文字是莊子達到與道合真境界所發之言論，而非文學寫作誇大渲染的頌歎之言。

[48] 參見楊國榮，《莊子的思想世界》，北京大學出版社，2006，頁78。

想之理據與工夫之所在。與天和者，莊子謂之「天樂」（〈天道〉），相對於伴有憂苦的「人樂」，天樂乃無苦之至樂。能遊乎至樂者，謂之至人。（〈田子方〉）莊子謂：「得道者，窮亦樂，通亦樂，所樂非窮通也。」（〈讓王〉）得道者窮通皆樂，無所不樂，此為「天樂」，亦可名之為「道樂」，乃無待之逍遙。是故，吾人若能修至與道合真的至樂境界，生命將獲得徹底的安頓，這正是修道的終極目的。

四、和諧與至樂

回顧詹姆斯對宗教所下的定義：「一種對於不可見的秩序，以及人的至善就在於將自身與此秩序調整至和諧狀態的信仰。」對此定義我們可由兩方面來看。首先是「對不可見秩序的信仰」，就此面向而言，它超越了感官知覺與理性意識的自然經驗層面，進入神秘經驗的領域，而神秘經驗是我們內心實實在在的感受，依此，詹姆斯的立場屬於「超自然主義」（supernaturalism）[49]。再者，就「人的至善就在於將自身與此秩序調整至和諧狀態」此一面向而言，我們可以說，當個人自覺與此秩序處於一種不和諧的狀態時，所引發的現象就是生命中某種深度的不安，而此生命的不安，必須透過與更高神聖力量的交流感通，並將自身調整至與此秩序相和諧的狀態，才能得到徹底的解

---

[49] W. James, *The Varieties of Religious Experiences: A Study in Human Nature*，Routledge, 2002, Centenary Edition, pp.401-403。詹姆斯將所有思想家區分為「自然主義者」（naturalist）與「超自然主義者」（supernaturalist），而將自己歸於超自然主義者之列。詹姆斯進一步將超自然主義分為「精緻的超自然主義」（refined supernaturalism）與「粗糙的超自然主義」（crasser supernaturalism）。他並指出大部分的超自然主義者是屬於精緻的一類，他們認為超自然世界是不同向度的實在，對現象界並沒有足以產生效果的因果作用，二者不可相混。這是「普遍主義的超自然主義」（universalistic supernaturalism）。詹姆斯將自己歸類為「粗糙的超自然主義」而稱之為「零碎的超自然主義」（piece-meal supernaturalism），他相信超自然界對此世界具有因果作用，在與超自然界的交流感通中，新的力量會進入世界，並為這個世界帶來新的變化。此外，詹姆斯在〈生活值得過嗎？〉（*Is Life Worth Living?*）一文中區別自然經驗與宗教信仰時，亦明確表示他是在超自然的意義上使用宗教這個詞。（*The Will To Believe and other essays in popular philosophy*，p.51。）

決，這也就是我們人生真正的目的。如此看來，追根究底，宗教真正的目的並不在崇拜上帝，而是讓我們獲得更寬廣、更平安的生活。這就是實用主義的宗教觀點：宗教給我們帶來平安。

詹姆斯的宗教觀一般將之歸於實用主義（pragmatism）之名下，懷特（M. White）說：「詹姆斯是以實用主義闡明宗教的哲學家。」[50] 神學家尼布爾（R. R. Niebuhr）則將之稱為「宗教經驗的實用主義形上學」（pragmatic metaphysics of religious experience）。[51]將詹姆斯的宗教思想逕稱之為「實用主義的宗教觀」並不恰當，這只說對了一半。較正確的稱呼應該是「超自然的實用主義」（supernatural pragmatism），或者用詹姆斯自己的說法：「實用主義的有神論」（the pragmatistic type of theism）[52]。

詹姆斯總結宗教生活的特性，包括三條信念、兩個心理特徵。[53]三條信念分別是：

(一) 可見世界是更具精神性世界（a more spiritual universe）的一部分，前者的主要意義是從後者取得的。

(二) 與此更高世界的合一或和諧的關係，是我們真正的目的。

(三) 祈禱或是與世界精神——無論此精神是上帝還是法則的內在交流，都是實際發生作用的過程，精神力量流入現象世界並引發心理或物質的效果。

兩個心理特徵則是：

---

[50] 懷特編著，杜任之主譯，《分析的時代——二十世紀的哲學家》，谷風出版社，1986，頁178。

[51] Richard R. Niebuhr, *William James on religious experience*, in *The Cambridge Companion to WILLIAM JAMES*（Edited by Ruth Anna Putnam），Cambridge University Press, 1997, p.234.

[52] W. James, *The Varieties of Religious Experiences: A Study in Human Nature*，Routledge, 2002, Centenary Edition, p.154。

[53] 同上註，p.375。

(一) 一種新的熱情就向天賜的禮物一般進入生命中，以抒情的
魅力或是以激發真誠和英雄氣概的形式表現出來。

(二) 安全的保證與平和的性情，而且在與他人的關係上，親愛
的情感勝過一切。

老莊思想直指「天道」、「人道」之分：「天道」乃天下萬物之宗，亦
是存在秩序之源；「人道」則是人所行之道。人所行之道既有合於天
道者，亦有不合於天道者。合於天道之人道，稱為「聖人之道」；不
合於天道之人道，是為一般之人道，則稱之為「常人之道」。依天道
以行人道，率人道以合天道，將生命提升到天人合一、與道合真的逍
遙境界，這就是人生的終極目的。

綜觀詹姆斯與老莊之思想，二者均揭示一種雙重的世界觀：可見
的世俗世界（人道）與不可見的神聖世界（天道）。更重要的是，此
一不可見的世界展現出一種不可見之秩序而為可見世俗世界的價值
本源。對此不可見秩序的信仰，詹姆斯指出，就是人性中的宗教關懷。
而與此更高世界的合一，亦即與此不可見秩序達成和諧的關係，這就
是人生的至善，同時也是我們生命的最終目的。欲達至天人合一、與
道合真的和諧狀態，首先必須有對此更高世界的體悟。對此更高世界
的體悟，或者說「得道」，就是詹姆斯所謂的「神祕經驗」（mystical
experience）。[54]在這種經驗中，經歷者處於某種意識狀態，同時他感
知了某種真理，而這種真理「類似於感覺所給我們的知識，而不像概
念思維賦予我們的知識。」[55]但它又不是透過感官而來的感覺，而是
一種無法藉著語言文字來描述的真切感受。在此感受過程中，他們捕
捉到了某種真理，然而卻超乎理智所能理解的範疇。儘管如此，對經

---

[54] 詹姆斯說：「這種對個人與絕對者之間一般障礙的克服，是偉大的奧妙成就。
在神祕狀態中，我們與絕對者合而為一，我們也可以意識到這種合一。這是
神祕經驗傳統恆常而成功的部份，幾乎不受地域或教條的差異而改變。」（同
註 52，p.324。）

[55] 同註 52，p.314。

歷者而言，其真切性卻是不容置疑的，正如詹姆斯所引一位牧師有關
上帝臨在體驗所說的話：

> 我不能懷疑祂的存在，就像不能懷疑我的存在一樣。的確，兩
> 者之間如果有什麼不同，我倒覺得自己的存在並沒有祂那麼實
> 在。就在這時，我內心產生了對上帝的最高信仰，還有上帝最
> 真實的觀念。……從那時起，我所聽聞有關上帝存在證明的各
> 種討論，無一能夠動搖我的信心。……我以為可以正當地把它
> 稱為神秘經驗。我沒有足夠的哲學知識為它辯護。我覺得，我
> 的敘述非但不能清楚地傳達它，反而用語言遮掩了它。[56]

對他們來說，那是一種對更高實在的揭露，一種對終極真理的感知。
此實在或真理，對有神祕經驗的當事者而言，是存在的，但對其他人
則不存在。此亦即莊子之所言：「有真人而後有真知」（〈大宗師〉），
未達真人境界之知，皆是師其「成心」是是非非之小知，小知當然不
及真知，故老子有「下士聞道大笑之」（四十一章）、「知我者希」（七
十章）之嘆，而莊子亦有「以天下為沈濁，不可以莊語」（〈天下〉）、
「大聲不入於里耳，高言不入於眾人之心」（〈天地〉）之慨。但老莊
亦明白表示體道乃超感官知覺又超言絕慮之經驗，老子言：「道隱無
名」（四十一章），莊子也說：「大道不稱」（〈齊物論〉）、「道不當名」
（〈知北遊〉）、「道杳然難言哉！」（〈知北遊〉）道之為言只是強為之
名：「道之為名，所假而行。……道，物之極，言默不足以載。非言
非默，議有所極。」（〈則陽〉）道乃極物，並非具體有形之物，其無
形、無聲、窈冥、昏默、無古今、不生不死，是超越語言思辯的存在。
因此莊子明確地說：道「視之無形，聽之無聲，於人之論者，為之冥
冥，所以論道而非道也。」（〈知北遊〉）、「道不可聞，聞而非也；道
不可見，見而非也；道不可言，言而非也。」（〈知北遊〉）如此超感
官知覺又超言絕慮之道，如何可以掌握呢？莊子有「黃帝遺其玄珠」
之寓言托寄得道之方：

---

[56] 同上註，pp.56-57。

> 黃帝遊乎赤水之北，登乎崑崙之丘而南望。還歸，遺其玄珠。
> 使知索之而不得，使離朱索之而不得，使喫詬索之而不得也，
> 乃使罔象，罔象得之。（〈天地〉）

「玄珠」喻道也；「知」指智者；「離朱」為古之名目者，「喫詬」是
巧言善辯者，「罔象」乃虛構之名，取其恍惚杳冥，似有若無，無心
自然之義。黃帝遺失玄珠，知者以智巧求之，離朱以明目求之，喫
詬以言辯求之，皆無所得，罔象則以無心自然而得之。此則寓言指
明：靠感官知覺、聰明智巧、語言文字無法求得大道，須無心純任
自然方能得之。所謂「得道」，並非如獲得一技之長或者擁有某種事
物那種「得到、擁有」之義，而是指一種自得於心且與道合真之相
契。[57]

神祕經驗促使生命轉化，造就一種不同的境界，就詹姆斯而言，
那就是「對更高力量的自我交付」，他說：

> 任何強烈擁有這種感受的人，自然而然地認為，就算是世界上
> 最微不足道的細節，也因為與那不可見的神聖秩序之關係而獲
> 得無限重大的意義。此一神聖秩序的思想給予他一種更高面向
> 的快樂，以及一種無可比擬之靈魂穩定感。[58]

---

[57] 有學者將莊子此處所言之「道」視為一種超脫生死的途徑，一種逍遙塵垢之
外的方法，或者一種神奇的道術，並做出結論說：「道即方法，方法即道。」
得道就是得了這種方法，也就可以成為真人，進入無古今不生不死的徹底解
脫境界。（參見徐克謙，《莊子哲學新探：道、言、自由與美》，北京中華書局，
2006 二刷，頁 46-48。）此論犯了一個明顯的謬誤，即混淆了「道」與「得道
的方法」。「道」字之古義即指「達到某種目的之途徑或方法」，於此道與方法
是同義詞。但是除了「方法義的道」之外，另有作為「目的義的道」，那是莊
子所展示的吾人修行所欲達到的境界，或稱之為「境界義的道」。「得道的方
法」是一種修道的功夫，得此方法之後勤而修之，方可成為真人，並非了得了
此方法不待修煉就可成為真人。得了方法並非得道，修煉成為真人才是得道。
得道是與道合真的生命境界，而不是指得到修道的方法，其間差異甚遠。

[58] W. James, *The Varieties of Religious Experiences: A Study in Human Nature,
Routledge*, 2002, Centenary Edition, p.287。

也就是說，「只要我們真正地將自己交付給那個更高的力量，並同意去運用此一力量，它就將以特定的方式照料我們，比我們自己照顧自己還要好。」[59]這種對有限自我及其需要的否定，是進入更寬廣、更幸福生活的唯一門徑。[60]這表面上看似否定的功能（a no-function）實則是為了更深的肯定所做出的否定（a denial made on behalf a deeper yes）。[61]而在此否定有限自我及其需要的的活動中，存在著某種與宗教經驗的神祕性相關的一種更為深刻的東西，亦即「在對更高力量的絕對交付中所得到的滿足」（the satisfaction found in absolute surrender to the larger power）。[62]因此，在所有聖徒生活的編年史中，我們可以發現一些反覆出現的重要訊息[63]：

(1)　毫無保留地將自己交付於上帝的安排。

(2)　不要為明天憂慮。

(3)　變賣你一切所有施予窮人。

(4)　唯有無情而不顧後果地犧牲，才能真正得到更大的安寧。

這是有限自我對更高力量的絕對交付，就連「一便士這小小的經濟保障，卻是實實在在的精神障礙（spiritual obstacle）」[64]，只有將之盡棄後，生命才能完全安頓在新的平衡狀態中，這其實也就是道家所說「人心死，道心生」的生命境界。在此境界中，亦即在對更高力量的絕對交付中，我們會得到某種滿足，這種滿足詹姆斯稱之為「宗教的幸福」（religious happiness），它既非吾人之欲望需求得到滿足的暢快，也不是從受到威脅的困境逃開的鬆了一口氣的鬆懈感。此宗教幸福乃是一種生命更寬廣、更平安自在的莊嚴和諧狀態。詹姆斯總結其神祕經驗的論述時說道：

---

[59]　同上註，p.97。
[60]　同上註，p.323。
[61]　同上註，p.322。
[62]　同上註，p.249-250。
[63]　同上註，p.250。
[64]　同上註，p.252。

> 我們從日常意識進入神祕狀態，就好像從較少（a less）到較
> 多（a more），從微小（a smallness）到廣大（a vast），同時，
> 也好像是從不安（an unrest）到平安（a rest）。我們覺得它是
> 一個和諧而統一的狀態。它們在我們身上所引發的是更多的肯
> 定功能（yes-function）而非否定功能（no-function）。在這種
> 狀態中，無限吞沒了有限，並且平和地了結了帳目。[65]

具有神祕經驗不僅僅是進入一個更寬廣的意識領域，更是進入一種幸
福平安的生命狀態。而這種宗教的幸福感，似乎是信仰所帶來的平常
結果：「我們能夠經驗到與一個比我們更大的某物的合一（union with
SOMETHING larger than ourselves），在此合一中，我們找到最大的平
安（greatest peace）。」[66]

　　而對老莊而言，那就是以人入天、法天貴真、與道合真、遊心於
道的生命境界，達到這種生命境界者，老莊稱之為「聖人」、「真人」、
「至人」、「神人」等等[67]，指的是依天道而行的有道之士，他們都是
大道的體現者，其最突出的特質有二：第一，真人「同帝」──與道
同遊。真人登假於道，遊心於物之初，合於天倫，循天之理，動而以
天行。不以心捐道，不以人助天，以天為徒，乃合天德。遊乎塵垢之
外，以遊逍遙之墟，莊子謂之「采真之遊」（〈天運〉）。第二，此采真

---

[65] 同上註，p.322。

[66] 同上註，p.405。

[67] 尤其是在《莊子》一書中，對這些名稱之使用並非總是一致的，如〈逍遙遊〉
中言：「至人無己，神人無功，聖人無名。」看來，至人、神人、聖人是有所
不同的。但似乎也可做不同的解釋，成玄英對此不同即疏曰：「至言其體，神
言其用，聖言其名，故就體言至，就用語神，就名語聖，其實一也。詣於靈
極，故謂之至；陰陽不測，故謂之神；正名百物，故謂之聖。一人之上，其
有此三，欲顯功用名殊，故有三人之別。」依此說，至人、神人、聖人是真
人同實殊用異名之別稱，本文從此解。此外必須辯明的是，「聖人」之不同意
涵。如〈馬蹄〉篇中所稱：「夫殘樸以為器，工匠之罪也；毀道德以為仁義，
聖人之過也。」此「聖人」之義實不同於「真人」義之「聖人」，故「聖人」
之意涵，一指倡行仁義道德之「儒家聖人」，一指自然無為體道合真之「道家
聖人」，其義遠矣，二者不可混淆。

之遊乃至美至樂之逍遙境界。真人遊乎塵垢之外，超越於世俗相對性的苦樂之外，而活在至福至樂之中。憂患不能入，邪氣不能襲；無天災，無物累，無人非，無鬼責；其寢不夢，其覺無憂；不知說生，不知惡死；其出不訢，其入不距。那是一種相忘於江湖「脩然而往，脩然而來」之絕對無待的自在狀態。

一般世俗中人不明天人之分，只能受變於俗，無以超脫。受變於俗的「倒置之民」，追求俗世之所尊、所樂者：富貴、壽善、身安、厚味、美服、好色、音聲等；逃避俗世之所下、所苦者：貧賤、夭惡、身不得安逸、口不得厚味、形不得美服、目不得好色、耳不得音聲等。然所尊所樂者總有所不得，而所下所苦者亦總無所逃，樂之不得，苦之不去，總是個憂苦的人生。（〈至樂〉）此一世俗世界，雖有所尊所樂者，然根本上仍是個「與憂俱生」（〈至樂〉）的世界，「終身役役而不見其成功，苶然疲役而不知其所歸，可不哀邪！」（〈齊物論〉）。莊子慨嘆人生在世是活受罪，猶如受刑，有外刑——外在的磨難，也有內刑——內在的煎熬，而只有真人才能免乎外內之刑：「夫免乎外內之刑者，為真人能之。」（〈列御寇〉）此憂苦之生命，吾人若欲求得一個安頓，依老莊之見，其要義即在於深明「天人之分」，不以人滅天，捨人就天，由人道復反其天道自然之真，「與天和者也」（〈天道〉）。與天和者，謂之「天樂」（〈天道〉），相對於伴有憂苦的「人樂」（俗樂），天樂乃無苦之至樂。能遊乎至樂者，謂之至人（〈田子方〉）。至此，憂苦之生命乃得徹底之安頓，此即人生之至善。

五、結語

人是多層次、多面向的存在，人活著就會有各種不同的需求，一般區分為生理、心理及靈性三個層次的需求。首先，「生理需求」的層次，包括飢、渴、暖、性等，此一層次需求的滿足是最基本的，否則生命根本無法延續與成長；其次，「心理需求」的層次，包含安全、歸屬、尊重與自我實現等需求，此一層次需求的滿足給人帶來更美好

的生活。至於「靈性需求」的層次，根據義大利精神醫師，同時也是心理統合學派（Psychosynthesis）的創始人亞薩鳩里（R. Assagioli，1888-1974）的說法，他認為：

> 在前兩類（生理上及心理上的）的需求得到滿足後，令人不解的是，它會引發某種無聊、倦怠、空虛及無意義感，它會令人不知不覺地開始尋求「其他某種東西」，另有它求。我們常見到許多人在世界中已得到相當大的成就及滿足後，反而愈來愈焦躁不安，開始有叛逆思想或是憂鬱沮喪……大部分的時刻都在潛藏狀態的高層境界遲早會要求實現，它要人接納它並活出它來，這是人的無奈也是人的榮耀。[68]

這種生理上及心理上的的需求得到滿足後，令人費解地浮現「別有它求」所引發的靈性危機（spiritual crisis），詹姆斯稱之為「思辯性的憂鬱」（speculative melancholy），那是受挫的宗教需求所引發的病態顫慄（the sick shudder of the frustrated religious demand）。[69]很明顯，此靈性的需求無法透過生理或心理需求中，量的增加或質的提昇來得到滿足，否則它也就不會出現了，因此，它本質上超越了這兩個層次。這種超越性的靈性需求乃是人性中相當重要的一部分，它就像生理與心理的需求一樣真實，也同樣要求滿足。當此需求出現時，壓抑或者忽視都是不健康的態度，此一需求若無法得到滿足，將導致生命停頓的存在虛無感，也就是詹姆斯所謂人生不對勁的某種不安。而此需求的滿足則會給人帶來生命意義的安立，讓我們覺得生命是值得活的，不至於在死亡來襲時，方悔虛度一生。

在此，「靈性」與「宗教」二者的關係有必要做一些說明。所謂的靈性是指人性中與生理、心理層次一樣真實，但又不同的超越性層

---

[68] R. Assagioli, *The Act of Will*，轉引至李安德著、若水譯，《超個人心理學——心理學的新典範》，桂冠圖書公司，2000，頁290。

[69] W. James, '*Is Life Worth Living?*' in *The Will To Believe and other essays in popular philosophy, Dover Publications*, Inc., New York, 1956, p.42.

次。詹姆斯將宗教區分為「個人的宗教」與「制度性宗教」，我們可將「靈性」與「宗教」的差別依詹姆斯之見做如下的陳述：「靈性」即是「個人的宗教」中人性對神聖信仰之內在需求，我們可稱之為「廣義的宗教」；「宗教」則是指狹義的「制度性宗教」，這是對靈性的一種特殊立場的詮釋，因此可稱之為「狹義的靈性」。當我們談到尋找上帝就是人性中的宗教關懷時，基本上都是指廣義的宗教而言，而不是狹義的制度性宗教。簡言之，靈性就是廣義的宗教，宗教則是狹義的靈性。宗教關懷是人性中的靈性需求，就此而言，人是不折不扣的「宗教人」（homo religiosus），雖然他不見得一定會成為某一個制度性宗教的信徒（「宗教徒」，religious believer）。這樣的論述，不只是符合詹姆斯的宗教觀，對於老莊而言亦是適切的。吾人之生命若無向上一層境界之超越提升，終難避免陷於在下層生命中諸多善惡對立的爭奪拉扯。也許只有精神境界之超越提升方能徹底解決人生根本的勞苦煩憂，這是詹姆斯的宗教觀與老莊的天人合一所給我們指點的一條生命安頓的人生之路——精神超越之道。

此一精神超越之道，實乃從天道到人道的價值體悟與貫徹。在精神超越之中，人生諸般困境因而得到解消。在超越而上達終極的和諧境界中，生命獲得安頓，得享至樂。在人性向上提升、追求靈性滿足的過程中，不僅展現了人性中種種美好良善的特質，同時也揭示了人類的終極需求———一個和諧與至樂的生活。

修德以待神恩：康德的宗教哲學

做一個好的僕人，這是費力勞神的（在此始終只會聽到義務）。
因此，他寧可做一個寵兒，這時，他的許多事情都可以得到寬恕。
或者，即使他過於嚴重地違背義務，它也可以憑藉一個在最高
的程度上蒙恩的人的調解來補償一切。

——康德：《單純理性限度內之宗教》[*]

一、前言：批判的精神

　　十八世紀是個啟蒙的時代，康德於 1784 年發表了〈回答一個問
題：什麼是啟蒙？〉的文章頌揚啟蒙思想。康德於文中指出，所謂
啟蒙「就是人從自己造成的未成年狀態中走出。」[1]其基本信念是「在
一切事物中公開地使用自己理性的自由」[2]，也就是自由獨立的思
考，反對盲目信從。所以啟蒙的格言就是：「要有勇氣使用自己的理
性！」[3]康德在文中自我設問：「我們生活在一個啟蒙了的時代嗎？」
其答案是否定的：「我們僅僅生活在一個啟蒙的時代。」康德將此啟
蒙的時代稱為「批判的時代」，要求對一切事物進行理性的批判，即

---

[*] I. Kant，李秋零譯（2005：267）。

[1] I. Kant，李秋零譯（2006b：268）。所謂「未成年狀態」就是：沒有人的指導
就不能使用自己的理性。倘若此未成年狀態的原因並不在於缺乏理性，而是
在於缺乏無須他人指導就使用自己理性的決心和勇氣，則這種未成年狀態就
是「自己造成的」。

[2] I. Kant，李秋零譯（2006b：269）。

[3] I. Kant，李秋零譯（2006b：268）。原譯文使用「知性」一詞，依上下文來看，
應可解為「理性」之義，為求概念之一致，改之。

便是尊嚴的法律與神聖的宗教也不例外。[4]康德如是宣示啟蒙時代之批判精神：

> 我們的時代是真正的**批判**時代，一切都必須經受批判。通常，宗教憑藉其神聖性，立法憑藉其權威，想要逃脫批判。但這樣一來，它們就激起了對自身的正當的**懷疑**，並無法要求別人不加偽飾的**敬重**，**理性**只會把這種敬重給予那經受得住它的自由而公開的檢驗的事物。[5]

唯有經過理性自由與公開的檢驗，始能與予該事物誠摯的敬重，否則難免遭遇被懷疑的命運，即使尊嚴如法律、神聖如宗教，亦然。此理性之批判實即康德哲學之基本精神[6]，康德堅信，惟有通過這種理性批判的精神，人類才能真正實現「從自己造成的未成年狀態中走出」的啟蒙。哲學家 K. Jasper 盛讚康德在這一點上對哲學的偉大貢獻，他說：「康德是無法迴避的。沒有他，人們在哲學中還毫無批判性。」[7]可以說，康德的理性批判精神乃成為康德哲學永恆的功勳和榮耀。[8]

---

[4] Kant 尤其用心於對神聖宗教之理性批判，他在〈回答一個問題：什麼是啟蒙？〉一文中即言：「**我在這裡規定了啟蒙的要點，即人從自己造成的未成年狀態走出的啟蒙。這主要是針對宗教事務而言。**」(I. Kant，李秋零譯（2006b：273））

[5] 《純粹理性批判》第一版序言的註，I. Kant，鄧曉芒譯（2004：3）。黑體字為作者所加，作為強調之用，以下皆同。

[6] Kant 於《純粹理性批判》〈純粹理性的建築術〉一章的最後提到：「所以自然的形而上學以及道德的形而上學，尤其是作為預習（入門）而先行的、對駕著自己的翅膀去冒險的**理性所做的批判**，其實才是惟一構成我們在真正意義上能夠稱之為哲學的東西。」(I. Kant，鄧曉芒譯（2004：641））在 1798 年出版的《系科之爭》一書中，Kant 將「理性」定義為：「依照自律，即自由地（符合思維的一般原理）進行判斷的能力。」(I. Kant，趙鵬、何兆武譯（2005b：69））理性依其本性是自由的，它不接受任何要求它把某種東西當作是真的命令。這其實說的就是理性批判的基本精神，此精神即具體表現為：「**公開地展示真理**」(I. Kant，趙鵬、何兆武譯（2005b：74））。

[7] K. Jasper，李雪濤主譯（2005：548）。

[8] 鄧曉芒（2005：222）。

二、康德哲學的根本問題及其解決

理性之批判是康德哲學之基本精神，關於哲學，康德明確地區分兩種哲學：**哲學的學派概念**（scholastic concept）與**哲學的世界概念**（conceptus cosmicus）。[9]哲學的學派概念是一個知識系統的概念（a concept of a system of knowledge），其目的在於知識的邏輯完善（the logical perfection of knowledge），而哲學家就是一個理性之專門家（artificer in the field of reason）。哲學的世界概念則是指有關一切知識與人類理性的根本目的之關係的科學（the science of the relation of all knowledge to the essential ends of human reason），這賦予哲學以無上的尊嚴，也使得哲學具有一種絕對的價值，而前者則對所有知識分枝普遍適用。在此一意義下，哲學家乃是人類理性的立法者（the lawgiver of human reason）。人類理性的立法有兩個對象：自然（nature）與自由（freedom），因此而有兩個哲學系統：自然哲學與道德哲學。前者探討一切存在之物（that is），後者則探討應當存在之物（ought to be）。而人類理性的根本目的指向一終極（最高）目的[10]，康德指出，此終極目的無非是人類的全部使命，而有關這種使命的學問就是「道德學」。在此理解下，哲學家即是道德學家。道德作為人類理性立法的終極目的，此一觀點對於了解康德哲學之要旨，尤其是其宗教思想時，至關緊要。

康德在其《純粹理性批判》第二部分〈先驗方法論〉中指出，人類理性在思辯與實踐方面所關切的一切興趣，集中於以下三個問題：一、我能夠知道什麼？（What can I know?）；二、我應當做什麼？（What

---

[9] 《純粹理性批判》〈純粹理性的建築術〉，I. Kant，鄧曉芒譯（2004：633）。

[10] 在《邏輯學講義》這本晚年（1800）出版的著作中，Kant 則是直接指出此理性的根本目的實即其終極目的：「哲學的世界概念就是有關於人類理性終極目的的科學（the science of the ultimate ends of human reason）。」（T. K. Abbott（1972：14））

ought I to do?）；三、我可以希望什麼？（What may I hope?）而在 1793
年致哥庭根大學神學教授司徒林（Staudlin, 1761-1826）的信函中，以
及 1800 年出版的《邏輯學講義》一書中，康德明確指出自己學術生
涯在純粹哲學的研究計畫可化約為四個問題，除了前述三個問題外，
又將此三個問題歸結為一個總問題，即：人是什麼？（What is Man?）
並指出：「我能夠知道什麼？」的問題由形上學（metaphysics）回答，
「我應當做什麼？」的問題由道德學（morals）回答，「我可以希望
什麼？」的問題是由宗教（religion）回答，而「人是什麼？」的問題
則由人類學（anthropology）來回答。[11]

依康德之解釋，第一個問題是純然思辨的，屬於知識的問題；第
二個問題則是純然實踐性的，屬於道德的問題；這兩個問題是由康德
的三大批判完成回答。1787 年《純粹理性批判》一書考察了人的認
識能力，確定了知識的來源、範圍與界線，解決了「我能夠知道什麼？」
的第一個問題。1788 年《實踐理性批判》一書則考察了規定人的道
德行為的意志及其本質和法則，提出道德的「定言律令」，解決了「我
應當做什麼？」的第二個問題。1790 年《判斷力批判》一書則是為
了克服前二批判所造成自然的必然性與道德的先驗自由之對立，架設
由現象界通向本體界的橋樑。[12]第三個問題：我可以希望什麼？其嚴
謹而精確的表達形式應該是：如果我做了應該做的事，我可以希望什
麼？康德認為這是屬於宗教領域內應予回應的問題。1793 年《單純
理性限度內之宗教》一書出版，康德在致司徒林的信函中明確表示，
這本書是為了解決此第三個問題而作。[13]

三、知識、道德與宗教

康德以為哲學家的使命必須能夠去決定：

---

[11] 參見 T. K. Abbott（1972：15）；I. Kant，李秋零編譯（2006a：199）。

[12] 參見李秋零（2005：18）。

[13] I. Kant，李秋零編譯（2006a：199）。

（一）人類知識的來源；

（二）知識可能的與有效的運用之範圍；

（三）理性的限度。

其中第三項任務最困難，但卻是最重要的。[14]第三項任務之所以是最重要的理由在於：決定理性的限度，懸置知識，以便「給道德觀念提供地盤」[15]，「給信仰騰出位置」[16]。而給道德提供地盤事實上也就是給信仰騰出位置，所謂「信仰」，康德做了如下的說明：

> **信仰是理性在把對於理論知識來說難以達到的東西認其為真時的道德思惟方式**。所以它是內心持存的原理，用來把必須**預設為最高的道德終極目的**之可能性的條件的東西由於對此目的的職責而**假定為真的**。[17]

康德之意，信仰的本質仍是道德性的。

依康德之思想，人類知識都是使用先驗之理解範疇整理組織感性材料的結果，因而一切知識均發生於經驗。而道德則是人這種自由理性存有之意志的自我立法，此理性的自我立法提供了普遍有效而客觀的道德律，這對一切的理性存有（rational being）皆有效。道德律可藉由無條件的絕對命令表達出來，表示一種「應然性」，此「應然性」是以本身為目的，而此目的完全是「出於義務」：為義務而義務，不涉及其利害得失的經驗效果。這是「意志的自律」（autonomy of will），而此「意志的自律」乃是一切道德律與依據這些道德律之義務的惟一原則。所以，道德律僅僅表達了實踐理性的自律，亦即自由的自律。職是之故，康德說：

> 既然道德是建立在人這種自由的存在物的概念之上，人這種存在物又正因為自由而透過自己的理性把自己束縛在無條件的

---

[14] T. K. Abbott（1972：15）。

[15] I. Kant，龐景仁譯（1997：157）。

[16] 《純粹理性批判》第二版序，I. Kant，鄧曉芒譯（2004：22）。

[17] 《判斷力批判》§91，I. Kant，鄧曉芒譯（2002：331）。

法則之上；那麼，道德也就既不為認識人的義務而需要另一種在人之上的存在者的理念，也不為了遵循人的義務而需要不同於法則自身的另一種動機。因此，**道德為了自身起見，（無論是在客觀上就意願而言，還是在主觀上就能夠而言）絕對不需要宗教。**相反地，藉助於純粹的實踐理性，道德是自給自足的。[18]

在康德看來，道德是實踐理性的自由立法，它本身是一個自給自足的體系。就道德本身而言，它完全獨立於宗教，絕對不需要宗教；也就是說，「我應當做什麼？」的問題，完全不需要訴諸宗教的回答。道德雖然不需要宗教，但它卻指向宗教，用康德自己的話說就是：「**道德必然導致宗教**」[19]。為何說道德不可避免地要導致宗教？這是因為，人作為有限的理性存有與感性的存有，在他遵行道德律的無條件命令之後，必然會提出一個問題：「**如果我做了我應當做的，那麼我可以希望什麼？**」[20]這就是康德哲學的第三大問題，此問題既是思辨的又是實踐的，它是在實踐性的第二個問題（我應當做什麼？）已經解決之後（即我已經做了我應當做的），進而探尋我可以有什麼樣的希望。康德對此的回答是：「一切希望都指向幸福」[21]，「幸福是對我們的一切愛好的滿足」[22]，而「對幸福的希望只是從宗教才開始的」[23]。所以，道德不可避免地導致宗教。

就康德而言，道德律是人類理性的先驗立法，道德的實踐行為是遵循道德律的為義務而義務，本身並不以幸福為目的。但是人的道德行為終究是在經驗世界中展現的，除了出於義務應當遵循道德律（作應當做的）之外，道德行為必然在經驗中產生某種結果，而期盼一個好的結果（希望得到幸福）乃人之常情。康德當然了解這一點，事實上他也肯定幸福的價值，正如他自己所言：

---

[18] I. Kant，李秋零譯（2005：57）。
[19] I. Kant，李秋零譯（2005：62）。
[20] I. Kant，鄧曉芒譯（2004：612）。
[21] 同上註。
[22] 同上註。
[23] I. Kant，鄧曉芒譯（2003：178）

在幸福論中諸經驗性原則構成了整個基礎，而這些原則對於德行論來說却甚至絲毫不構成其附加成分，於是區分開幸福論和德行論在純粹實踐理性的分析論中是它的首先和最重要的職責性工作。……但是，幸福原則與德性原則的這一區別並不因此就立刻是雙方的對立，**純粹實踐理性並不要求人們應當放棄對幸福的權利，而只是要求只要談到義務，就應當對那種權利根本置之度外**。就某種觀點來看，照顧自己的幸福甚至也可以是義務；一方面是因為**幸福**（靈巧、健康、財富都屬於此列）**包含著實現自己義務的手段**，一方面是因為**幸福的缺乏**（如貧窮）**包含著踐踏義務的誘惑**。[24]

很清楚可以看出，康德並未否定幸福的價值，但他所強調的重點則在於：**只要一談到道德義務，就完全不考慮幸福**。康德所反對的是以幸福作為道德實踐之目的的觀點，不過，一但我們遵循道德律做了應當做的之後，我們也就合法地可以期盼幸福，這是康德對其哲學第三大問題的回答。隨著幸福的期盼，康德也就由道德進入宗教，道德在先，宗教隨後。道德雖獨立而先於宗教，然而道德必然導致宗教，這是基於對有德者必有福報之期望。依此而言，康德的宗教究其實是一種獲得人生幸福的希望哲學，其基本內涵就是「**德福一致**」：**做了應該做的**（有德），**就能希望幸福**（有福）。然而一個嚴肅的重要問題也隨之而起，借用康德本身的提問方式：德福一致如何可能？

四、德福一致的至善

康德在《實踐理性批判》一書〈純粹實踐理性的辯證論〉中講到兩種「至善」（the supreme good）[25]，這是康德完成其由道德到宗教

---

[24] I. Kant，鄧曉芒譯（2003：126-127）。
[25] I. Kant，鄧曉芒譯（2003：151-152）。

過渡的重要關鍵。[26]在康德看來，「至善」一方面是指一種不從屬於其他條件的**至高無上的善**，也就是指德性（morality）；這意思是說，在談到道德時，那只是為義務而義務的自律，無須考慮任何其他目的。而更為重要的一面，「至善」指的是一種**最圓滿的善**，也就是德性與幸福的相配，亦即**一個理性存有能夠按照其德性而分配到他所應享有的幸福**。純粹實踐理性的道德律除了自身之外並不考慮其他目的，這使得德性成為一種最高的但不是最圓滿的善；然而最圓滿的善除了德性之外，還必須考慮到其他目的，這也就是說，最圓滿的善除了具有高尚道德之外，同時也要能夠得到與高尚道德相稱的幸福。這也就是我們一般所謂的「善有善報」的「德福一致」——有德者必有福。我們總希望善人有福報，一個有德者若不得好報，總會覺得這終究是一場不幸的悲劇，不免令人感到遺憾。康德認為，只有這種「德福一致的至善」，才是作為有限的理性存有的欲求能力的對象。[27]這就是當我們做了應當做了之後所可以希望的幸福。

回到康德哲學的第三個問題：**如果我做了我應該做的，我可以希望什麼？**康德的回答是：**一切的希望都指向幸福，而幸福是對我們的一切愛好的滿足。**就康德而言，道德律是人類理性的先驗立法，德性是遵循道德律的為義務而義務，並不以幸福為目的。道德雖不以幸福為目的，但又必須顧及到感性存有在現實生活中對幸福的欲求。也就是說，**道德的圓滿要求德福一致的至善。**康德早在《純粹理性批判》一書中就說過「**德福一致的至善**」之義：

> 單是幸福對於我們的理性來說還遠遠不是完整的善。這種幸福，如果不是與配得上幸福、即與道德的善行結合起來，理性是不贊同它的（不管愛好是多麼希望得到它）。然而，單是德性，以及和它一起，單是配得上幸福，也還遠遠不是完整的

---

[26] 葉秀山（2005b：327）。Kant 自己即言：「**道德律通過至善作為純粹理性的客體和終極目的的概念而引向了宗教。**」（I. Kant，鄧曉芒譯，2003：176-177）
[27] I. Kant，鄧曉芒譯（2003：151）。

善。……所以，**幸福只有在與理性存在者的德性嚴格成比例、因而使理性存在者配得幸福時，才構成一個世界的至善。**[28]

但是，德性與幸福的結合，即至善，無法以經驗的方式來設想其實現。因為對幸福的追求並不構成德性，反之，幸福常藉不道德之手段而獲得；而追求德性並不一定獲得幸福，反之，為了成就道德却經常必須放棄幸福。並且在現實生活中，有德者不一定有福，而有福者卻未必有德。既然，一個服從道德法則的有限理性存有所必然會期望的至善不可能依照自然因果法則在現實生活中被實現，實踐理性就必須**假定著某種超自然原因的存在**，並且**假定這種原因必然以某種方式使人分享他按照其德性所配享的幸福**，從而保證對至善的期望不致落空。[29]所以康德如是說：

> 為使這種至善成為可能，我們必須假定**一個更高的、道德的、最聖潔的和全能的存在者**，唯有這個存在者才能把至善的兩個因素結合起來；……因此，**道德不可避免地要導致宗教。**[30]

康德進一步做了補充說明，提到人的能力不足以造成德福一致，故德福一致之至善的保證必有另外的原因：

> 如果應該把道德法則的最嚴格遵循設想為造成至善（作為目的）的原因，那麼，由於人的能力並不足以造成幸福與配享幸福的一致，因而必須假定一個全能的道德存在者來作為世界的統治者，始上述狀況在他的關懷下發生。也就是說，**道德必然導致宗教。**[31]

由於假定了「一個更高的、道德的、最聖潔的和全能的存在者」，或者「一個全能的道德存在者」，來保證德福一致，此「更高的、道德

---

[28] I. Kant，鄧曉芒譯（2004：617）。

[29] 參見李秋零（2005：28）。

[30] I. Kant，李秋零譯（2005：59）。

[31] I. Kant，李秋零譯（2005：61-62）。

的、最聖潔的和全能的存在者」、「全能的道德存在者」，就是一般所稱的「上帝」。**上帝之所以存在，是因為道德圓滿（德福一致之至善）的需要而必須存在**。上帝的存在保證了德福一致的道德圓滿，這就是康德所謂「道德必然導致宗教」的確切意涵。道德不需要宗教但它指向宗教，這是基於道德圓滿德福一致之至善的需求，這是通向上帝的道德之途。

　　儘管道德的圓滿要求德性必須帶來相稱的幸福，但道德總是以其自身為目的，並不是為了幸福。康德很清楚地區分人類行為實踐的「實用規律」與「道德律」，他說：

> 出自幸福動機的實踐規律我稱之為實用的規律（明智的規則）；但如果有這樣一種實踐規律，它在動機上沒有別的，只是要配得上幸福，那我就稱它為道德的（道德律）。前者**建議我們，如果要享有幸福的話必須做什麼，後者命令我們，僅僅為了配得上幸福我們應當怎樣作**。[32]

康德的意思很明白，道德律永遠不是為了獲得幸福的實用規律，而永遠只是為了實現德福一致之道德圓滿的我們應當如何才能配享幸福的實踐規律。因此，康德說：

> **道德學真正說來也不是我們如何使得自己幸福的學說，而是我們應當如何配得幸福的學說**。只有當**宗教**達到這一步時，也才會出現有朝一日按照我們曾考慮過的不致於不配享幸福的程度來分享幸福的希望。……我們必須永遠不把道德學本身當作幸福學說來對待，亦即當作某種分享幸福的指南來對待；因為它只是與幸福的理性條件相關，而與獲得幸福的手段無關。但假如道德學（它僅僅提供義務，而不給自私的願望提供做法）被完整地闡述出來：那麼只有在這時，當基於一個法則之上的、以前未能從任何自私的心靈中產生的促進至善（把上帝之

---

[32] I. Kant，鄧曉芒譯（2004：613）。

> **國帶給我們）的道德願望被喚醒，並為著這個願望向宗教邁出
> 了步伐之後，這種倫理學說才能夠也被稱之為幸福學說，因為
> 對幸福的希望只是從宗教才開始的。**[33]

道德本身並不以幸福為目的，但道德圓滿的至善要求幸福的實現，而
對幸福的希望只是從宗教才開始，因此，道德雖獨立於宗教，但它卻
必然地導致宗教。由道德而宗教，一反傳統上的由宗教而道德，此為
康德的「道德宗教」（moral religion）。

　　一方面，道德是宗教的前提——宗教的意義在於道德完善的需要；
另一方面，宗教是道德的必然歸趨——宗教提供有德者必有福的保證。

五、道德宗教：神學的哥白尼革命

　　康德在他逝世前一年（1803 年）完成的《論教育學》一書中，
論及宗教教育時講到「什麼是宗教」的問題，此一論述可視為其宗教
觀的晚年定論與思想基調，康德說：

> **什麼是宗教呢？宗教就是我們心中的，通過一個高於我們的立
> 法者或法官所頒布的法則；它是一種應用了對於上帝的認識的
> 道德學。如果人們不把宗教與道德相聯繫，宗教就會變成單純
> 的對上帝的討好。唱詩、祈禱、上教堂，這些應該給人們帶來
> 改善自身的力量和勇氣，或者是一顆為義務表象所振奮的心的
> 表現。它們只是行善的準備，本身卻還不是那種善行，而且人
> 只能通過自身的改善來取悅上帝，別無他途。……宗教需要一
> 切道德。**[34]

這段陳述很清楚地表明康德「道德宗教」之實質內涵：宗教在本質上
是道德性的，而道德之於宗教具有絕對的優先性（the primacy of

---

[33]　I. Kant，鄧曉芒譯（2003：177-178）。

[34]　I. Kant，趙鵬、何兆武譯（2005a：47-48）。

morality）。康德將宗教建立在道德的基礎上，這是「道德宗教」——由道德而宗教，此不同於將道德建立在宗教基礎上的「宗教道德」——由宗教而道德。就康德而言，道德不需要宗教，但宗教則需要道德，沒有道德的宗教只不過是對上帝的迷信崇拜。康德說：「人只能通過自身的改善來取悅上帝，別無他途。」所謂「自身的改善」指的就是道德的改善，只有通過自身道德的改善提昇，人才有資格得到上帝的賜福。**道德是進入宗教幸福樂園的門票。**這是「道德的宗教」，亦即「良好的生活方式的宗教」[35]，那是「一種道德上好的生活方式的信念」[36]，這完全不同於討好上帝以祈求神恩的宗教：「人或者諂媚上帝，認為上帝能夠（透過赦免他的罪責）使他永遠幸福，而自己卻沒有必要成為一個更善的人。或者，如果這在他看來不可能的話，就認為上帝能夠把他變成更善的人，而除了祈禱之外，他自己沒有必要再為此做些什麼。」[37]康德堅持，在享受幸福之前，一個人必須實踐道德以配享幸福，有德方配享幸福，雖然德福一致的實現有賴上帝的恩賜，但前提還在人必須有德。因此，康德定義宗教如下：

> **宗教就是把我們的一切義務都認做是上帝的誡命。**[38]

道德上的圓滿要求我們信仰上帝，信仰上帝就是以道德的方式行動，以道德的方式行動就是遵循實踐理性自我立法之道德律的為義務而義務，而道德的義務就是上帝神聖的誡命。所以，敬奉上帝與服從道德律二者是同義的。這就是「道德宗教」的內涵——「把所有對上帝的崇拜中的本質性的東西置於人的道德性之中」[39]，康德強調這才是「真正的宗教」（true religion）。康德說：

---

[35] I. Kant，李秋零譯（2005：109）。

[36] I. Kant，趙鵬、何兆武譯（2005b：88）。

[37] 同上。

[38] I. Kant，趙鵬、何兆武譯（2005b：216）。

[39] I. Kant，趙鵬、何兆武譯（2005b：88）。

> **根據實踐理性的要求，普遍的真正宗教信仰也就是信仰上帝：一、他是天地的全能創造者，即在道德上是聖潔的立法者；二、他是人類的維護者，是人類慈善的統治者和道德上的照料者；三、他是自己的神聖法則的主管者，即公正的法官。這種信仰本來並不包含任何奧秘，因為它僅僅表示了上帝與人類在道德上的關係。**[40]

信仰上帝（一個道德上聖潔的立法者、道德上的照料者與公正的法官），僅僅表示了上帝與人類在道德上的關係，其實質仍在道德。上帝的存在允諾了我們至善的希望，但不能在信仰上帝敬奉之餘，忘卻我們自身應盡的義務，而只有通過我們自身的道德修養才能取悅上帝，因自己的德性而獲致幸福。「**理性存有者的德性，唯有它才包含著他們能夠據以希望從一個智慧的創造者手中分享得幸福的尺度。**」[41]因此，康德一再重申：

> 不能把**真正的**宗教設定在對上帝為我們所獲得的永福正在做或已經做了的事情的認識和信奉之中，而是應該把它設定在**我們為了配享那些東西而必須做的事情**中，這些事情在任何時候都只是某種自身就具有無可置疑的、無條件的價值的東西，因此也只有它才能使我們讓上帝喜悅。[42]

只有配享幸福的德性才能取悅上帝，獲得上帝的神恩。因此，道德宗教的基本原理就是：

> **每個人都必須盡其力所能及地去做，以便成為一個更善的人。**只有當他不埋沒自己天賦的才能，利用自己向善的原初稟賦，以便成為一個更善的人時，他才能夠希望由更高的協助補上自己力所不能及的東西。[43]

---

[40] I. Kant，趙鵬、何兆武譯（2005b：204）。

[41] I. Kant，鄧曉芒譯（2003：178）。

[42] I. Kant，李秋零譯（2005：197）。

[43] I. Kant，李秋零譯（2005：110）。

　　因此，唯有透過一種「道德上善的生活方式」（a morally good life）來讓上帝喜悅，才是對上帝的真事奉（true service）。[44]對上帝的真事奉是一種純粹道德上的事業，康德稱此為「**宗教的道德原則**」（**the moral principle of religon**），與此相對立的就是「**宗教妄想**」（**the delusion of religion**），這是對上帝的偽事奉（counterfeit service）。何謂「宗教妄想」與「對上帝的偽事奉」，康德說：

> 凡是人自己認為為了讓上帝喜悅，除了**善的生活方式**之外還能做的事情，都純粹是宗教妄想和對上帝的偽事奉。[45]

康德之所以如此嚴厲地批判對上帝的偽事奉，乃在於「偽事奉使道德秩序本末倒置，僅僅是手段的東西（就好像它是目的似的）竟無條件地命令人們。」[46]而「這種偽事奉將使趨於真宗教的一切修行化為烏有」[47]。不修德而企盼神恩，正如不播種耕耘而盼望收割，不啻緣木求魚，了不可得，就康德而言，這不是敬奉上帝，反倒是褻瀆上帝。

　　康德說：道德不需要宗教，但必然導致宗教。道德之所以不需要宗教，乃因道德是實踐理性的自我立法，無須外來的根源；而道德之所以必然導致宗教，則是基於德福一致至善之道德圓滿的需求。因此，很明顯地可以看出，道德是自為基礎並不以宗教為根源，恰恰相反，宗教是以道德為前提，那是道德理性的圓滿性需求。在西方傳統上，道德是以宗教——或說上帝的啟示為基礎，康德則逆反了此一次序，道德為宗教之基礎，這就是康德在**神學上的哥白尼革命**[48]，這是使傳統宗教（基督教）理性化，特別是道德化的一次重大革命。這場革命從馬丁路德（M. Luther1483-1546）的宗教革命已經開始，而直到康德才獲得了它徹底的、完整的與嚴密的理論形式。[49]Paulson 曾

---

[44] I. Kant，李秋零譯（2005：162-165）。
[45] I. Kant，李秋零譯（2005：235）。
[46] I. Kant，李秋零譯（2005：229）。
[47] I. Kant，李秋零譯（2005：244）。
[48] J. C. Livingston，何光滬譯（1999：141）。
[49] 參見鄧曉芒（2006：106）。

說：「在某種意義上，康德是路德的完成者。」[50]路德進行的宗教改革，是用內心真誠的信仰代替外在權威的教會。康德則要求用純粹的道德律來代替基督教義。在康德那裡，信仰上帝是建築在道德理性的基礎之上，而不是道德律令建築在信仰上帝的基礎之上。康德極力反對傳統的神學，提出只可能有「道德的神學」。[51]**道德是通向上帝的唯一途徑，而非相反，上帝是道德的唯一來源；是道德宗教，而不是宗教道德**。在道德宗教的觀點下，康德重新詮釋了傳統基督教的教義。

上帝不再是一個介入人間事務，奠立世間道德秩序的超自然存在，而只是「人類的道德元首」[52]。「上帝的國」則不再是人世間之外的天國，而是一個遵循道德法則的共同體[53]，上帝就是此一道德共同體的最高立法者。[54]若問：我們為了適合並成為上帝之國的一員，應當做些什麼呢？那麼耶穌基督就是我們的最好模範。他是上帝所喜悅的人性之理想———一種道德上完善性的理想。[55]所謂信仰基督，就康德而言，不過就是信仰一種作為榜樣的道德理想而已，至於歷史上是否真有耶穌其人，康德絲毫不感興趣。[56]在這樣的詮釋之下，耶穌基督不再是上帝的「道成肉身」，而只是道德理想的「善成肉身」。教會也不再是上帝在人世間的代理者，上帝與人之間的中介，而只是「一種遵循上帝的道德立法的倫理共同體」[57]，其目的在於促進道德理想之實現———從倫理的自然狀態（無德）前進到倫理的公民狀態（有德）。教會有可見與不可見兩種類型：不可見的教會不是可能經驗的對象，而只是一個道德的理想原型；可見的教會則是人們為了與道德的理想相一致，而在現實上聯合而成的一個整體。一個真正的（可見

---

50 轉引自李澤厚（1986：385）。
51 同上。
52 I. Kant，李秋零譯（2005：204）。
53 I. Kant，李秋零譯（2005：214）。
54 I. Kant，李秋零譯（2005：158/159）。
55 I. Kant，李秋零譯（2005：118-119）。
56 參見呂大吉（2005：396）。
57 I. Kant，李秋零譯（2005：160）。

的）教會，是就人們所能實現的而言，在人世間體現上帝之國的教會。[58]依此，康德嚴屬批判了教權制的教會制度。康德說：

> **教權制是一種物神崇拜佔有統治地位的教會制度。**凡是不是由道德的原則，而是由規章性的誡命、教規、誡律構成了教會的基礎和本質的地方，都可以發現這種**物神崇拜**。[59]

> 宗教事務中的任何開端，如果人們不是**純粹在道德上做出的**，而是把它當做本身就是讓上帝喜悅我們的手段，同時亦是透過上帝來滿足我們的所有願望的手段，那麼，它就都是**物神崇拜**。[60]

康德很明白的表示，凡不是為了促進道德上善的生活之一切規章性的誡命、教規等等外在戒律與儀式，都只是對於上帝的一種偽事奉。宗教的核心是內在的道德性，而不是任何外在的形式。如此，傳統基督教的上帝恩典與救贖觀也因而完全改觀了，正如康德自己所說：

> 不能把**真正的宗教**設定在對上帝為我們所獲得的永福正在做或已經做了的事情的認識和信奉之中，而是應該把它設定在**我們為了配享那些東西而必須做的事情中**……同時，每個人都不需要任何《聖經》的博學就可以肯定它的必要性。[61]

事實上康德並不否認神恩的作用，但他強調的是「**修德以待神恩**」，**沒有道德就沒有救贖**，康德說：「對於人們來說，除了最真摯地把真正的道德基本法則納入自己的信念外，絕對不存在任何得救。」[62]

---

[58] I. Kant，李秋零譯（2005：160-161）。
[59] I. Kant，李秋零譯（2005：245）。
[60] I. Kant，李秋零譯（2005：260）。
[61] I. Kant，李秋零譯（2005：196-197）。
[62] I. Kant，李秋零譯（2005：142）。

在康德道德宗教之重建下，基督教變成了一種追求道德上善的生活方式的純粹理性宗教。此一對基督教教義之逆反性的重建，終於遭到官方正式的嚴重警告。當時的宗教事務大臣 Wollner 奉國王威廉二世之命，於 1794 年 10 月 1 日致函康德，做出言辭嚴厲的申斥：

> 我們的最高統治者已經不悅地發現，您是如何在濫用您的哲學，在您的《單純理性限度內之宗教》一書和其他一些論文中，**歪曲和貶損聖經及基督教的基本教義**；我們要求您做出改正；您必須意識到，這樣做如何有違您作為青年導師的職責，如何有違您所熟知的國君的目的。我們要求您立即作出負責任的回答，並且為了避免您失去我們的恩寵，期待您在將來不會再犯類似的錯誤，而是運用您的見識和才能，使我們國君的目的得到更大程度的實現，否則的話，您將會因為固執己見而受到不愉快的對待。[63]

譴責的強硬措辭顯示事態相當嚴重，康德於是被迫作出回覆並允諾停止任何有關宗教問題的公開學術活動，直到 1797 年國王威廉二世去世為止才結束了這種狀況。在 1798 年，康德出版《系科之爭》一書，他在前言中公佈了國王威廉二世當年的申斥信以及自己所做的辯護，並在此書的第一部分〈哲學系與神學系的爭執〉中又談論了宗教問題，依然維持其道德宗教的立場不變。

六、希望的哲學：修德以待神恩

追求幸福的希望乃人性之自然，康德以為這主要表現在如下三件事情中：**死後的永恆幸福，在與他人一起進行的生活中通過公共法律確保他的所有物，以及確保自己生命的自然意義上的享受（即健康與長壽）**。[64]康德強調，一個理性的自由人只能通過自我約束與這些希望打交道，也就是說，依照道德義務只關注能夠做什麼和應當做什麼：

---

[63] I. Kant，趙鵬、何兆武譯（2005b：56）。
[64] I. Kant，趙鵬、何兆武譯（2005b：71）。

本分地生活，不做不法的事，在享受上有節制。[65]但芸芸眾生遠非如此，他們所想的一切却總是如何自己最不費事而能追求到所希望的幸福。康德語帶嘲謔地陳述此種投機的心態：

> 如果我已經無恥地過了一輩子，我怎樣才能在天國對我關閉大門之前弄到一張門票；如果我已經做了不法的事，我怎樣才能打贏官司；還有，如果我已經隨心所欲地濫用了我的體力，我怎麼才能保持健康活得長久。[66]

康德說得太傳神了！芸芸眾生不皆如此嗎！一般人似乎只把心思放在：「我可以希望什麼？」的問題上，而康德真正關心而認真思考的問題則是：「如果我做了應當做的，則我可以希望什麼？」只有做了應當做的，也才可以希望幸福。

康德道德圓滿的至善包含著幸福，人為了能夠享有幸福，首要條件必須使自己得以配享幸福，而配享幸福的唯一條件就是德性。德性與幸福的相稱結合要靠神恩，但修德則是每個人自己必須付出的努力與承擔的責任，因為「沒有任何人能夠透過其善行的充盈或功德來代替另一個人」[67]。所以，一個人必須修德才能配享幸福，而當一個人具有配享幸福之德性後，俟得神恩而得享德福一致之幸福。這當然是一種道德上圓滿的狀況，但在現實生活中卻處處顯示出人在道德上的惡。因此，一個道德上惡的人如何而能改過向善，成為一個在道德上更善的人，具有德性而足以取悅上帝獲得神恩，使得幸福的希望不致於落空，這就成了最關鍵的問題。這其中的核心思想仍是「**修德以待神恩**」，康德說：

> 為了配得上上天的幫助，只有（也不可能有其它的什麼東西）認真努力地盡可能改善自己的道德性質，由此使自己易於接受

---

[65] 同上。

[66] I. Kant，趙鵬、何兆武譯（2005b：72）。

[67] I. Kant，李秋零譯（2005：207）。

> 本来不為自己所支配的、使這些道德性質完全符合上帝的喜悅
> 方面的完善，因為它所期待的那種上帝對自身的幫助，本來就
> 僅僅是以他的道德性為目的的。[68]

「修德以待神恩」，這是康德希望哲學唯一正確的途徑，正如康德在《單純理性限度內之宗教》一書中的最後結語所言：「**從蒙恩到德性**並不是正確的道路，正確的道路是**從德性到蒙恩**。」[69]如何修德以成德而配蒙神恩，康德由此而有對於人性善惡的闡析。

康德指出，人的本性中有三種「向善的原初稟賦」[70]：

(一) 作為一種有生命的存在物，人具有**動物性的**稟賦；

(二) 作為一種有生命同時又有理性的存在物，人具有**人性的**稟賦；

(三) 作為一種有理性同時又能夠負責的存在物，人具有**人格性的**稟賦；

就人作為一種有生命的存在物而具有「動物性的稟賦」而言，其生命的活動來自「純粹機械性的自愛」，而非理性之要求，這又包括三方面：1.保存自己本身；2.借助性本能繁衍自己的族類；3.與其他人共同生活的社會本能。康德認為，惡雖然不是出於這些「動物性的稟賦」，但在這些稟賦之上，卻可以嫁接各式各樣的惡習，康德名之為「本性粗野的惡習」，而在極端的情形下便表現為「禽獸般的惡習」：貪食無厭、荒淫浪蕩以及在與他人關係上野蠻的無法無天。

就人作為一種有生命同時又有理性的存在物而有的「人性的稟賦」而言，康德稱之為「比較性的自愛」，也就是說，只有與他人的相互比較中，才能斷定自己是幸福還是不幸，為此就要求有理性。人因為具有比較性的自愛稟賦，於是在心理上便有這樣的性好：即希望

---

[68] I. Kant，李秋零譯（2005：258-259）。

[69] I. Kant，李秋零譯（2005：269）。

[70] I. Kant，李秋零譯（200581-84）。

在他人的心目中具有某種價值，最基本的是要求自己與他人平等的價值，即不允許任何人對自己佔有優勢。但在自愛性好的驅使下，人總是希望比別人優越，因此便產生忌妒與敵意，康德名之為「文化的惡習」，而當它們達到最高程度的惡劣性時，就稱作「魔鬼般的惡習」：忌妒成性、忘恩負義、幸災樂禍等等。

至於人作為一種有理性同時又能夠負責的存在物而具有的「人格性的稟賦」而言，人具有一種尊重道德法則的素質，康德稱之為「道德情感」。道德法則的理念並不是人格性的稟賦，因為它就是人格性本身，而敬重道德法則作為主觀準則的動機只是人格性的附加物，因此被視為一種為了人格性的稟賦。此稟賦以自身就是實踐的、即無條件地立法的理性為根源，是故，在它之上絕對無法嫁接任何惡的東西，此與前二種稟賦有別，而為康德所最重視的向善稟賦。

康德進一步指出，這三種稟賦都不僅僅消極地是善的，即與道德法則之間沒有衝突，而且還都是積極地向善的稟賦，即促使人們遵循道德法則；它們也都是原初的，因為它們都屬於人的本性之可能性。

其次，康德認為人的本性中也有三種「驅惡的自然傾向」[71]。所謂「傾向」，是指人們偶然而有之性好的主觀根據，這是某種渴望某種享受的先行氣質，它藉由經驗而形成性好，人一旦有了這種性好，就難以消除。康德進一步指出，這種惡的傾向即存在於**準則背離道德法則的可能性**的主觀根據中，而吾人的自由任性把道德法則納為或不納為自己準則的能力或無能，則被稱為善良的心或惡劣的心。人的本性中這三種驅惡的自然傾向分別是：

(一) 在遵循已被接受的準則上一般的軟弱無力，即**人心的脆弱**；

(二) 把非道德的動機與道德的動機混為一談的傾向，即**人心的不純正**；

(三) 接受惡的準則的傾向，即**人心的惡劣**。

---

[71] I. Kant，李秋零譯（2005：84-88）。

康德認為，前兩種驅惡的自然傾向是「無意的罪」，而第三種驅惡的自然傾向則是「蓄意的罪」，那是人心的敗壞，把出自道德法則的動機置於其它非道德動機之後，顛倒了道德次序，故康德又稱之為「人心的顛倒」，其特徵是人心的某種奸詐，是在道德意念上的自我欺瞞。

人若沒有自由的意念，則行為便沒有善惡之分而只是中性的，行為之善惡完全在於意念是否遵循道德法則而行。人性中雖有趨惡的自然傾向，然而亦有向善的原初稟賦，這就是吾人道德之自覺，此乃成德之所以可能的基礎。在這個問題上，康德提出了「重建向善的原初稟賦的力量」的觀念，他說：

> 在我們身上重建向善的原初稟賦，並不是獲得一種喪失了的向善的動機；因為這種存在於對道德法則的敬重之中的動機，**我們永遠也不會喪失**；要是會喪失的話，我們也就永遠不能重新獲得它了。因此，**這種重建，僅僅是建立道德法則作為我們所有準則的最高根據的純粹性**。按照這種純粹性，道德法則不是僅僅與其它動機結合在一起，或甚至把這些動機（性好）當作條件來服從，而是應該以其全然的純粹性，作為規定任性的自身充足的動機而被納為準則。原初的善也就是在遵循自己的義務上準則的聖潔性，因而是單純出自義務的。[72]

康德所謂的「重建向善的原初稟賦」，並不是說重新獲得一種喪失了的向善動機。在康德看來，人在墮落作惡之後重新向善的可能性，就存在於我們的道德理性之自律中，並沒有敗壞，因此，「即使有那種墮落，『我們應當成為更善的人』的命令仍毫不減弱地迴盪在我們的靈魂中，因而我們必定也能夠這樣做。」[73]所以，康德所謂的「重建向善的原初稟賦」，「**僅僅是建立道德法則作為我們所有準則的最高根據的純粹性**」，也就是淨化意念準則中的其它動機，恢復道德

---

[72] I. Kant，李秋零譯（2005：103-104）。
[73] I. Kant，李秋零譯（2005：102-103）。

法則作為自身充足的動機之純粹性。因為道德法則本身就是行為的充分動機，並不須其他動機。「人之所以是惡的，乃是由於他在把各種動機納入自己的準則時，顛倒了她們的道德次序。」[74]因此，所謂的重建，亦即「在作為所有可被採納的準則的最高條件的對法則的無條件敬重中，重建各種動機中的原初道德秩序，並由此重建人心中的向善稟賦的純粹性。」[75]

　　人的本性具有向善的稟賦與驅惡的傾向這種二重性，因此人性中必然而有善惡之對立鬥爭的拉扯，修德之目的也就在於使向善的稟賦戰勝驅惡的傾向而成就德性，成為一個在道德上的善人，這是普遍的人類義務。然而，一旦我們盡了應盡的義務，也就是做了我們應當做的之後，我們可以期盼什麼呢？一切幸福的希望由此開始，上帝打開了宗教的天堂大門。康德說：

> 唯一能夠使世界成為上帝意旨的對象和創世的目的的東西，就是**處於道德上的徹底完善狀態的人性**（一般有理性的世俗存在者）。從這種作為最高條件的完善性出發，**幸福**就是最高存在者的意志的直接結果。[76]

有德者的幸福是上帝意志的直接結果，這是上帝的恩典，但上帝的恩典只賜與道德上的善人。康德因此批判了一切「祈求恩典的宗教」，因為這種宗教只用心於討好上帝，放棄了個人在道德上修德的努力，是一種道德上的投機，宗教上的諂媚，對上帝的偽事奉。康德相信神恩確有其作用，然而他的作用僅在道德實踐之後。就康德而言，神恩是某種不可理解的超自然事物，他說：

> 神恩是否以及何時在我們裡面產生作用，這一切對我們來說，都完全是隱祕的。而理性在這方面，就像在一般的超自然事物

---

[74] I. Kant，李秋零譯（2005：93）。
[75] I. Kant，李秋零譯（2005：108）。
[76] I. Kant，李秋零譯（2005：117）。

（道德性作為聖潔性就屬於此列）那裡一樣，對於它的發生所可能遵循的法則一無所知。[77]

在理論上，因果關係的概念無法擴展到神恩這種超自然的事物上；而在實踐上，期待神恩的作用，意味著道德上的善並非我們的行為，而是另一種超自然存在者的作為，因而我們只能無所作為地等待它。這種捨棄個人修德上的努力而祈求恩典的做法，正是康德所嚴厲批判的對象。因此，「無論是為了理論上的使用，還是為了實踐上的使用，我們都不能把它納入我們的準則。」[78]康德的思想非常明確而堅定，他堅持主張：**「修德以配蒙恩」，有德方配享神恩之幸福**。有德乃基於個人的修德努力，康德說：「凡是作為道德上的善的行為而應歸功於我們的，都必然不是借助外來的影響，而必須是僅僅藉由盡可能正確地運用我們自己的力量發生的。」[79]吾人因修德之努力而有德，因有德而配享之幸福則有賴上帝之恩典。

「修德以待神恩」，「從德性前進到蒙恩」，這是康德道德宗教的最後結論。

七、一些反省

一般對康德宗教觀的常見批評是：康德在理論理性中驅逐出門的東西，在實踐理性中又都請了進來，這在思想上是不一致的，尤其是在上帝存在的問題上。[80]此一批評看似有理，但卻是沒有確切理解康德思想的一種謬誤的見解。

在純粹理性的批判中，康德論證了理性本身對於上帝存在的證明是無能為力的，也就是說，對於有神論並不存在任何理論的基礎。

---

[77] I. Kant，李秋零譯（2005：257）。

[78] I. Kant，李秋零譯（2005：111-112）。

[79] I. Kant，李秋零譯（2005：258）。

[80] 參見李澤厚（1986：381）。

然而在實踐理性中，上帝存在的信仰卻成為自律的道德主體在道德
實踐中企盼德福一致之至善的要求下，作為純粹實踐理性的一個懸
設而被引入。表面上看來，這似乎就是反對者所批評的情形，其實
不然。康德在純粹理性的批判中並未否定上帝的存在，他所否定的
僅僅是有關上帝存在的可知性。上帝是屬於超驗的存在，對於上帝
的存在，憑藉吾人的思辯理性既無法證明亦無法反駁。雖然理論理
性無法證明上帝的存在，實踐理性卻必須假定上帝的存在。上帝的
存在是實踐理性的懸設，「基於理性使用之實踐意圖所需要的合理性
信仰，就叫做懸設」[81]，那是基於道德圓滿性的必要需求。康德的
道德宗教是一種純粹理性的宗教，正如同康德最重要的宗教著作《單
純理性限度內之宗教》的書名所顯示的那樣，其基礎不在上帝的啟
示，而是基於人們實現道德圓滿的內在需求。為了實現此道德的圓
滿，人們除了盡其所應盡的義務之外却力有未逮，尚須某種超自然
力量的協助。康德說：

> 理性意識到自己無能滿足自己的道德需求，就擴張自己，一直
> 擴展到似乎可以彌補那種缺陷的超越性理念。[82]

文中所言理性無能滿足的道德需求，就是指德福一致之至善的道德圓
滿性需求。康德還說：

> 在無法探究的超自然者的領域，還有什麼東西儘管超出了它所
> 能說明的範圍，但對於彌補道德上的無能却是必要的，那麼，
> 這種東西即使不可認識，也會對它的善良意志大有益處。[83]

所謂「彌補道德上的無能」，指的就是對德福一致之幸福的希望。對
康德而言，道德實踐之本質只是出於義務的為義務而義務，並不是為

---

[81] Kant, *What does it mean to orient oneself in thinking?*，收於 I. Kant, A. Wood & G. D. Giovanni（Trans.）（1998：10）。

[82] I. Kant，李秋零譯（2005：110）。

[83] 同上。

了追求幸福，反之，為了追求幸福的道德實踐本身就不再有道德價值，這就是**道德上關於幸福的無能：道德自身既不以幸福為目的，依其自身又不足以成就幸福**。為了彌補此道德上的無能，德福一致的保證必來自道德之外的某種力量，因此只能訴諸上帝此一超自然存在者的恩典。這就是康德所謂「道德必然導致宗教」之「道德宗教」的核心思想。

在德福一致之道德圓滿性的需求下，修德在乎個人一己之努力，但有德者未必有福，德福一致之必然保證來自上帝的神恩。若上帝並不存在，則德福一致之保證必將落空，如此將導致理性的失落而造成某種道德的絕望。所以，上帝必須存在。然而就算上帝存在，牟宗三先生則批評康德將道德的圓滿性歸於上帝的信仰是其道德哲學的不徹底，他說：

> 若死抱「上帝保證圓善之可能」之信念，則若想使圓善不落空，必歸于祈福求眷顧之宗教（只知祈禱作禮拜者），而祈福求眷顧之宗教乃是康德所放棄者，而康德所主張的道德的宗教亦終不可保。人們可不理你那套道德的勸戒（努力做自己所應作之事以成為一較好的人之勸戒），而只著重在求上帝的眷顧。[84]

牟宗三先生之意，康德將道德的圓滿性歸於上帝的信仰是其道德哲學的不徹底，而其道德宗教終將破產而淪為祈福求眷顧之宗教。其實，康德相當清楚道德的不徹底之處，前面說過，此端在於**道德對於幸福上的無能，因而乃有賴上帝之神恩**。這也就是康德之所以說「道德必然導致宗教」之意。而說：「道德宗教終將破產而淪為祈福求眷顧之宗教」，亦不恰當。康德一再強調：「修德以待神恩」，有德方能得上帝之眷顧，有德是配蒙神恩的必要條件，無德也就沒有上帝的恩典。不修德而只著重在求上帝的眷顧，這卻是康德所嚴厲批評的事情。所以，牟宗三先生對康德的批評並不成立，而他所論述的理由，則康德早已駁斥過了。

另外一個常見的看法，正如李秋零教授所說：「康德的宗教哲學思想，則往往被人忽視。即使有人注意到它，也大多把它附在康德的

---

[84] 牟宗三（1985：332）。

道德哲學之下，似乎它的宗教哲學只是道德哲學的一種延伸。康德的宗教哲學沒有獲得其應有的獨立地位。這不僅有欠公允，且不符合康德自己的本意。」[85]李秋零教授的評論大體中肯，但細節則有可斟酌之處。宗教確實在康德思想體系中佔有一獨立的地位，從康德哲學的三大問題中的第三個問題：「我可以希望什麼？」是由宗教來回答即可見一般。因此，「把它附在康德的道德哲學之下」，這很明顯是錯誤的。但是把「宗教哲學附在康德的道德哲學之下」理解為等同於「康德的宗教哲學只是道德哲學的一種延伸」，則有不妥。究其實，康德的宗教哲學確是道德哲學的一種延伸，這點是無可置疑的，康德自己即很明確的表示：

> 道德不可避免地要導致宗教。這樣一來，**道德也就延伸到了人之外的一個有權威的道德立法者的理念**。[86]

道德必然導致宗教，依康德之意，道德也就延伸到了人之外的一個有權威的道德立法者的理念。

最後就《單純理性限度內之宗教》一書之書名作一點說明。此一書名可有兩種涵義，第一種涵義是：宗教只能是在理性限度內的純粹理性信仰，這點是康德一再重申的：「沒有理性就根本不可能有宗教」[87]。第二種涵義是：在單純理性限度內只能如此地談宗教，宗教仍有其超越理性不可理解之面向。也就是說「**單純理性限度內之宗教**」即暗示了可以有一種「**單純理性限度外之宗教**」，只是這完全超乎理性所能理解的範圍，而為理性所不知。康德在 1797 年《道德形而上學》一書中，即明確地指出此一形態宗教的存在。[88]它與作為人類道德責任的單純理性限度內之宗教不同，是「對神的義務的學說」[89]，則完全「處在純粹哲學的倫理學的一切界線之外」[90]，而為理性所無法知曉。

---

[85] 見李秋零（2005：17）。

[86] I. Kant，李秋零譯（2005：60）。

[87] I. Kant，李秋零譯（2005：240）。

[88] I. Kant，張榮、李秋零譯（2007：496-498）。

[89] I. Kant，張榮、李秋零譯（2007：498）。

[90] 同上。

八、結語：一個仍需啓蒙的時代

　　古希臘偉大的哲學家柏拉圖（Plato, ca.428-348 B.C.）在其《理想國》（The Republics）一書中透過其偉大的哲學導師蘇格拉底（Socrates, ca.470-399 B.C.）陳述了一則著名的「洞穴之寓」（the allegory of the cave），指出受過教育的人與沒受過教育的人在本質上的不同。[91]美國學者布魯姆（Allen Bloom）對此有一精闢的闡釋，他說：

> 柏拉圖式的洞穴圖景描述了人類的根本處境。人是其所處時代及場所中權威意見的囚徒，一切人由此開始，大多數人也在此結束。教育就是從這種束縛中獲得解放，就是上升到某種立場，從那裡可以看到洞穴。蘇格拉底斷言，他只知道自己是無知的，這說明他獲得了這樣的立場，從這裡他看到，被他人當作知識的，只不過是意見──被洞穴生活的必然性所規定的意見。[92]

此番洞見值得我們深思。教育是一種走出柏拉圖洞穴的過程，只有走出了洞穴而上升到某種立場，從那裡才可以看到洞穴。這裡所說「走出柏拉圖洞穴的教育」，事實上就是康德所說的「啟蒙」：人從自己造成的未成年狀態中走出。人是有限的理性存有，常會受限而不自覺地陷於某種洞穴之中，正如莊子所言：「井蛙不可以語於海者，拘於墟也；夏蟲不可以語於冰者，篤於時也；曲士不可以語於道者，束於教也。」（〈秋水〉）拘於墟、篤於時、束於教這都是吾人所不自覺的洞穴。因此，任何時代都仍然需要理性批判的啟蒙精神。

　　康德批判宗教之後所建立的最後思想結論可能不被接受，但其所展現的理性批判精神，仍是我們這個時代所需要的。批判的精神意味著在根本上（而非表面上）刺激著吾人彼此的理性清明，對不同的意見採取

---

[91]　Plato，郭斌和、張竹明譯（1997：272-276）。
[92]　A. Bloom（2003b：8）。

相對開放的態度，並且願意接受對自己基本信念之質疑，提供一個公共的討論空間，以避免各是其所是非其所非地堅持己見的意氣之爭。

此外，康德「由德性到蒙恩」的道德宗教思想，即由道德行為的經驗世界擴展到宗教神恩的超驗世界。這種超越經驗而有關超驗世界的信仰，乃構成人類精神生活的基本要素。如果沒有一種超驗的眼界、超越的精神，用以跳脫日常俗世生活中的洞穴所造成的狹隘眼光，則人世間的一切追求，包括對上帝的敬奉，都可能只是基於現實考慮的權宜之計，一種為達目的不擇手段的算計，因而缺乏一種神聖的真誠。康德「修德以待神恩」的觀念，其所揭示的卻是為達目的慎擇手段的自我努力的責任約束。人畢竟是有限的存在，各方面都存在著各種限制，任何事物追求之達成，既有自己可控的部分，也存在自己所不可控的諸多因素。俗話說：「盡人事，聽天命。」「謀事在人，成事在天。」不盡人事而一心渴求天命，正如不付出努力而期盼成功，雖說不是不可能，但就像做白日夢，總是不踏實。必先盡人事，方可聽天命，因為成事在天非己所能，但盡了人事即無愧於己，生命中自有一份心安，還可以有一種合理的希望。

> 流淚以待歡呼！
>
> 揮汗以待收割！
>
> 努力以待成功！
>
> 漸修以待頓悟！
>
> 修德以待神恩！

環顧當今的社會文化，這些話仍不失其啟發的意義。

參考文獻

I. Kant，龐景仁譯（1997），《未來形而上學導論》，北京商務印書館。

I. Kant，李秋零編譯（2004），《康德論上帝與宗教》，北京中國人民大學出版社。

I. Kant，李秋零譯（2005），《單純理性限度內之宗教》，台灣商周出版。

I. Kant，李秋零編譯（2006a），《康德書信百封》，上海人民出版社。

I. Kant，李秋零譯（2006b），〈回答一個問題：什麼是啟蒙？〉，收於 I. Kant，李秋零編譯（2006a：268-274）。

I. Kant，鄧曉芒譯（2002），《判斷力批判》，北京人民出版社。

I. Kant，鄧曉芒譯（2003），《實踐理性批判》，北京人民出版社。

I. Kant，鄧曉芒譯（2004），《純粹理性批判》，北京人民出版社。

I. Kant，趙鵬、何兆武譯（2005a），《論教育學》，上海人民出版社。

I. Kant，趙鵬、何兆武譯（2005b），《系科之爭》，收於 I. Kant，趙鵬、何兆武譯（2005a：53-141）。

I. Kant，N. K. Smith（Trans.）（1982），*Immanuel Kant's Critique of Pure Reason*，台灣馬陵出版社。

I. Kant，A. Wood & G. D. Giovanni(Trans.)(1998)，*Religion within the Boundaries of Mere Reason And Other Writings*，Cambridge University Press。

牟宗三（1985），《圓善論》，台灣學生書局。

李澤厚（1986），《批判哲學的批判——康德述評》，台灣谷風出版社。

鄺芷人（1992），《康德倫理學原理》，台灣文津出版社。

單純（2003），《宗教哲學》，北京中國社會科學出版社。

葉秀山（2005a），《葉秀山文集》，上海辭書出版社。

葉秀山（2005b），〈哲學如何解構宗教——論康德的《實踐理性批判》〉，收於葉秀山（2005a：319-331）。

李秋零（2005），〈道德、宗教與理性〉，收於 I. Kant，李秋零譯（2005：17-56）。

呂大吉（1987），〈不可知主義哲學與宗教——休謨、康德宗教哲學述評〉，收於呂大吉（2002：392-415）。

呂大吉（2002），《從哲學到宗教學》，北京宗教文化出版社。

呂大吉（2005），《西方宗教學說史》，北京中國社會科學出版社。

鄧曉芒（2005），《康德哲學講演錄》，廣西師範大學出版社。

鄧曉芒（2006），《康德哲學諸問題》，北京三聯書店。

A. Bloom，張輝選編，秦露、林國榮、嚴蓓雯等譯（2003a），《巨人與侏儒——布魯姆文集》（*Giants and Dwarfs*），北京華夏出版社。

A. Bloom（2003b），〈紀念施特勞斯〉，收於 A. Bloom，張輝選編，秦露、林國榮、嚴蓓雯等譯（2003a）。

C. Brown，查常平譯（2005），《基督教與西方思想》，北京大學出版社。

O. Hoffer，鄭伊倩譯（2007），《康德：生平、著作與影響》，北京人民出版社。

K. Jasper，李雪濤主譯（2005），《大哲學家》，社會科學文獻出版社。

M. Kuehn，黃添盛譯（2005），《康德：一個哲學家的傳記》，台灣商周出版。

J. C. Livingston，何光滬譯（1999），《現代基督教思想》，四川人民出版社。

Plato，郭斌和、張竹明譯（1997），《理想國》，北京商務印書館。

G. Thomson，趙成文、藤曉冰、孟令朋譯（2004），《康德》，北京中華書局。

T. K. Abbott（1972），*Kant's Introduction to Logic*, Grenwood Press.

J. Bowker（ed.）（1997），*The Oxford Dictionary of World Religion*, Oxford University Press.

B. Davies（1993），*An Introduction to the Philosophy of Religion*, Oxford University Press.

科技危機與價值轉化：道家的思考與實踐

> 我們不是在談一些小問題，我們談的是生存之道。
>
> ——Socrates

一、引言：薩米人的悲劇

1986 年 4 月前蘇聯車諾比核電廠發生爆炸事件，所釋放出來的輻射污染，不僅使三十多人立即死亡，輻射雲並已擴散至全球。更令人料想不到的是，車諾比事件竟然完全催毀了薩米（Sami）文化。[1]

薩米人住在斯堪地納維亞半島北方，以遊牧為生，並依靠馴鹿建立了一種獨特的文化。馴鹿的主食是青苔，青苔所攝取的養分大多來自空氣，因而比其它植物更容易吸收經由空氣所傳遞的污染，因此被稱為上好的「輻射吸綿」。從車諾比所釋放出來的放射性元素，很快就累積在青苔之中，然後再積存於以青苔為主食的馴鹿體內，馴鹿的肉因此不能再供人食用。有些馴鹿於是被用來飼養其它動物以便獲得這些動物的皮毛，但大部分則被埋在一個「放射性垃圾坑」裡。由於這些放射性元素的放射性可以維持很久，被污染的土地必須經過一段很長的時間才能再飼養馴鹿。雖然北歐各國立即對薩米人的遭遇伸出援手，但仍無法挽救他們的文化。薩米人史蒂芬（S. Stephens）如下自吟此哀怨的文化悲歌：

---

1 此段引文取材自 Lester W. Milbrath，*Envisioning A Sustainable Society: Learning Our Way Out*，鄭曉時譯，《不再寂靜的春天》，天下文化，1994，頁 379-380。

我們族人對馴鹿非常重視與了解。我們在宰殺馴鹿時，總是懷著莊嚴尊重的態度。我們的婦女知道如何利用馴鹿的每一部分來做食物，連它的頭、血和腳都可以做高湯。我們知道如何以鹿腱做線，以鹿皮做鞋子，以及以鹿毛做衣服。我們餐桌上的食物和身上穿的衣服，都是自己親手做的。我們以自己親手做的食物來招待客人；孩子上學時，就給他們帶著乾肉。可是，現在什麼都沒有了。即使有一天當馴鹿的肉又能吃的時候，我們的孩子恐怕也不知道怎麼樣利用馴鹿了。

這不是一個經濟問題而已，而是事關我們是誰、如何生活，以及我們族人如何結合在一起的重大問題。過去，我們不需要買什麼東西；現在，我們什麼東西都非買不可。過去，針線、日用品、食物和鞋子，都是馴鹿的一部分；現在，這些東西都由不同的材料製成，來自不同的地方。

在我們看來，現在的事情變得有些詭異和迷亂。我們眼睛所看到的，是同樣的青山綠水和可愛的鹿群，但我們也知道它們都是危險的；有一種看不見、摸不著、也聞不到的東西，會對我們的孩子造成傷害。我們的手，還是一樣忙著做活；我們的心，卻滿懷對未來的憂慮。

二、科技反思：福音還是禍端？

　　人類當前的生活文明，與科技所提供的工具文明息息相關、密不可分。日新月異的各式各樣科技，給現代人的生活帶來範圍廣泛的方便性、舒適性與多樣性，並且大大地豐富了人們的生活內涵，更提昇了品質。例如醫療技術與醫藥的進步，大大降低了人們生病的痛苦，活得更健康，還延長了壽命；通信科技的發達，豐富了人們獲得資訊的管道，更改變了人際關係與工作型態。要言之，科技文明所帶給人類的福祉，乃是古人所難以想像的。

　　然而，在科技帶給人類福祉的同時，它也帶來了一些嚴重的負面影響：拜科技之賜，原子彈、氫彈、核彈等毀滅性武器推陳出新，威力愈來愈驚人；為提供消費社會大眾龐大的需求，大量開採大自然資源，導致地球不可復原能源之逐漸枯竭，森林大量砍伐殆盡；工業化的結果，造成生態嚴重失衡，有毒廢棄物污染了土地、水源與空氣，造成人體病變；化學肥料、農藥、抗生素等的普遍大量使用，污染了人們食用的蔬菜、水果與肉類食品；全球暖化，海平面升高，沿海城市面臨淹沒之患，影響眾多生計；凡此種種，人類的存在空間與生活品質遭受到史無前例的破壞。

　　科技究竟是福音還是禍端？這是個相當複雜而困難的問題，當然沒有簡單的答案。雖然如此，它卻是一個當代人不可迴避的非常嚴重而急迫的大問題，因為它攸關人類文化與地球文明未來何去何從，也就是攸關人類的前途。

　　早在二十世紀七十年代，經濟學家修馬克（E. F. S. Schumacher，1911-1977）在其晚年（1973）所出版的經典名著《小即是美》（*Small is Beautiful*）一書中，即全面而深刻地反思了這一問題，他歸結由現代科技所形成的現代社會明顯存在三大危機，他說：

> 由現代科技所形成的現代社會發現它同時碰上了三個危機。首先，人類的天性起而反抗那些讓它覺得扼殺人性、減弱人性的不人性的科技、組織與政治型態。其次，支持人類生命的現存環境呻吟頭痛，並出現了部份崩解的跡象。第三，任何對此一議題有充分知識的人都完全清楚：我們在地球之不可復原資源，特別是化石燃料上的進展，已出現了嚴重的瓶頸，而且在可見的將來就會完完全全耗盡它。[2]

關於這三大危機：（一）扼殺人性的科技、組織與政治形態；（二）支持人類生命之生態環境的惡化；（三）地球不可復原資源之逐漸枯竭，

---

[2]　E. F. S. Schumache，李華夏譯，《小即是美》（*Small is Beautiful*），立緒文化事業有限公司，2000，頁 168。

修馬克痛心疾首地直陳，其中「任何一個都可能致我們於死地」[3]，對於人類前途亦不表樂觀，他清楚地指出：

> 奠基在物質主義，也就是在一個有所限制的環境裡，無窮無休的擴張推展的生活型態撐不了多久的，而且它對擴展目標的追求越成功，它的壽命預期也就越短。[4]

針對此攸關人類生死存亡危機的解決方案，根本上存在兩種不同態度的衝突對立：一為前進派，另一為反樸派。[5]前進派主張站在科技至上的立場上尋求解決之道——現代科技沒有什麼不對，只不過還不夠完善，因此需要進一步改良使其完善，即可解決當前危機。反樸派則試圖探索某種新的生活方式，他們深信現代科技發展似乎已走錯了路，必須要重新調整方向，甚至改弦易轍，否則人類將自食惡果。這是攸關地球文明與人類文化未來前途何去何從的關鍵性抉擇。三十多年過去了，修馬克所提的三大危機非但沒有過去，反倒是更加嚴重了，而「發展更好科技」與「改變生活方式」這兩派主張的衝突依然針鋒相對，似乎無解。

科技掛帥可以說是當代世界的主流，科技成為我們社會生活的中心，並成為研究與教育的重點。我們愈來愈依賴科技，碰到問題，我們訴諸科技，要它提供最方便快速的即時解決方案。「緊張焦慮？買一個按摩器吧。事情雜亂無章，買一個個人電子秘書吧。攜帶兒童旅行？買一台遊樂器帶著。住家附近常鬧小偷？裝一套安全系統吧。」[6]這似乎就是我們科技價值的鮮明寫照。但科技的解決方案真是如此無往不利嗎？我們為此所付出的代價值得嗎？

---

[3]　同上。

[4]　同上。

[5]　同上書，頁 177-178。

[6]　John Naisbitt，尹萍譯，《高科技‧高思維》（*High Tech‧High Touch*），時報文化，1999，頁 48。

學術界，亦包括一般社會大眾，處處瀰漫著一種似是而非的「價值中立」（value neutrality）的信念，主張科學研究是客觀中立的，而科學的科技運用也是客觀中立的。但我們不要忘了它們的研究經費來自何處，就不會獨斷地認同此一信念。事實上，科學技術是為某種利益服務的，從而總是淪為權力結構與商業利潤的附庸。同時，力量強大科技的每一次運用都會造成影響深遠的後果，包含好的後果與壞的後果，它根本就不是中性的。彌爾布雷斯（Lester W. Milbrath，1925-）說：

> 我們必須認識，相信科學是價值中立的信念，其實是在蒙蔽自己。抱持這個信念的結果，將使科學落入有錢有勢者之手。我們必須密切注意科學所服務的價值是什麼，並引導科學為社會的最高價值服務。[7]

我們這麼做並不是「反科技」，只是「反思科技」。人類需要科技來改善我們的生活品質，但付出的代價必須是值得的，否則最終反倒是得不償失，也就是說，我們必須嚴肅地去思考存在價值的問題，並在此價值藍圖中進行取捨，安置科技。

關於修馬克所提存在危機的大問題，它絕對不單純只是一個科技的問題，就如前進派分子所說的，好像科技改善了，問題也就解決了。以改善科技來解決科技不良所導致的惡，難道不會進一步產生令人意想不到的棘手問題，然後我們再發展科技來解決這些問題，這會不會只是一個惡性循環。這些危機其根本實質上可能是一個價值觀的問題，正如修馬克所指出的：「奠基在物質主義，也就是在一個有所限制的環境裡，無窮無休的擴張推展的生活型態」這樣價值觀指導之下的科技運用，是必須予以深刻檢討的。人類必須有一番心靈的覺醒，價值的轉化，引導生活方式的改變，否則無法真正解決此一問題。

---

[7] Lester W. Milbrath，*Envisioning A Sustainable Society: Learning Our Way Out*，鄭曉時譯，《不再寂靜的春天》，天下文化，1994，頁141。

此外，科技基本上是人類意志一種力量強大的展演方式，它壓根上就是人類中心主義的，乃為人類的利益而服務。以下即先就此價值觀進行反思。

三、人類中心主義：價值的反思

一般而言，「人類中心主義」一詞具有三層不同的意義：認識論意義、生物學意義與價值論意義。[8]認識論意義上的人類中心主義是說：人所提出的任何一種道德論述，都是人根據自己的思考所得，均屬人的道德。生物學意義上的人類中心主義則謂：人是生物，它必然要維護自己生命的存在、發展與繁衍；在生物的邏輯中，蜜蜂以蜜蜂為中心，大象以大象為中心，而人自然以人為中心。價值論意義上的人類中心主義主張：人的利益是道德原則唯一的焦點，人是唯一的道德代理人、道德顧客，只有人有資格獲得道德關懷；也只有人具有內在的價值，其它的存在物都只具有工具價值，其存在價值只在於對人有利。

「認識論意義上的人類中心主義」是無法反對的，因為任何一種反人類中心主義的觀點都是人類思考的結果，均是屬人的，反對認識論意義上的人類中心主義在思考邏輯上是自相矛盾的。「生物學意義上的人類中心主義」則是反對不了的，因為任何一種道德如果不利於人類生命的存在、發展與繁衍，那是無意義的，因此，反對生物學意義上的人類中心主義實屬荒謬。以人類利益為唯一道德考量的「價值論意義上的人類中心主義」則是有待商榷的，這也是我們所反思的人類中心主義，並由此提出道家思考的回應。

回顧中國文化傳統，儒家雖講親親仁民而愛物，但根本上仍是以人為中心的主張。《論語‧鄉黨》中記載：

8　參見何懷宏主編，《生態倫理——精神資源與哲學基礎》，河北大學出版社，2002，頁 360-361。

廄焚。子退朝，曰：「傷人乎？」不問馬。[9]

馬廄遭祝融之災而不問是否傷馬，鄭玄注曰：「重人賤畜也。」馬廄失火，人的生命比作為乘騎負重工具之馬的生命更為貴重，孔子關心的是人而不是馬。後世儒者或以為問人不問馬有失聖人仁民愛物之心，聖人豈獨仁於人而不仁於馬？故以「不」字應屬上句，讀作「曰：『傷人乎不？』問馬。」或解之為「曰：『傷人乎？』『不。』問馬。」即先問是否傷人後，若無，再問是否傷馬。此固不失儒家由人及物仁民愛物之心，但無論如何斷文釋義，如何彰顯儒家愛物之心，其價值仍是以人類為中心的差別之愛。《論語・雍也》中孔子曰：

> 夫仁者，己欲立而立人，己欲達而達人。[10]

仁人君子是儒家教化的最高目標，孔子所欲立、欲達的對象還是人，並不及於其它存在。後來之孟子雖有及物愛物之論，如其所言：

> 數罟不入洿池，魚鱉不可勝食也；斧斤以時入山林，材木不可勝用也。[11]

但這基本上並非出於對這些存在物的道德關懷，究其實還在於為了人類自身獲取更長遠、更大的利益，「不可勝食」、「不可勝用」，一切仍是以人類之利益為終極考量點。清朝詩人袁枚因而有「此非愛物，正所以愛人也。懼魚之不繁，將不足於食」之評論。[12]

　　就人類中心論者而言，萬物乃是為了人類的利益而存在的，它們只有工具價值，對人有用就有其價值，離開了人也就一無是處。這種人類唯我獨尊的思想，藉助科技的力量得到更惡劣的發展，肆無忌憚

---

[9] 楊伯峻，《論語譯注》，中華書局，2000 十五刷，頁 105。

[10] 同上，頁 65。

[11] 〈梁惠王章句上〉，楊伯峻，《孟子譯注》，中華書局，2000 十二刷，頁 5。

[12] 袁枚，〈愛物說〉，《小倉房文集》卷二十二，《袁枚全集》，江蘇古籍出版社，1993，第二冊，頁 373。

地支配自然、宰制萬物，造成今日觸目可見的惡果，生態失衡、環境汙染、資源匱乏、森林浩劫、物種滅絕⋯⋯。

四、道中心主義：道家的回應

道家的非人類中心主義立場在《呂氏春秋》中所記載的一個「荊人遺弓」的事件中表現無遺：

> 荊人有遺弓者，而不肯索。曰：「荊人遺之，荊人得之，又何索焉？」孔子聞之曰：「去其『荊』字而可矣。」老聃聞之曰：「去其『人』而可矣。」故老聃則至公矣。[13]

荊人對自己同胞一視同仁，丟了弓，一點也不在意，因為「荊人遺之，荊人得之」；孔子則要求去掉「荊」字，將愛擴及於「人」而不只是「荊人」；老子更盡一步要求去掉「人」字，泛愛萬物，視萬物為一體，是故《呂氏春秋》讚其至公。《道德經》云：

> 天地不仁，以萬物為芻狗；聖人不仁，以百姓為芻狗。[14]

王弼注曰：「天地任自然，無為無造，萬物自相治理，故不仁也。仁者必造立施化，有恩有為。」河上公亦注曰：「天地施化，不以仁恩，任自然也。」天道無私，普化而無親。「不仁」非指無動於衷麻木不仁之義，實為無有偏愛之私恩的一視同仁，不仁之仁是謂萬物一體之大仁，即《呂氏春秋》所稱至公之義。老子以道觀之，去除人類中心主義的立場，泛愛萬物無所偏私，一任天道自然，無棄人亦無棄物，這是道家「道中心主義」的思想。

「道」字在老子《道德經》各種完整版本中都出現七十多次。[15]基於語言符號的歧義性，同一「道」字在不同語境中有其不同的脈絡意

---

[13] 《呂氏春秋》卷第一〈重己〉，《新編諸子集成》（七），台北世界書局，1991，頁 8。

[14] 陳鼓應，《老子註釋及評介》，中華書局，2003 九刷，頁 78。

義。[16]不過，老子其實還以一種特殊的方式來使用「道」這個字，也就是，「道」這個字是老子用來指點視之不可見、聽之不可聞、搏之不可得、幽微深遠不可名狀、恍惚杳冥之天地萬物本根的一種勉強使用的名稱。老子言：

> 有物混成，先天地生。寂兮寥兮，獨立而不改，周行而不殆，可以為天下母。吾不知其名，強字之曰道，強為之名曰大。（二十五章）

> 道之為物，惟恍惟惚。惚兮恍兮，其中有象；恍兮惚兮，其中有物。窈兮冥兮，其中有精；其精甚真，其中有信。（二十一章）

> 視之不見，名曰夷；聽之不聞，名曰希；搏之不得，名曰微。此三者不可致詰，故混而為一。其上不皦，其下不昧，繩繩兮不可名，復歸於無物。是謂無狀之狀，無物之象，是謂恍惚。（十四章）

作為天下母的道，並不是有形有象可稱名指涉之具體事物。道本無名，只能勉強「字之曰道，強為之名曰大。」「大」是用來形容道之至大無外，無限深遠廣大之義，故亦可稱之為「大道」。作為天下母的大道，雖是視聽搏俱不可得、混而為一、繩繩不可名之物，然確是一真實的存在，只不過其存在狀態是夷希微，一種無狀之狀，無物之象，恍惚窈冥之存在。天地萬物都是從這恍惚窈冥的大道中所化生，故道為天下母。

老子言道，依《道德經》中所示，老子提到「道」、「大道」、「天之道」、「天道」、「人之道」、「聖人之道」等名稱。因道是「有物混成」「混而為一」之物，本文以為「道」、「大道」、「天之道」、「天道」

---

[15]　參見劉笑敢，《老子古今》（上卷），中國社會科學出版社，2006，頁725。

[16]　陳鼓應先生對此有一詳盡的分析，請參看其〈老子哲學系統的形成〉一文，收於《老子註釋及評介》，中華書局，2003 九刷，頁13-29。

等皆是指道之不同文字符號，異名而同指一實。「人之道」，或稱「人道」，是人所行之道。人所行之道，有合於天道者，亦有不合於天道者。合於天道之人道，稱為「聖人之道」；不合於天道之人道，則為一般之人道，就稱之為「人之道」。[17]老子之道論實即分為「天道」與「人道」兩部分。[18]「天道」所指為「本體義的道」，即以道為天地萬物之本根。「人道」則是人在生活中的行為表現，這些行為或可透過修道的與道合真而合乎天道，或者因為不修道、不知道而違反天之道。

天人之分的道論，莊子繼承之並做出更詳盡的闡述，其言曰：

> 夫道有情有信，無為無形；可傳而不可受，可得而不可見；自本自根，未有天地，自古以固存；神鬼神帝，生天生地；在太極之先而不為高，在六極之下而不為深，先天地生而不為久，長於上古而不為老。(〈大宗師〉) [19]

道是真實的存在，是可得不可見，無為無形之物，先天地生自古以固存，而生天生地，乃天地萬物之本源：「夫道於大不終，於小不遺，故萬物備。廣廣乎其無不容也，淵淵乎其不可測也。」(〈天道〉)道為天地萬物之本源，化生天地萬物，無所不包亦深不可測。此外，莊子亦言：「道者萬物之所由也。庶物失之者死，得之者生。為事逆之則敗，順之則成。」(〈漁父〉)由此看來，本體義的道，不僅構成

---

[17] 《道德經》七十七章：「天之道，損有餘而補不足；人之道，則不然，損不足以奉有餘。」此以「天之道」、「人之道」對舉，很明顯「人之道」即指不合天道之人道，乃不同於合乎天道之「聖人之道」。

[18] 莊子言：「何謂道？有天道，有人道。」(〈在宥〉)一般以莊子為老子思想之最佳闡揚者，本文在此所析，乃合於莊子對道的區分。

[19] 對於此段莊子體道的陳述文字，嚴復先生曾經指出：「自『夫道』以下數百言，皆頌歎道妙之詞，然是莊文最無內心處，不必深加研究。」(轉引自陳鼓應，《莊子今注今譯》，北京中華書局，1983，頁182。)關於道，莊子謂：「有真人而後有真知」。本文視莊子為有成就的修道者，這段文字是莊子達到與道合真境界所發之言論，而非只是文學寫作誇大渲染的頌歎之言。嚴復「最無內心處，不必深加研究」之論，失之偏狹，並不足取。

了一切**存在之源**，而且也展現為**存在之序**。[20]莊子即言：「語道而非其序者，非其道也。」（〈天道〉）此存在之序即表現為天地萬物「本然之性」，也就是「天性」，是為天地萬物存在之規律，此乃「循道而趨」。因此，「天地固有常矣，日月固有明矣，星辰固有列矣，禽獸固有群矣，樹木固有立矣。……循道而趨，已至矣！」（〈天道〉）天地萬物皆具秉道而有的常然本真之性，人為萬物之一亦然，能法天貴真者，莊子謂之「真人」，反之便是「倒置之民」。

荀子評論莊子之思想曰：「莊子蔽於天而不知人。」[21]其義是說莊子知天不知人，荀子所謂「不知人」是指莊子忽視了人及其存在價值。[22]然而若進一步深入考察，將發現莊子究其實是要確立人真正的存在價值，只不過他是以一種與儒家不同的方式──「明於天以知人」，來確立人的存在價值。莊子即言：「古之明大道者，先明天而道德次之，道德已明而仁義次之。」（〈天道〉）天人相比，莊子確實是重天而輕人，主張「無以人滅天」（〈秋水〉），但非荀子所言「蔽於天而不知人」。莊子亦言：「知天之所為，知人之所為，至矣。」（〈大宗師〉）「不厭其天，不忽於人。」（〈達生〉）只不過莊子之所重乃「天人不相勝」之「天人合一」：「其一也一，其不一也一。其一與天為徒，其不一以人為徒，天與人不相勝也，是之謂真人。」（〈大宗師〉）依此，莊子可以反駁荀子而作出評論：「荀子蔽於人而不知天」。[23]

何謂天？何謂人？莊子做了如下之界定：

---

20 參見楊國榮，《莊子的思想世界》，北京大學出版社，2006，頁78。
21 唐楊倞注，清王先謙集解，《荀子集解》，〈解蔽篇第二十一〉，新篇諸子集成（二），世界書局，1991，頁262。
22 參見楊國榮，《莊子的思想世界》，北京大學出版社，2006，頁20。
23 事實上，荀子對莊子的批評是不相應的，因為二人對「天」之理解，其內涵並不相同。荀子的「天」是指不受人們好惡之情所左右的自然現象及其變化，其言：「天行有常，不為堯存，不為桀亡。」（〈天論〉）其義與莊子之「天」相去甚遠。熊十力先生說：「荀卿可謂深知莊子者。」（《讀經示要》，中國人民大學出版社，2006，頁158。）實是錯誤的論斷。

> 牛馬四足，是謂天；落馬首，穿牛鼻，是謂人。故曰：無以人
> 滅天……，謹守而勿失，是為反其真。(〈秋水〉)

這裡的「天」是指存在的規定性而言，它具體表現為事物的本然之
性，即一般所稱之「天性」或「天真」；它不僅構成了牛馬這一類
對象的本然狀態，而且也體現於人：人的本真規定便以這一意義上
的天為內涵。[24]相對於「事物本然之性」的天，這裡的「人」所指
的就是破壞了事物本然之性的狀態。此「天人之分」之義，〈馬蹄〉
中言：「馬，蹄可以踐霜雪，毛可以禦風寒，翹足而陸，此馬之真
性。」馬此本真之性是「天」；又言：「及至伯樂，曰：『我善治馬。』
燒之、剔之、刻之。連之以羈馽，編之以皁棧，馬之死者十二三矣！」
則為「人」。馬有真性，民有常性，此為「天」；若失去此常然本真
之性，則是「人」，莊子稱之「倒置之民」(〈繕性〉)，而能不以人
滅天之反其常性之真者，莊子謂之「真人」──活出本有天性（天
真）之人。真人「法天貴真」(〈漁父〉)，「以天待之，不以人入天。」
(〈徐無鬼〉)由此，進而可言「天」的另一重要義涵：「無為為之
之謂天」(〈天地〉)，這指的就是與道合真之真人的行為方式：順應
常然真性而行，「盡其所受乎天」(〈應帝王〉)，「任其性命之情而已」
(〈駢拇〉)，成玄英即注曰：「無為為之，率性而動也。」率性而動
之「性」即上面所言之常然真性。莊子自己也說：「無為，天德而
已矣。」(〈天地〉)合於天德之無為，而後能「安其性命之情」(〈在
宥〉)，這才是人生之正道。而那些以物易性，失性於俗，無法率性
而動者，那就是違真背道失於本性的「倒置之民」。此不以人滅天
之無為，在莊子關於「以己養養鳥」之寓言中有非常具象而傳神的
描述：

> 昔者海鳥止於魯郊，魯侯御而觴之於廟，奏九韶以為樂，具太
> 牢以為膳。鳥乃眩視憂悲，不敢食一臠，不敢飲一杯，三日而

---

[24] 參見楊國榮，同上注書，頁 33-34。

> 死。此以己養養鳥也，非以鳥養養鳥也。夫以鳥養養鳥者，宜
> 栖之深林，遊之壇陸，浮之江湖，食之鰍鰷，隨行列而止，委
> 蛇而處。（〈至樂〉）

魯侯對待海鳥，「觴之於廟，奏九韶以為樂，具太牢以為膳」，這是以
人滅天之「以己養養鳥」；「栖之深林，遊之壇陸，浮之江湖，食之鰍
鰷，隨行列而止，委蛇而處」才是依天順性之「以鳥養養鳥」。這是
莊子非常明確的「天人之分」，而莊子本人也是不以人滅天，循天之
理，動而以天行的身體力行者，這在莊子堅拒楚王之禮聘一事上表露
無遺。

> 莊子釣於濮水。楚王使大夫二人往先焉，曰：「願以境內累矣！」
> 莊子持竿不顧，曰：「吾聞楚有神龜，死已三千歲矣。王巾笥
> 而藏之廟堂之上。此龜者，寧其死為骨而貴乎？寧其生而曳尾
> 於塗中乎？」二大夫曰：「寧生而曳尾塗中。」莊子曰：「往矣！
> 吾將曳尾於塗中。」（〈秋水〉）

龜曳尾於塗中是為「天」，龜死巾笥藏之廟堂之上奉為神，此為「人」。
社會大位，有權、有名、有利，一般大眾莫不趨之若鶩，這是莊子「天
下莫不以物易其性」之慨歎：「小人則以身殉利，士則以身殉名，大
夫則以身殉家，聖人則以身殉天下。故此數子者，事業不同，名聲異
號，其於傷性以身相殉，一也。」[25]（〈駢拇〉）莊子則是很明確地堅
持其「捨人就天」之原則，寧生而曳尾塗中，也不傷性以身相殉於名
位，此「有道者所以異於俗者也」（〈讓王〉）。

　　當以人滅天，破壞了事物本然之性的狀態，就會導致生命的不幸
與敗亡：澤雉畜於樊中即無精打采；續鳧脛之短則憂，斷鶴脛之長則
悲；伯樂之治馬，則馬之死者十二三；以人養養鳥，則鳥乃眩視憂悲，
不敢食一臠，不敢飲一杯，三日而死。失性之為生之害，此義在「渾

---

[25] 此傷性以身相殉天下之「聖人」，很明顯是指儒家之聖人，而非與道合真之道
　　家聖人。

沌開竅」的寓言中，莊子已經很明白地指出此不幸的後果，這也是人類中心主義價值觀所造成的惡果。

五、觀天之道執天之行：法道自然天人合一

老子觀天之道，體悟大道的體現有幾個重要的特性：道最重要的一個特性就是「**自然無為**」，這也就是說，老子所說的道不是一個有意志的主宰天，道的生天生地生萬物乃是自然而然的過程，而不是一個有意志有目的的創造。老子言：「道大，天大，地大，人亦大。域中有四大，而人居其一焉。人法地，地法天，天法道，道法自然。」（二十五章）河上公註：「道性自然，無所法也。」[26]吳澄註：「道之所以為大，以其自然，非道之外別有自然也。」[27]老子所謂「自然」，就是自然而然，正如河上公所言，道的本性就是自然。而所謂的「無為」，其實就是順其自然之義，並非如字面上望文生義所示的無所作為。「無為」一詞常與「無不為」連用，老子言：「道常無為而無不為。」（三十七章）道生天生地生萬物的無所不為，也只是順其自然，自然而然的過程，沒有一絲一毫意志干擾的勉強造作，這就是無為。「自然無為」可以說是道最根本的特性。

自然無為大道的第二個特性是「**虛靜**」。老子言：「道沖而用之，或不盈。淵兮似萬物之宗。」（四章）「沖」，古字為「盅」，訓義為虛。[28]老子又言：「天地之間，其猶橐籥乎！虛而不屈，動而愈出。」（五章）橐籥或解為二器，橐為冶工鼓風以鑄鐵之器物，籥為樂工所用之籥管吹氣出音之器；或解為一器，冶鑄所以吹風炙火之器，猶今之風箱。以天地為橐籥，乃喻道虛而有大用。道的存在狀態是虛，此虛絕非空無所有，却是「虛而不屈」的狀態。老子還用谷來形容道之

---

[26] 《老子道德經河上公章句》，王卡點校，中華書局，1997 二刷，頁 103。

[27] 吳澄，《道德真經註》，轉引自陳鼓應《老子註譯及評介》，中華書局，2003 九刷，頁 168。

[28] 參見陳鼓應，《老子註譯及評介》，中華書局，2003 九刷，頁 75。

虛：「谷神不死，是謂玄牝。玄牝之門，是謂天地根。綿綿若存，用之不勤。」（六章）嚴復註曰：「以其虛，故曰谷；以其因應無窮，故稱神；以其不屈愈出，故曰不死。」[29]因道之為虛，才能用之不竭，而有萬物之生生不息。生生不息的萬物來自虛無大道，最終也要回歸一切存在根源之虛無狀態，老子言：「夫物芸芸，各復歸其根。歸根曰靜，靜曰復命。復命曰常。」（十六章）萬物皆要歸根復命，回歸自然，這就是老子所說的「靜」，而靜是常道、正道，老子即說：「清靜為天下正。」（四十五章）此即道經《黃帝陰符經》所說：「自然之道靜。」[30]

自然無為虛靜大道的第三個特性是「**處下不爭**」。老子常以水喻道，如說：「上善若水，水善利萬物而不爭，處眾人之所惡，故幾於道。」（八章）又說：「譬道之在天下，猶川谷之於江海。」（三十二章）、「江海之所以能為百谷王者，以其善下之，故能為百谷王。」（六十六章）所言皆說道不爭之德。大道善利萬物處下不爭，故能「萬物恃之以生而不辭，功成而不有。衣養萬物而不為主，……萬物歸焉而不為主。」（三十四章）此即老子所言：「功遂身退，天之道也。」（九章）

大道之善利萬物，也不是一個有意志有目的的作為，它依然只是自然無為。這就衍生出大道的第四個特性：「**無親不仁**」，這是指道之善利萬物是沒有任何偏私獨愛，不仁非麻木不仁，而是一視同仁。老子言：「天地不仁，以萬物為芻狗。」（五章）、「天地相合，以降甘露，民莫之令而自均。」（三十二章）、「天道無親」（七十九章），皆是此義。「無親不仁」此一特性，究其實不過是「自然無為」特性之引申義。

---

29 嚴復，《老子道得經評點》，轉引自陳鼓應《老子註譯及評介》，中華書局，2003九刷，頁85。

30 張果注解，《黃帝陰符經》，收於張君房纂輯，蔣力生等校注，《雲笈七籤》卷十五〈三洞經教部・經〉，華夏出版社，1996，頁86。

天道雖無親不仁，却善利萬物：「天之道，利而不害。」（八十一章）然天道之利而不害，則是就整體之**和諧平衡**而說。老子即言：「天之道，損有餘而補不足。」（七十七章）若天道善利萬物利而不害，如何對萬物有「損」而言損有餘而補不足？此於義不通。道生萬物，萬物之存在乃處於一種和諧的狀態，老子言：「道生一，一生二，二生三，三生萬物。萬物負陰而抱陽，沖氣以為和。」（四十二章）道生萬物，萬物之所以存在，是因為陰陽二氣處於一種和諧的狀態，物物皆是，萬物整體亦然。若破壞或違反了這種和諧的狀態（失道），萬物的存在也就難以維持了（「不道早已」（三十章））。

道家的道中心主義，要求人們「觀天之道，執天之行」，亦即依天道以行人事。既觀天道「自然無為」、「虛靜」、「處下不爭」、「無親不仁」與「和諧平衡」，進而就要執天之行，即吾人依所觀之天道在人事中的實踐問題，依老子之義，有以下幾個要點：

（一）為道日損→自然無為

「自然無為」可說是修道的總目標，為此老子提出了「為道日損」的修道總原則。老子言：「為學日益，為道日損。損之又損，以至於無為。」（四十八章）河上公註曰：「學謂政教禮樂之學也。日益者，情欲文飾日以益多。道謂自然之道。日損者，情欲文飾日以消損。」[31] 憨山註云：「為學者，增長知見，故日益。為道者，克去情欲，墮形泯智，故日損。」[32] 蕭天石解：「為學所以求知，故日益。為道所以去妄，故日損。」[33] 為學這種人間事業，無論是河上公所謂的「政教禮樂之學」，還是增長知見的「求知之學」，它總是日益積累增進的過程。但為道這種修道之事，却是日益減損的逆反過程。修道之所損，乃日損其一己情欲妄念之造作，損之又損，以至於反璞歸真的合道自然，即老子所謂的「復歸於嬰兒，復歸於無極，復歸於樸」（二十八章）

---

[31] 《老子道德經河上公章句》，王卡點校，中華書局，1997 二刷，頁 186。

[32] 《老子道德經憨山註》，新文豐出版公司，2004 五刷，頁 108。

[33] 蕭天石，《道德經聖解》，自由出版社，2003，頁 324。

的生命狀態。聖人以此治世行事就是「輔萬物之自然而不敢為」（六十四章），亦即不以個人意志妄作干預，讓百姓自然順性地化育發展。老子說：「道常無為而無不為，侯王若能守之，萬物將自化。」（三十七章），又說：「我無為，而民自化；我好靜，而民自正；我無事，而民自富；我無欲，而民自樸。」（五十七章）好靜、無事、無欲都是無為的具體內涵，為政者若能無為，人民將自化、自正、自富、自樸，天下自然安定和諧。

（二）滌除玄鑒→致虛守靜

致虛守靜可視為「為道日損」的具體功夫，依此用功，勤行不斷，自然能復歸於嬰兒、復歸於無極、復歸於樸，「嬰兒」、「無極」、「樸」都是老子用來形容返本復初與道渾一之虛靜境界。這是老子的「**虛心之教**」，透過「滌除玄鑒」（十章）的功夫，盡除心中情欲妄念等心垢，達到虛靜清明的境界，即能觀復知常，體道合真而沒身不殆。修道功夫的此一過程，恰與一般人之心馳向外相逆反，因為「五色令人目盲；五音令人耳聾；五味令人口爽；馳騁畋獵，令人心發狂；難得之貨，令人行妨」（十二章），所以日損情欲之虛心功夫，就是要掃盡心中不知足之貪欲，最後達到合道自然之恬淡素樸的生命狀態，如此方是長生久視之道。一味向外追求物欲之滿足則使人心神外馳，精力耗散，長此以往，「物壯則老，是謂不道，不道早已。」（三十章）

（三）不敢為天下先→處下不爭

天道處下不爭，故「聖人之道，為而不爭。」（八十一章）此不爭之德乃表現為「功成而弗居」（二章）、「後其身、外其身」（七章）、「不為大」（六十三章）、「下民、後民」（六十六章）、「不敢為天下先」（六十七章）。雖然後其身外其身會得到身先身存的結果，不為大終能成其大，不爭最終會達到天下莫能與之爭的結果，但這種種表現並不是以退為進的心機，或是欲擒故縱的謀略，反倒是虛而能容之大度量與功成弗居之無私襟懷的展現。

（四）以百性心為心→無親不仁

天道無親不仁，善利萬物而無所偏私，聖人體道之自然無為，亦應如是：「天地不仁，以萬物為芻狗；聖人不仁，以百姓為芻狗。」（五章）這無親不仁並不是說六親不認麻木不仁，而是指不私心用事、私意妄為，故泛愛眾，而無所偏私，一視同仁。「無私」（七章）、「以百姓心為心」（四十九章）、「慈」（六十七章）等，都是此功夫的具體表現。

（五）儉嗇知足→和諧平衡

老子言：「天之道損有餘而補不足。」（七十七章）聖人體道而行，亦應維持生命之和諧平衡，方能像天長地久般長生久視。這是老子「虛心實腹、儉嗇知足」之教，也就是除了滿足生命中的基本需求之外，盡除心中不知足之貪欲，以一種知足儉嗇的方式生活。老子強烈地告誡人們：「禍莫大於不知足，咎莫大於欲得。」（四十六章）不知足欲得的心，必定會為生命帶來禍患。吾人於生活中，追求五色、五音、五味、馳騁畋獵，尚賢（名），貴難得之貨（利），最後導致老子所說的：目盲、耳聾、口爽、心狂、爭名、盜利等，凡此種種皆是害生之舉。因此老子要人們「見素抱樸，少私寡欲。」（十九章）「去甚、去奢、去泰」（二十九章），最後達到合道自然之恬淡素樸的和諧生命狀態。這樣的生命狀態與一般人是相當不同的，正如老子自己所言：「眾人熙熙，如享太牢，如春登台。我獨泊兮其未兆，如嬰兒之未孩。」（二十章）達到這樣的生命狀態，也就是老子所謂的「深根固柢，長生久視之道。」（五十九章）

道家不像儒家是以人類作為中心來安頓人的存在，而是以道為中心，以道觀之、萬物一體的立場，提供人們安身立命之道。人們若能確實貫徹「觀天之道，執天之行」，則能上達天人合一的生命境界，而在人世間過著一種理想的生活方式。

六、理想的生活方式：小國寡民／至德之世

　　道家的理想生活方式，老子表述為一種「小國寡民」的社會生活型態：

> 小國寡民，使有什伯之器而不用，使民重死而不遠徙。雖有舟輿，無所乘之。雖有甲兵，無所陳之。使人復結繩而用之。甘其食，美其服，安其居，樂其俗。鄰國相望，雞犬之聲相聞，民至老死，不相往來。（八十章）

老子所描述的「小國寡民」，有人認為是大反文明，開歷史的倒車，要人們過一種原始社會的生活。[34]有人則認為是對現實政治不滿所虛構出的烏托邦。[35]或者認為這是老子直陳其政治理想的社會情境。[36]以上諸說各言其理，似皆有可取之處。然基於老子法道自然、虛心實腹之基本教義，其所述之「小國寡民」，既非開歷史文明倒車的原始社會，不是虛幻不實的烏托邦，也不是對理想政治制度的建構。「小國寡民」只是依天道以行人道，如魚相忘於江湖般知足自在的生活方式。「小國寡民」之說並非反文明[37]，而是在反思文明有所止而自覺地向自然簡樸生活的回歸。《道德經》第五十七章提到：

---

[34] 李澤厚謂此為人像動物一般生活的原始社會，是處於危亡階段的氏族貴族把往古回憶作為理想來救命的表現。（《中國古代思想史論》，北京人民出版社，1985，頁 90-91。）白壽彝認為，小國寡民，是對原始社會的嚮往，是要人們退回到草昧未開的洪荒之世。（《中國通史》第一卷，上海人民出版社，1989，頁 275。）

[35] 陳鼓應說：「『小國寡民』乃是基於對現實的不滿而在當時散落農村生活基礎上所購幻出來的『桃花源』式的烏托邦。」（《老子註釋及評介》，北京中華書局，2003 九刷，頁 360。）

[36] 蔣錫昌說：「本章乃老子自言其理想國之治績也。蓋老子治國，以無為為唯一政策，以人人能『甘其食，美其服，安其居，樂其俗』為最後之目的。其政策固消極，其目的則積極。」（《老子校詁》，上海商務印書館，1937，頁 464。）

[37] 若說老子「小國寡民」之說為反文明之論，經文中何以提及「有什伯之器」、

> 民多利器，國家滋昏；人多伎巧，奇物滋起；法令滋彰，盜賊
> 多有。

利器、伎巧、法令皆為人類知識與文明進步的成果，這給人類社會生活帶來秩序、便利與舒適。但人類私知與科技文明無節制的過度使用，導致天人關係的緊張，破壞和諧從而引發混亂。莊子說：

> 夫弓弩畢弋機變之知多，則鳥亂於上矣；鉤餌網罟罾笱之知
> 多，則魚亂於水矣；削格羅落罝罘之知多，則獸亂於澤矣；知
> 詐漸毒頡滑堅白解垢同異之變多，則俗惑於辯矣。（〈胠篋〉）

這種破壞天人和諧所造成的失性之亂，即是違反天道自然的必然後果。《道德經》第十二章即言：

> 五色令人目盲，五音令人耳聾，五味令人口爽，馳騁畋獵令人
> 心發狂，難得之貨令人行妨。

老子諄諄告誡人們：「禍莫大於不知足，咎莫大於欲得。」（四十六章）不知足貪得無厭的心，必定會為生命帶來禍患。人們再生活中，追求五色、五音、五味、馳騁畋獵，尚賢（名），貴難得之貨（利），最後導致老子所說的：目盲、耳聾、口爽、心狂、爭名、盜利等，凡此種種皆是適得其反的過度之舉。因此老子要人們「見素抱樸，少私寡欲」（十九章）、「去甚、去奢、去泰」（二十九章），過一種合道自然之恬淡素樸的和諧生活，這一理想就是老子所說的「小國寡民」。「小國寡民」正是在文明反思之後心靈自覺地回歸合道自然、知足儉樸的生活方式，人人「甘其食，美其服，安其居，樂其俗」。莊子將老子的「小國寡民」讚頌為「至德之世」：

「有舟輿」、「有甲兵」，這些難道不是文明之物？老子之重點在於「使有什伯之器而不用」、「雖有舟輿，無所乘之」、「雖有甲兵，無所陳之」，是對文明有所止的反思，而非反文明。

> 當是時也，民結繩而用之，甘其食，美其服，樂其俗，安其居，鄰國相望，雞狗之音相聞，民至老死而不相往來。若此之時，則至治已。（〈胠篋〉）

在〈馬蹄〉一文中，莊子對「至德之世」有進一步的描寫：

> 當是時也，山無蹊隧，澤無舟梁；萬物群生，連屬其鄉；禽獸成群，草木遂長。是故禽獸可係羈而遊，鳥鵲之巢可攀援而闚。夫至德之世，同與禽獸居，族與萬物並，惡乎知君子小人哉！同乎無知，其德不離；同乎無欲，是謂素樸；素樸而民性得矣。

莊子所述「至德之世」，實彰顯天人和諧、萬物一體之理想境界。

七、結語：綠滿窗前草不除

生物學家卡森女士（R. Carson，1907-1944）在其經典名著《寂靜的春天》（*Silent Spring*）一書的結語中談到：

> 「控制自然」這個詞是一個妄自尊大的想像產物，是當生物學和哲學還處於低級幼稚階段時的產物，當時人們設想中的「控制自然」就是要大自然為人們的方便有利而存在。[38]

這是卡森女士在長期考察 DDT 這種科技產物對環境造成嚴重污染之後，所作出的批判性結論。卡森女士 1962 年的論斷，在經過半個世紀之後，人類依然妄自尊大，藉由更先進的科技去實現人們短視近利的慾望滿足，不顧下一代子孫、其它物種、生態環境，從而加速了地球資源的消耗，嚴重破壞生態的平衡，造成物種的大量滅絕，這些都是當代人類所遭逢的災難，從而影響人們對幸福的追求。

---

[38] 《寂靜的春天》，吉林人民出版社，2004 三刷，頁 263。

人們期盼從科技中尋求幸福，到頭來卻從中獲得不幸。在此科技當道的時代中，科技給人們帶來許多的便利，但也失去了一些珍貴的東西：純樸真誠的人性、休閒安樂的心情、甚至賴以維生的生態環境。

當代人類對自然的態度與破壞性的行為，根源於人類對物質無限需求的思想文化、社會生活方式。而生態危機則源於生態系統的有限承載力，無以支撐人類無窮慾望的持續發展。物質的滿足是幸福的基礎，但他並不等於幸福。當人們透過所謂科技的進步，擁有愈來愈多的物質財富，生活水準愈來愈高，但每天感到心情愉快之幸福感的時間卻愈來愈短。幸福似乎不直接來自於科技的進步，它另有根源，顏淵簞食瓢飲居陋巷而不改其樂，孔子飯疏食飲水曲肱而枕卻樂在其中，其義甚明。

宋儒程顥有詩云：「綠滿窗前草不除」，窗前望去，諸君所見，究竟是漫爛叢生的雜草，還是生機盎然的綠意？心境不同，所見自異。若無價值的轉化，心靈的提升，則難致其功。

針對人類當前的存在危機，解決之道不在發展更好的科技，而是要有心靈的覺醒，價值的轉化，導致生活方式的改變，否則人類將陷入惡性循環，無法得到救贖。

善終與生死超越：天帝教的臨終關懷

> 道德之修養，不但為人生在世時之必要條件，更為人生自救其
> 靈魂及永恆生命之不二法門。
>
> ——《新境界》

一、引言：死生事大

在《佛說魔逆經》中，須深天子問了文殊菩薩一個根本的大問題：
「以何所生，佛興於世？」[1]究其實，諸佛世尊無非為一大事因緣故，
出現於世。就此「一大事因緣」，《法華經》中佛告舍利弗云：

> 舍利弗！云何名為諸佛世尊唯以一大事因緣故，出現於世？諸
> 佛世尊欲令眾生開佛知見，使得清淨故，出現於世；欲示眾生
> 佛之知見故，出現於世；欲令眾生悟佛知見故，出現於世；欲
> 令眾生入佛知見故，出現於世。舍利弗！是為諸佛以一大事因
> 緣故，出現於世。[2]

《法華經》號稱「諸經之王」[3]，「是諸如來第一之說，於諸說中最為
甚深」[4]，依經文所說，諸佛示現世間之大事因緣即在於為芸芸眾生開、
示、悟、入佛之知見，其目的皆為度脫眾生，超越生死輪迴。諸佛如
來所演一切經典，根本旨意皆是如此，佛所說《法華經》亦復如是，「能

---

[1]　西晉三藏竺法護譯，《佛說魔逆經》，台南：和裕出版社，2002，頁53。

[2]　《法華經》，〈方便品第二〉。

[3]　《法華經》，〈法師品第十〉。

[4]　《法華經》，〈安樂行品第十四〉。

令眾生，離一切苦、一切病痛，能解一切生死之縛。」[5]亦即超越生死，解脫輪迴。明憨山大師對此義蘊有深刻的體悟而論之甚切，其云：

> 從上古人出家，本為生死大事。即佛祖出世，亦特為開示此事而已。非於生死外別有佛法，非於佛法外別有生死。所謂迷之則生死始，悟之則輪迴息。是知古人參求，只在生死路頭討端的、求究竟。[6]

憨山大師直言，佛祖之出世，也就是為眾生開示悟入此生死大事，此亦所以清徹悟大師有「沙門者，學死者也」之說。[7]

道經《鍾呂傳道集》一書開卷〈論真仙第一〉中，呂洞賓開宗明義地問其師曰：

> 人之生也，安而不病，壯而不老，生而不死，何道可致如此？[8]

又求問其師：「念生死事大，敢望以不病不死之理，指教於貧儒可乎？」[9]鍾離權告之曰：

> 人生欲免墮於輪迴，不入於異類軀殼，當使其身無病老死苦，頂天立地，負陰抱陽而為人，勿使為鬼。人中修取仙，仙中升取天。[10]

人首先要頂天立地做人，再則積極修煉成仙，再進而昇天做天仙，就能不病、不老、不死、不苦，才不會變成鬼而再度墮入輪迴。「人中修取仙，仙中升取天」即是鍾離權祖師所揭示徹底解決生死大事的修持法門。人有生、長、病、老、死之生命歷程，唯修持仙道，得道成仙，則可安而不病、壯而不老，甚至於可以生而不死，究竟安頓生死，

---

[5]　《法華經》，〈藥王菩薩本事品第二十三〉。
[6]　明憨山大師，《夢遊集》卷三〈示妙湛座主〉，台南：和裕出版社，2000。
[7]　《徹悟大師遺集》卷中〈紅螺普同塔說〉，世樺國際股份有限公司，2000，頁59。
[8]　丁福保編，《道藏精華錄》（第三卷），北京：北京圖書館出版社，2005，頁275。
[9]　丁福保編，《道藏精華錄》（第三卷），北京：北京圖書館出版社，2005，頁276。
[10]　同上註。

而非解決一時之安樂憂苦。呂純陽祖師扶乩降筆所演之道書《純陽三書・枕中書》中亦言：

> 凡人在世，莫大於「生死」二字。生死者，自天子至庶人皆然，故須修道。修道則脫輪迴，超生死，回光返無，以至於極，化現變遷，順情而動。[11]

修道成仙就是玄門脫輪迴超生死安頓生死之究竟法門。

天帝教精神教育的主要目的，在追求宇宙人生的究竟。[12]天帝教教義《新境界》就在於闡明宇宙人生的究竟。闡明宇宙人生的究竟，終極而言，其目的是要安頓吾人生命之究竟問題，亦即了斷生死。修道的目的就是要了斷生死。[13]而「法華上乘昊天心法」就是上帝安排了斷生死的捷徑。[14]李玉階先生有言：

> 地球上自有人類以來，大家所關心而得不到究竟的問題，是生命的來源、生命的歸屬、生命的究竟為何？歸結起來就是生與死的問題。凡是生物都是必生必滅，這是宇宙造化的原理。有生有死，死而復生，是一個輪迴，一個究竟，所以生死是一件大事。而天帝教就是要告訴同奮，生從哪裡來？死到哪裡去的生命究竟。[15]

要言之，天帝教之終極關懷在於藉由靜坐修道究竟解決生死問題，其最後目的是「從肉體生命創造精神生命回歸宇宙生命」[16]。

究竟解決生死安頓的問題即是臨終關懷的核心精神。

---

[11] 董沛文主編，陳全林編校，《新編呂洞賓真人丹道全書》，北京：團結出版社，2009，頁1026。

[12] 《師語》，頁227。

[13] 《帝教法華上乘昊天心法》，頁224。或參見《師語》，頁139。

[14] 《宇宙應元妙法至寶》，頁71。

[15] 《涵靜老人言論集》（一），帝教出版社，2005，頁231。

[16] 《涵靜老人天命之路》（三），民國七十一年七月十八日日記，台北：帝教出版有限公司，2009，頁235-236。

二、「臨終關懷」釋義：醫學與宗教

不論死亡是否就是人生在世存有的最終歸宿，臨終乃是每個生命必經之路，之後結束一切或者進入另一個天地。「臨終關懷」所揭示的是「尊重生活、安頓死亡」的生命關懷。

現代醫學的進步，克服了許多疾病對人類生命的威脅，但終究克服不了在世存有之最終的歸宿──死亡。尤其面對不可治癒之患者，任何的醫療措施對他而言，雖然能夠藉由人工維生系統延長其生命（prolonging life），讓他活得久一點，但究其實不過是延長生命個體死亡的過程（prolonging dying），讓他延後死亡罷了。嚴肅地面對此一問題，現代醫學乃產生了「典範的轉移」（paradigm shift），即以治癒（cure）為中心轉移為以關懷（care）為中心。這種不以疾病治癒為目標的臨終關懷（terminal care）新典範，具體地落實在日益受到重視的安寧療護（hospice）運動上。世界衛生組織（WHO）對「安寧療護」做了如下的界定：

> 對治癒性治療已無反應及利益的末期病患之整體積極的照顧，此時給予病人疼痛控制及其它症狀的緩解，再加心理層面、社會層面，及靈性層面的照顧更為重要。安寧療護的目標是協助病患及家屬獲得最佳的生活品質。[17]

此定義精要地勾畫出現代醫學臨終關懷的根本內涵，不再把病患的死亡視為醫學上的挫敗，而是將死亡視為生命自然過程的一部份，既不以積極安樂死的方式加速其死亡，也不需無意義地延長其死亡的過程，更不是束手無策地任其坐以待斃的等死。相反地，它所強調的是一種死亡過程中的生活品質[18]，透過積極性的生理痛苦的緩解，提供

---

[17] 轉引自柏木哲夫著，曹玉人譯，《用最好的方式向生命揮別──臨終照顧與安寧療護》，台北：方智出版社，2000，趙可式推薦序〈重新將醫學帶回人性的安寧療護〉，頁4。

[18] 參見楊克平等合著，《安寧與緩和療護學：概念與實務》，台北：偉華書局有

病患心理與靈性上的平安，以協助其達到優質死亡的善終（dying well / good death）。此之謂「醫學上的臨終關懷」。

宗教是追求了生脫死的信仰，有其深刻的安頓生死智慧，亦有其不同於「醫學上的臨終關懷」之獨特的臨終關懷實踐，於此故稱之為「宗教上的臨終關懷」。

在醫學臨床上，一個有病將死之人，稱為「瀕死病人」（dying patient）。醫學上的臨終關懷，即是針對這些瀕死病人的安寧療護，透過積極性的生理痛苦的緩解，提供病患心理與靈性上的平安，以協助其達到優質死亡的善終。這種醫學上的臨終關懷，我們可稱之為「狹義的臨終關懷」。相對於此，宗教上的臨終關懷則可名之為「廣義的臨終關懷」。

活著（living）是我們當下存在的實況，「人生在世皆有一死」此一命題所表述的是死亡的必然性。此不可避免的死亡揭示了我們有一天將不再活著，死亡是生命存在不可逾越的關卡，是肉體生命的終點，無一人可以倖免。然而真正的根本實相卻是：人們打從出生之日起即一步一步地趨向此死亡終點，也就是說，人是向死的存在。更透徹地說，活著即死去（living is dying），死亡不僅是生命的終結，根本上就是生命的本質，德國哲學家舍勒（Max Scheler，1874-1928）指出：

> 每一種生命（包括我們自己）經驗的本質都包含著這樣一點，即：這種經驗具有指向死的方向。死屬於那種形式和結構，在其中被給予我們的只是每一種生命，我們自己的生命以及其它各種生命，以及內在的和外在的生命。死不是一個偶而添加到個別心理或生理程序的形象上的架構，而是一個屬於形象本身的架構，沒有它，就沒有生命的形象了。[19]

限公司，1999，頁 31。

[19] Max Scheler, *Tod, Fortleben und Gottesidee*, 孫周興譯，《死、永生、上帝》，漢語基督教文化研究所，1996，頁 20-21。

依上所論，事實上，每一個活著的人本質上都是「瀕死的人」（dying person），活著即死去，只不過無致命之病在身而已，故不同於「瀕死病人」。同樣重要的事實是，我們對此必有的一死，卻一點也無法預料它何時、何地、會以何種方式降臨到我們頭上。此「死亡的不可測性」所彰顯的就是「生命的無常」。就因生命無常，所以在心理上隨時必須有死亡的準備，而非到了病危臨命終時方關切死亡的到來，臨渴掘井，終不濟事，這是「廣義的臨終關懷」之基本內涵。不同於狹義臨終關懷之針對瀕死病人，廣義的臨終關懷就成了死亡之前終生的修持，宗教上之臨終關懷要求人們用其一生的準備來安頓死亡—活得有意義，死得有尊嚴、很平安。安頓死亡實即確立人生存在的生命價值而活出意義，此即宗教臨終關懷之核心精神。

　　活著與死亡都是神聖莊嚴的人生大事，二者同樣是生命的重要階段，乃人人必經的歷程，有生必有死，死後還復生，大化流行永不止息。宗教上之臨終關懷即是對此生死不息之人生的根本珍惜與尊重，期盼帶給存在的生命真正神聖莊嚴的價值，那是生命止於至善的究極圓滿。

三、生生死死命不息：天帝教的生死觀

　　「狹義臨終關懷」的根本目的在使瀕死者得到善終，在醫學安寧療護上，此一目的體現為：透過積極性地緩解通苦，而達到死亡前之美好的生命品質，讓瀕死者了無遺憾而有尊嚴地走到生命的盡頭。醫學所抱持的是「一世的生命觀」，生命根本上只是從生到死之間的有限歷程，既無前世也無來生，而痛苦是生命美好品質最大的致命傷，為了避免瀕死者有痛不欲生之感，痛苦的緩解就成了安寧療護最初的著力點，進而提供病患心理與靈性上的平安，以協助其達到優質死亡的善終。然而，問題是：「一世的生命觀」就是人類生命存在的真相嗎？

　　生死的本質問題乃是人類文明史上一個永恆的追問，死亡究竟是斷滅還是斷續？此一問題是一難解的大困惑。人生在世，皆有一死，更確切地說，肉體生命的結束，這個皆有的一死可稱之為「身死」（bodily death）。此一身死的必然性（inevitability）與不確定性

（uncertainty），是生命中的兩項基本實相，無可置疑。然而，身死之後呢？身死是否就是「人死」（human death）？亦即人們生命的全然結束？就如燈滅火熄，一了百了，與草木同朽，最後化為白骨一堆，別無他物？或者是，身死並非等同於人死？身死只是肉體的消解，人的生命以一種不具肉體的形式依然持續著，仍有其意識、知覺，不斷流轉？

「一世的生命觀」其背後的基本假設就是「死亡結束一切」（Death ends all）的斷滅論。當我還活著時，死亡就不存在；而當我死時，我也不存在了。死亡是生命最後的終點，生命中的一切隨著死亡的到來就全部結束了。社會學家伊里亞斯（N. Elias）即明白地直述「死亡是每一個人絕對的結束」[20]：

> 死亡不能打開任何的一扇時空之門。死亡其實只是一個人生命的盡頭。[21]

死亡結束生命一切的絕對斷滅論，在根本上否定了死後生命存在的可能性。然而，回顧人類存在的生活軌跡，許多考古人類學上的發現顯示了「死亡不是存在的結束，人死後以某種生命形式繼續存在」的信念，有其相當悠久的歷史。更重要的事實是，死後生命的信仰構成人類宗教傳統中相當重要的一部份，在這些信仰中，死亡是一種過渡，從現世的肉體生命向另一世界中不同形式生命的轉換通道，而不是個體存在的全然滅絕。神學家巴特漢（P. Badham）說：

> 死後生命的信仰可以說幾乎是一切宗教的共同點之一，……它構成了其信仰結構中的一個核心部分。[22]

宗教哲學家鮑克（J. Bowker）更指出：

---

[20] N. Elias，李松根譯，《當代臨終者的孤寂感》，
http://dlearn.ndhu.edu.tw/sync/commu/doc1/臨終孤寂.htm，頁 16。

[21] 同上註，頁 22。

[22] P. Badham, "*Death and Immortality: Toward a Global Synthesis*", in *Beyond Death: Theological and Philosophical Reflections on Life After Death,* Edited by D. Cohn-sherbok & C. Lewis, Macmillan, 1995, p.119。

死後生命的信仰是整個宗教事業的起源與力量所在。[23]

依此信仰結構，死亡並非斷滅—生命的絕對終結，而是斷續—生命的形式轉換，此世肉體生命隨著死亡之斷，而進入死後延續的生命世界，這是宗教上「非一世的生命觀」。天帝教之生命觀即屬非一世的型態：「人類的死亡並非一種斷滅，而是今生與來生之間的中介過程。」[24]死亡是人在此世一生的終點，但非生命的結束，而是另一期生命的起點，修行之持續。

依天帝教教義，人的生命由和子（精神、性靈）與電子（物質、軀體）所構成，而死亡就是和子與電子之分離，人死（身體死亡）之後即成和子之存在狀態，隨即進入靈的境界（靈界）。所謂「靈界」，即生物逝世後所進入之無形的境界也。[25]。在無形靈界之和子基於相應的因緣條件再度與電子結合，而構成另一期的生命存在。宇宙之生命存在即在和子與電子的聚散離合中生滅不息。以下依生命之開端、生命之結束、死前迴光返照與死後生命之流轉概述天帝教之生死觀。[26]

（一）生命的開端

世間一切生命的開端，均是經由和子引合電子之公律而自然發生。和子與電子的結合即構成生命之存在，和子必須等到其所憑藉的物質歸於毀滅，始得脫離而復歸於自由和子的基本型態，人類之生死即受此公律之支配。

生命的開端，亦即和子與電子的正式引合，是發生在嬰兒初出母胎之時。當是時，胎兒已具備一切生理之形質，有男有女，有強有弱，

---

[23] J. Bowker, *The Meanings of Death*, Cambridge University Press, 1993, p.5.

[24] 〈生死輪迴之探討〉，《天人文化新探討（第一集）》（第一部），天帝教天人研究總院，1996，頁 7。

[25] 《新境界》，頁 69。

[26] 以下所述之觀點均奠基在教義《新境界》與上聖高真的聖訓侍文《天人文化新探討》、《天人文化聖訓輯錄》之綜合理解上，其中多所引用之文字，為避免繁瑣使行文流暢，除有需要進一步說明外，不另行作註。

均係基於其所自遺傳而來之電子組成關係。唯此時胎兒尚只是一個靜電體（陰電），故能異引陽電性之和子。在嬰兒初出母胎之時，即將其附近廣三立方丈垂直以內之和子經由頂門引入其大腦之中（以先入者為主），其中百分之九十藏於大腦，百分之十分佈全身。這種結合乃屬不可逆之流程，而後該被引入之和子遂成為該生命之主宰而行使其權威，直至該生命之死亡方止。

人類在世存有的生命即在和子與電子引合之瞬間形成，由於和子與電子同時受到強大電力相引之影響，以致於和子在旋入人腦的松果體時，和子內部的 X 原素即刻發生變化，會將累世輪迴中所學習到的經驗與記憶部分阻斷，僅存留前世或累世的部份和子餘習，主宰該電子體此生的生理遺傳機序，形成獨特的個體生命氣息與人格特徵。[27]

（二）生命的結束

人類生命的結束，主要是和子與電子產生相斥的結果。此結果可區分為兩種不同的型態：其一，人至年老時，由於人體中被陰電子所充滿，和子再無容身之地，遂被排出肉體之外，即為生命之結束；其二，亦可能有和子在電子體內，一旦受到強烈痛苦或刺激，頓時飛離肉體之外，無法重返肉體，亦是生命之結束。前者稱為「自然死亡」，後者則是「非自然死亡」或稱「意外死亡」。

人類生命的結束，由於和子和電子體均同時受到強大電力相斥的影響，和子在脫離人腦松果體時，內部的 X 原素立即發生變化，會先將此生所學到的經驗與記憶部份，瞬間進入和子的魂識知覺部

---

[27] X 原素乃構成和子成分的重要元素之一，代表某種性靈意識，具有意欲之功能，亦能保持其知覺與智慧，故和子自有其繼續發展之能力，因此和子之提升發展即構成整個臨終關懷之基點。關於和子與電子引合之際 X 原素會將累世輪迴中所學習到的經驗與記憶部分阻斷，僅存留前世或累世的部份和子餘習此一問題，至於阻斷那些？留存那些？又為何是這些？均有待進一步之探究。

份[28]，而後該和子依照內在意識導向及內聚能量的高低，配合偶然論或因果論之大自然秩序，進行下一次輪迴的淨化作業與轉世準備。

（三）死前的返照

人的生命在即將結束之前，由於電子體內陰電子增加，使得和子力與電子力之間形成電力相斥現象，此一相斥的力量如果已經達到可以影響到和子中的 X 原素與電質部份，X 原素與電質因而也會發生和能凝聚等變化。對整體生命現象而言，這是指當人瀕臨死亡狀態時，和子會脫離電子體，僅留少部份 HO、OO 精華於電子體，然後該和子進入類似時光隧道之中，進行初步的心靈洗煉與意識回溯過程，在其間解讀該和子此生所負有的任務與使命。如果該和子審視到此生尚未完成其應有的任務，則該和子此時所散發出來的光能不同於此一類似時光隧道的光能頻譜，該和子即無法持續停留在此類似時光隧道中，必須回到原來的地方，因而再度進入電子體中，表現出返照的現象。

這種返照現象的敘述，與學界對瀕死經驗（near-death-experiences，NDEs）研究之論斷有不謀而合的共通之處。[29]「瀕死經驗」一詞首見於慕迪（Raymond A. Moody）《來生》（*Life after Life*）一書，慕迪將自古即有的這類經驗，正式納入科學研究的範疇，並賦予它正式的名稱。[30]慕迪用這個詞指謂那些「經醫師認為、判定或宣佈臨床死亡後卻救回者的經驗」、或「因意外、重傷或重病而幾近死

---

[28] 和子之意識包含四個不同的層面：意識、靈識、靈覺與魂識。魂識是和子最深或最高的意識狀態。（參見《第四期高教師資班聖訓》）

[29] 然二者之間有一最大的不同：返照現象乃是暫時性的回到人間，那是和子返回機能殘敗之電子體所產生猶如曇花一現的生機，接著就會完全脫離電子體，進入真正的死亡。而瀕死經驗的當事者在重返人間之後，仍有很長一段的生命存在，直到下一次真正的死亡。

[30] 雷蒙‧慕迪是醫學博士及哲學博士，他被譽為瀕死經驗研究之父，其著作《生命之後》（*Life after Life*，1976）被奉為瀕死經驗研究的規臬。葛瑞雷（Andrew Greeley）說：慕迪並非發現這些經驗的人，而是加以命名，並藉著這個名，提供後人一個研究的範例。（Raymond A. Moody, *The Light Beyond*, Bantam Books, 1989, p. viii.）

亡者的經驗」、或「臨死之人的經驗」。[31]慕迪發現，心臟停止、重病或重傷而瀕臨死亡的患者常會有一些共通的奇妙經驗，這些經驗似乎超越了不同的宗教信仰、教育和社會背景，而有高度的一致性，他從中歸納了十五個項目，諸如：難以言喻、聽到自己的死訊、愉悅的感覺、噪音、黑暗隧道、離體經驗、遇見他人、見到光體、回顧一生、不可逾越的界線、返回肉體、無法對人訴說、對人生的影響、旁證。[32]

經歷瀕死經驗返照現象之當事者尚未真正死亡，在此過程中最重要的特徵是「進行初步的心靈洗煉與意識回溯過程」，也就是一種生命回顧（life review）的自我審判（self judgement），省察一生使命是否完成。在短暫的返照過程之後，和子完完全全離開電子體，乃進入真正的死亡。

（四）死後生命的流轉

當和子完完全全離開電子體，也就進入真正的死亡，此時和子已無法再返回電子體，全然與人間隔絕而入靈界之中，展開純粹和子狀態的生命流轉。和子在靈界的生命流轉會經歷「靈性意識停滯」、「靈性意識甦醒」、「道德意識審判」、「旋風軌道剝削陰質電子淨化靈性意識」、「與靈系、靈族意識交流」、「靈界考核」等階段。以下分述其過程及重要性質。

1.靈性意識停滯階段

人在死亡剎那，由於和子內的原素均會發生不等程度的化合作用以及和能凝聚現象，使得和子與電子體之間以一種絕緣性的意識狀態離開電子體，該和子的記憶與知覺部份會失去應有的正常功能，以致該和子的靈性知覺陷於停滯狀態，這種狀態一般說來可達七天之久。

---

[31] R. Moody, *Life after Life*, HarperSanFrancisco, 2001, p.8.

[32] 有關瀕死經驗的詳細論述可參見張燕梅，〈科學時代的宗教如何可能？———瀕死經驗與威廉・詹姆斯的宗教觀〉一文，《宗教哲學》第 44 期，2008 年 6 月，頁 89-112。

2.靈性意識甦醒階段

和子在歷經靈性意識停滯階段之後，其內部持續發生變化，從而進入靈性甦醒階段，一般也會持續大約七天的時間。

在此階段，和子內部原素在死亡剎那所產生的絕緣性化合作用會逐漸獲得解除，但仍有部分化合作用無法解除，致使 X 原素在此時釋放出清明的「悟性」與執著的「癡性」，並以此同時並存的悟性與癡性之連續意識幻化作用，主導處於本階段和子之存在狀態。

此階段之和子意識雖較靈性意識停滯階段清醒，但仍直接受到其內 X 原素悟性與癡性同時並存的影響，不易知曉自己已脫離有形之物質世界成了中陰身狀態，而進入生前功果業力所形成的幻化之境。若執著癡性甚重，則和子全然受到自然定律之支配，這種意識未全然清醒的現象，可能持續到該和子又與另一新的陰電子結合，進行下一世的生命輪迴時方告一段落。但若該和子本身的清明悟性較高，則有能力辨識其所處之幻境，而不致被業境或輪迴的強大旋力所迷惑，則能迅速通過此階段，甚至可直證自由神或以上之位階。

3.道德意識審判階段

和子在經歷靈性意識甦醒階段之後，如該和子尚未得到解脫（即證入自由神或以上之果位），其內部各原素仍持續進行化合反應之變化，使得該和子會經歷一段自我審判此生所有行為與思想的意識回溯過程，此一階段大約在死後第十五天發生。

在此階段和子意識持續變化，要點仍在 X 原素悟性與癡性之特性作用，差別在於：靈性甦醒階段乃二者並存之狀況，在道德意識審判階段則轉變為以其中之一為主體，繼續不斷地與其它原素產生化合作用，此化合作用會將該和子於此生所學習到的知識經驗與善惡念作第一階段的淨化與貯存。

此階段之和子意識狀態可分為兩類：

(1) 以悟性為主體，帶動其它原素進行連續性化合反應。此時之和子業已醒悟並接受死亡事實，不再執著生前一切，亦不願再輪迴轉世，因而能在意識回溯過程中快速自我檢思，有利於進一步之意識淨化歷程。

(2) 以癡性為主體，帶動其它原素進行連續性化合反應。由於和子癡性做主，無法醒悟接受死亡事實，執著生前所有並有再度輪迴轉世之想法。這種意欲轉世的癡性執念，將大大影響下一次輪迴轉世的學習方向。

4.旋風軌道剝削陰質電子淨化靈性意識階段

在經歷道德意識審判階段之後，大部分和子都會經過旋風軌道剝削陰質電子淨化靈性意識的過程。在此階段的和子意識淨化，依其以悟性或癡性作主而分為兩個不同的方向：

(1) 依悟性引導的和子，因悟性影響和子原有之和能與餘習，在通過旋風軌道淨化過程中會產生欲求解脫之念。此外，基於和子原有之和能與餘習之延續性，將其一生之行為與善惡念不斷擴大，並投射出更多的業影幻相。若和子能因其生前之功德而保持清明悟性，就能破除幻相，脫離中陰身狀態而與更高級的靈系靈族意識交流。若是生前未能積累功德，則只能繼續處於中陰身狀態，或者隨著業力作用轉入以癡性為主體的轉生途徑。生前培功立德之重要性即在此，生前不修，死後即無能為力，任隨業力流轉。生前之修行即在於提升清明悟性，減弱執著癡性。

(2) 依癡性引導的和子，因癡性影響和子原有之和能與餘習，在通過旋風軌道淨化過程中會產生強烈重返人間再度投生的欲念。同時，於和子原有之和能與餘習之延續性，將其一生之行為與善惡念逐漸縮小，終至模糊到無法記憶，並將感應到來生的某些徵兆。此時，若和子生前尚有些功德，還可能

經由較高級靈系、靈族之引導，破除部分迷惑。若生前無功無德，就會被動地捲入輪迴轉世中繼續投胎。

5.與靈系、靈族意識交流階段

和子在經歷道德意識審判階段與旋風軌道剝削陰質電子淨化靈性意識的過程之後，因業力之作用，會再進行與靈系、靈族意識之交流，此過程是另一程序之進一步淨靈作業。此一階段大約發生在死後第二十二天至四十九天期間，甚至可達百日之久。

當和子處在與靈系、靈族意識之交流時，其方向大致可分為三類：

(1) 靈界進修類：此類和子能夠引來高級靈系、靈族意識和力之配合。若和子生前功德極大，其內在和能能階極高，則可經由靈系、靈族和子之引導，直接突破上層天界的復審區域，到達與該和子內在和能相符、意識靈波相仿之靈界層進修。若和子生前功德極大，但其內在和能能階有所不足，也可經由靈系、靈族和子之引導，幫助該和子順利通過各層天界復審區域之考核，到達與該和子內在和能相應之靈界層進修。

(2) 暫享福報類：此類和子能夠引來次高級靈系、靈族意識和力之配合。若和子生前功德甚大，其內在和能能階甚高，則可經由靈系、靈族和子之引導，直接突破次級天界的復審區域，到達與該和子內在和能相符、意識靈波相仿之福報靈界層進修。若和子生前功德甚大，但其內在和能能階仍有所不足，也可經由靈系、靈族和子之引導，輔助該和子順利通過次級天界復審區域之考核，到達與該和子內在和能相應之福報靈界層暫享福報。

(3) 轉世投胎類：此類和子能夠引來普通靈系、靈族意識和力之配合。若和子於生前尚有功德，內在和能能階平平，亦可經由靈系、靈族和子之引導，輔助該和子依序通過輪迴天界之重重複審區域考核，達到與該和子內在和能相符、功德相應之轉生光束中，作投胎轉世前的投生準備。若和子於生前無

功無德，內在和能能階甚低，亦可經由靈系、靈族和子之引導，輔助該和子依序通過輪迴天界之重重複審區域之洗煉，作進一步之淨化，化減強大業力之作用，達到與該和子內在和能相應之轉生光束中，作投胎轉世前的投生準備。

6.靈界考核階段

以上所述乃一般人生命流轉之過程，至於歸屬應元組織系統參與救劫、行劫之和子則有不同的命運。由於生前奮鬥成果不同，在死亡剎那至下一次轉生前所遭遇之情境則有顯著之差異。在死亡初期仍會經歷靈性意識停滯階段，但會得到高級靈系、靈族意識之引導，迅速恢復清醒而進入靈性意識甦醒階段。和子會在此階段稍作停留，一方面淨化內在的靈識污垢，一方面試煉該和子於此生中的道業功夫。與一般人之輪迴轉世不同之處，歸屬應元組織系統參與救劫、行劫之和子，由於得到高級靈系、靈族意識之助力，得以直接跳過道德意識審判階段，通過旋風軌道剋削陰電子，直達所應歸位之天界層中接受考核。在此天界考核階段，各和子將依其生前功德與和能之差異，而面臨境遇各不相同的考核。

（1）天門已開之人

首先接受「是否完成生前任務與使命」的初步考核，考核合格即可至審核和子內在質能的「質能復審區域」，進行質能頻譜考核。考核若不及格（生前任務與使命未了）則有兩種不同結果：（甲）若該和子強烈表示欲重返人間繼續完成任務與使命才回天覆命，則可得高級靈系、靈族意識之助，完成轉世前的淨化作業，以「帶業和子」之身分投胎轉世。（乙）該和子亦可選擇到較低能階的天界層中培靈，以加強魂識能量。等到能量提升之後，再回「質能復審區域」，進行質能頻譜考核。

在「質能復審區域」的考核，亦有兩種結果：（甲）考核及格之和子即可上升至較高天界層中的「淨靈復審區域」，將尚存留在和子

意識內的雜質——淨化。（乙）考核不及格之和子則必須先經過「調靈區域」，強化內在質能，方得以進入「淨靈復審區域」，進行下一步驟之考核。

和子在經歷「淨靈復審區域」之考核後，也有兩種結果：（甲）考核及格之和子即可登入高次元天界層繼續「養靈」，以強化和子內X 原素中悟性部分之功能。（乙）考核不及格之和子則在高級靈系、靈族意識之輔助下，完成轉世前之準備，即以「淨業和子」之身分投胎轉世，行使教化人間之新人生使命，並將以此功德能量提升該和子內在和能能階。

當和子在高次元天界層中養靈完畢後，也有三種不同的發展：（甲）願意重返人間普渡眾生，即以「願力和子」之身分投胎轉世，以行使教化人間的新願力與人生使命。（乙）願意留在天界層中持續養靈提升內在和能，得以進入更高天界層繼續精進。（丙）願意接受天界之指派擔任神職，即依所領受之司職任務，直接在無形中參與應元組織系統之應化作業。

（2）天門未開之人

由於此類和子內在和能能階較低，因此大部分將會先經由低能階天界層所設置的考核機構，如廿字講堂，啟開存藏於該和子魂識部份的功德能量，一旦開啟即可轉入所應回天覆命的天界層內進行檢視生前使命的考核，接著之歷程大致與前述天門已開之人相似，唯有兩處不同：（甲）此類和子一旦在「質能復審區域」考核不及格，大都願意以「帶業和子」的身分轉世投胎。（乙）此類和子若在「質能復審區域」通過考核而進入高次元天界層養靈，再養靈完畢後，絕大部分會選擇留在天界擔任神職一段時間後，才願意以「願力和子」之身分轉世投胎。

（3）修封靈有成就之人

由於此類和子內在和能能階甚高，因此無需經由生前使命以及「質能復審區域」之考核，而直接進達「淨靈復審區域」中作靈體淨

化，之後隨即進入高次元天界層進行養靈。養靈完畢後如前述天門已
開之人亦可有三類發展：（甲）轉世投胎類——以極大願力和子之身
分投胎轉世教化人間。（乙）擔任神職類——願意留駐天界擔任神職，
參與無形應元作業。（丙）繼續進修類——留在天界持續養靈，提昇
內在和能能階，不斷精進。

（4）修封靈半途中斷之人

由於此類和子內在和能能階也很高，因此無需經由生前使命之初
步考核，但仍須通過「質能復審區域」之考核，方能達到「淨靈復審
區域」中作進一步之淨化。其中大部分會在淨靈過程之後，願意先以
「淨業和子」之身分轉世到凡塵再歷煉，藉以增長其轉世學習能力。
少部分則在養靈完畢後，轉世之意願返趨淡化，不像修封靈有成就之
人是以極大願力和子之身分投胎轉世普渡眾生。

總結而言，天帝教生死觀之基本內涵：生死即是和子與電子之結
合與分離。電子代表宇宙中一切自然現象中陰性的、靜態的、被動的、
自然的、機械的、無生機的原素。而和子則代表宇宙一切現象中之屬
於陽性的、主動的、自由的、自覺的原素。在生死的舞台上，和子才
是真正的主角，攸關生命之所從來，生命之超越轉化與生命之最終歸
宿。和子乃吾人生命中陽性的、主動的、自由的、自覺的原素，能保
持其知覺與智慧，其存在具有繼續發展之能力，甚至足以凌駕自然律
之支配而逍遙於其拘束之外。[33]這種具有自我奮鬥能力的和子，就是
「神」，也就是不受自然律支配之高級和子之總稱。[34]和子之存在有其
不同等級，從普通和子、自由神、天君、聖、天尊、仙（菩薩）、佛
而至 上帝，共有八級。除 上帝至尊之境界外，其餘各級皆可由人類

---

[33] 《新境界》，頁 57。

[34] 同註 33。此種觀點稱為「第三神論」，乃天帝教核心教義之一，詳細的闡釋請
參見劉見成，《修道成仙：道教的終極關懷》第一章第二十二節，台北：秀威
資訊科技，2010，頁 95-104。

努力奮鬥而修成。[35]普通和子（或稱自由和子）是指沒有奮鬥之和子，有奮鬥之和子，則依其奮鬥之不同程度而有不同之等級，從自由神到仙佛，具有不同的和能能階。各級神類和能能階之等級乃奠基於其功德之高低，是故離惡向善之道德修養，至為關鍵，是為生命存在超越解脫之大重點。《新境界》即言：

> 道德之修養，不但為人生在世時之必要條件，更為人生自救其靈魂及永恆生命之不二法門。[36]

道德之修養，一切操之在我，故「人生之究竟即為自我創造與奮鬥」[37]，此乃個人靈魂之自救，而非上帝恩典的救贖，我命在我不由天，此亦即天帝教「奮鬥的人生觀」之根本精神。

《新境界》言：「人生之性質實與生命之究竟具有密切之關聯」[38]，確實如此。吾人若了知生命之究竟實相，生從何來，死往何處，則在生來死去的存在中自然得以確立安頓人生之作為，有所轉化，更臻聖境。整體之大生命，包括生前、此生與生後，此生之在世存有乃當下之實然，有所從來（生），終歸虛無（死），生生死死，來來去去，而一靈常在。此一常在之性靈意識乃吾人生命之主體，乃宗教上臨極關懷之精神核心。

四、意識進化返帝鄉：天帝教的臨終關懷

適切的臨終關懷實踐必然奠立在生命實相的基礎上，否則一切作為自不相應，僅只是形式上的虛文，雖有心理上的安撫慰藉作用，然而對於生命實質上之超越轉化，終究不過是白做活罷了。宗教上的臨終關懷，其本旨可以說在於使吾人透過死亡證悟生命之實相、臨終之

---

[35] 《新境界》，頁 73-78。
[36] 《新境界》，頁 68。
[37] 同上註。
[38] 《新境界》，頁 67。

過程與死後之趨況，啟發心性真正的覺醒，確立生命存在的終極意義與完美歸宿。其核心精神，要言之，即是以生為本，莊嚴死亡，轉化超越，以得生命之和諧自在與最終安頓。古云：「以銅為鏡，可以正衣冠；以史為鏡，可以明興替；以人為鏡，可以知得失。」而以死為鏡，則可以立道基、積善業、安生命、脫輪迴。

宗教上的臨終關懷自然涵蓋醫學上的臨終關懷，但範圍更加寬廣，而其實質內涵與做法也不相同。在宗教上非一世生命觀的信仰之下，在世存有於臨命終時，面對一期生命存在的終結與另一期生命的開端之關鍵時刻，如何安然度過而有一好的歸趨乃是相當深刻的重大問題。若宗教上的臨終關懷僅僅扣就此一階段之實踐，則只是一種狹義的觀點與做法，雖說此一生死關頭至關重要，但就生命整體而言，仍不周延，尚不究竟。宗教上的臨終關懷實質上是非常廣義的立場，涵蓋了對於整個大生命的全然觀照，包括生活、死亡與死後，如此方得究竟圓滿。

天帝教的宗教理想，扼要言之可歸結為二：一在促使宗教、科學與哲學之結合，探索宇宙最後真相；二在追求宗教大同、世界大同與天人大同之最後最高境界之實現。闡明宇宙人生之究竟與追求宇宙人生的新境界，此即天帝教教義《新境界》的基本精神。天帝教所標舉之「宇宙人生的新境界」，又稱之為「宇宙境界」，此為人生所能追求的最高境界，此境界以「天人合一」、「聖凡平等」為標的。人生既有「宇宙境界」此一最高境界的追求，即凸顯吾人生命自有其超越性的終極關懷，此生命超越之道其最後最高的目標就在於達成「宇宙境界」的宗教理想，這點可以說是天帝教臨終關懷的終極意義所在。

依天帝教教義，人的生命由和子（精神、性靈）與電子（物質、軀體）所構成。在任何物質中，若僅有「電子」而無「和子」，即無生機，即不能成為生物。故「電子」僅表示宇宙中一切自然現象中之一面，即係陰性的、靜態的、被動的、自然的、機械的、無生機的，宇宙間若僅有「電子」而無「和子」，就呈現最單純的自然現象，即動植礦物均無法產生。宇宙間構成物質的另一種最終成分為「和子」，此種原素瀰漫於大空之間，在人體中即是道家之所謂「性靈」；在動

物中即是生命；在礦植物中即是生機。換言之，和子即是代表宇宙一切現象中之屬於陽性的、主動的、自由的、自覺的原素。[39]而死亡就是和子與電子之分離，人死（身體死亡）之後即成和子，隨即進入靈的境界（靈界）。所謂「靈界」，即生物逝世後所進入之無形的境界也。人死之後進入靈界之和子又分兩種，一為自由神，另一為自由和子。自由和子即生前沒有經過修煉之和子，此為一般所稱之「鬼」。因其生前不修，沾染太多因電子，其體沉重，又不合在靈界生存之條件（無功德、無智能，因其不修之故），而淪為飄蕩無常之悲慘命運。自由神則是生前有修之和子，因其有修而所沾染之陰電子較少，體質清輕活潑，得在靈界之中自由飛旋而無所苦，命運大不相同。修道的目的在了斷生死，也就是要在生前培養死後在靈界生存的條件，修行之基礎即在於「當其生前，即陽電勝於陰電。」[40]生前若不修，死後已無能為力，注定輪迴之命運。生前有修死後成自由神者，死後仍得以繼續修持精進，上達更高之境界。[41]

　　就天帝教之宇宙生命觀而言，代表生命現象中之屬於陽性的、主動的、自由的、自覺的原素之「和子」乃攸關吾人生命之本質與究竟問題，自應構成天帝教臨終關懷的核心，而其要點則在和子性靈的提升進化，此即教義《新境界》所高倡「精神的人生觀」的奮鬥之道。因此，天帝教的臨終關懷在實踐上可分為死前、近死／返照與死後三個時間階段的不同層面，雖說生命是連貫而不可分割的整體，但於理上這是性質不同的三種存在狀態。死前乃和子與電子結合之狀態，近死／返照則是和子與電子互相分離而又重回的狀態，而死後則純粹是和子獨存的狀態，三者各不相同，當然在臨終關懷的實踐上自應有其與存在狀態相應的作法，不可一概而論。

---

[39] 《新境界》，頁 15-16。

[40] 同上註，頁 72。

[41] 和子之存在有其不同等級，從普通和子、自由神、天君、聖、天尊、仙（菩薩）、佛而至上帝，共有八級。除上帝至尊之境界外，其餘各級皆可由人類努力奮鬥而修成。參見《新境界》，頁 73-78。

（一）死前階段的臨終關懷

「死前」所指即一般人所熟悉的人們具有肉體的存在狀態，這也就是吾人在世存有的生命現象。此生命現象的發生，是就和子與電子體在結合之剎那所形成之交合狀態而言。[42] 而此生命現象發生之時間點則是在嬰兒初出母胎之時。[43]

人們當其年幼之時，和子與電子之配合較為平衡，因此電子能聽命於和子之節制，人體之感官得以按照正常的時序發展。及其人生漸長之後對於電子之要求與日俱增，雖日有補充，但因消耗過多，至年老之時，由於人體中均為陰電子所充滿，導致和子再無容身之地，遂被排出身體之外，即為吾人生命之結束。

人們之和子因久處身體之中，即染有陰電性，致使其陽電性減弱到不足與相分離身體之陰電相引，而形成同性相排之現象，故一經脫離身體之後便無法再被引入，從而進入靈界成為純粹和子的存在狀態。

一般而言，人身中之電力放射，如產生過多之貪、嗔、癡等感性欲念（屬陰電）時，即直接影響和子原有之陽電性，此即和子之所以與電子共處身體中而無可避免地沾染陰電性，進而導致其陽電性之減弱、衰竭。基於此故，如何維持甚至提升和子之陽電能量位階，避免沾染過多之陰電性而導致能量之耗竭，縱使在離開電子體進入靈界之時亦具備較高之能階，而不至於淪為偶然律支配之自由和子，歸於無常之命運，這可以說是死前階段臨終關懷的基點。

吾人在世存有的生命現象，和子與電子同處一身之內，實為矛盾之統一，其間之對立鬥爭始終不已，直至電子最終達到其最後之勝利，將和子排除在外，而結束此一世之生命現象，此乃生命流轉之不可逆的自然過程。但電子畢竟僅代表生命現象中漫無知覺、盲動的原素，仍在生命現象中具有靈覺主動性之和子的引領之下。不過和子內

42　《天人文化聖訓輯錄》，頁 66。
43　《新境界》，頁 54。

在本身均具有「性」與「欲」的雙重性[44]，吾人之生命若和子領導得宜（即以善之本性為主），則電子亦隨之而趨向於善，但若和子發出惡之意念（即以私欲為主），則電子以為同性來引必更趨於惡。職是之故，和子之存真向善至關重要，《新境界》中言：

> 凡善能把握人生之善性者，則電子沾染較少。蓋和子清輕而活潑，一但脫離其笨重之軀殼必能遠走高飛，不為自然律之引力及風力所制。……反之，如人不善自把握其和子，則必為盲動之電子所佔滿，而逝後沉淪地面，無法遠行，即淪為偶然律之和子而歸於無常之命運。……生前不修，逝後即無能為力，一切唯有服從大自然之支配。由是可見道德之修養，不但為人生在世時之必要條件，更為人生自救其靈魂及永恒生命之不二法門。[45]

所謂「道德的修養」即指離惡向善之彰顯其和子本有之善性。而「生前不修，逝後即無能為力，一切唯有服從大自然之支配」所指則是生前不作道德修養之「自由和子」而言，「自由神」及以上更高位階之和子則否。「自由神」是具有反抗自然之初步能力的和子，亦是「生前便已具備其逝後之生存能力者」[46]。「生前不修，逝後即無能為力」，依此可見，死前臨終關懷之核心要點，也就是要在有生之年即培養死後於靈界中生存的基本條件，至少必須成就「自由神」之位階，而其標準有四：

1.生前有功德於世者。
2.生前有貢獻於人類社會者。
3.忠孝節義者。
4.具有智慧之良善者。[47]

---

[44] 《天人文化新探討》（第一集），頁 18。
[45] 《新境界》，頁 67-68。
[46] 同上註，頁 73。
[47] 同上註，頁 72。

吾人死後欲得為「自由神」之先決條件，端在「當其生前即陽電勝於陰電」，首先必須正心誠意以克盡人道上之職責，成就道德貢獻社會，如此「立功德於世，逝後即為自由神」[48]，此乃在世修行之基本目的。這種培功立德之道德修養，盡在一己之自我奮鬥，有為者亦若是，此純粹為「自力之臨終關懷」—自修自證、自力自救之奮鬥人生觀。

在此階段臨終關懷之基本指導原則可以「先盡人道，再修天道」概括之。任何人道上的缺憾，均有礙天道修持上之圓滿，故「盡人合天」乃其宗旨，其要有二：一在避免沾染陰電之性命雙修，二為能量淨化提升之培功立德。若吾人死前之修持已臻勝境，成就「第三神」[49]，則死後即一步登天，以下所述之進一步臨終關懷自無必要。

（二）近死／返照階段的臨終關懷

一般而言，人在即將結束生命之前，多少都會有某種程度之死亡覺知—即感應到自己即將死亡的意識，此表示和子與電子正逐漸產生相斥作用。此相斥作用會引起臨終者之電子體生理機能的衰退，進而導致其心理、靈性上的焦慮、恐慌與不安。當此之際，臨終者自身若能保持身心平和，將可避免上述結果的發生，而安然地接受將死之事實。

當和子初次脫離電子體進入瀕死經驗而進行生命回顧的自我檢視，此時當事者切勿驚慌，必須冷靜、誠敬地審視自我一生所思所念、所做所為，是否完成此生之使命，如此就能較為舒適地返回電子體，表現出返照現象。

在此階段除了當事人平時修持之自力救濟外，尚可有外在之他力相助，但要注意千萬不要幫倒忙。臨終者之家屬與親朋好友，此時亦切莫驚慌失措或失聲痛哭，徒增臨終者之驚恐與迷惑，而應以誠敬之

---

[48] 同上註，頁 84。

[49] 人生在世，性靈和子藉由電子體修練方式（藉假修真），而不斷提升能量經淨化之後，即可進入較高能階次元空間，成為較具智慧之生命和子。（參見《天人文化聖訓輯錄》，頁 38）

念與臨終者親和，善護其肉體之舒適，亦可持續虔誦經文迴向功德，以助其心理、靈性上之平安，順利通過死亡關卡的生命轉換。

在一般自然死亡之下，常見的主要有衰老、並為與陷入昏迷三種狀態，其性質不盡相同，臨終關懷自應有不同之應對。[50]

1.衰老近死之臨終關懷

隨著生理機能的障礙日增，和子帶動電子體的狀況會愈來愈差，相斥的情況越顯嚴重，漸漸瀕臨二者分離的死亡界線。在此之際的衰老近死者，本身大都能察覺到體內某種異樣的改變在發生且日漸擴大，諸如：

- 腳力、體能忽然驟減；
- 視力、聽力同時顯著退化；
- 記憶力、認知力與辨識力突然失去又突然恢復且反覆發生；
- 時時嗅到自己異於平日的體臭；
- 耳鳴現象愈顯嚴重，偶而甚至聽到異樣的爆炸聲；
- 攬鏡自照剎那間卻看不見自己的臉；
- 時常看見已過世的親朋好友；
- 突然喜好獨處，但有時也會升起莫名其妙的恐慌與不安心緒。

這些現象通常在死亡前半年左右即顯徵兆，而在死前一個月內則特別明顯，但一般人缺乏臨終前之觀念，故此類變化之徵兆常為自己或家人所忽略，徒添人生之遺憾。

值此之際，臨終關懷之要點在於隨時的陪伴照顧，以防意外事故之發生，善持其身體。此外亦應竭盡所能地安撫其恐慌、不安、焦慮、沮喪、憤怒之情緒，並助其完成未了之心願，處理身後事之處理相關

---

[50] 此段內容參見〈對死亡問題的再探討（十二）〉，收於《聖訓輯——第一期傳道傳教使者訓練班聖訓錄》，帝教出版有限公司，2003，頁356-364。

事宜。更重要的應盡量讓當事者保持某種程度的清醒，以助於在逝世時和子較容易通過靈性意識停滯階段。

2.病危近死之臨終關懷

罹患重病病危者之情況除與衰老近死者相同之外，體內還會因此而形成過多的陰電子，大大減弱陽電子的活動能力，嚴重影響內在電子力的放射能力，破壞了原本與和子力相引的平衡關係，因而產生些微魂魄離體的現象，致使病危者呈現精神不易集中，甚至魂不守舍的情況。這些離體的魂魄，有時會在自己病床附近徘徊，有時也會隨處遊蕩，有的甚至也會自行先到地曹參觀或報到。這些徵兆通常在病逝前一個月內發生，而在病逝前一週內最為明顯。

在病危近死的情況下，通常病人不安、恐慌、沮喪等等之心情起伏遠勝於衰老近死者，家屬自應竭盡心力地耐心安撫，絕對避免以不悅之言語刺激病人，盡量保持其情緒之平和。在臨終前，若有需要使用藥物控制病情與穩定心理，也要盡量讓病人保持某種程度的清醒，而有助於在逝世時和子較容易通過靈性意識停滯階段。

3.昏迷近死之臨終關懷

無論受到何種傷害，使得電子體大腦之常態性功能無法運作，陷入昏迷，導致一般所謂的植物人的存在狀態。此時體內和子僅對於電子體一般性的生理機能尚有作用，但對整個大腦之功能運作已無任何主導之能力，形成和子停滯活動的異常變化，因而造成諸多魂魄離體的現象。這些離體的魂魄，有時會經常在自己病床附近逗留，有時也會隨處遊蕩，有的甚至也會自行先到地曹淨靈。這種情況，一般都會持續到該電子體之生命無法維繫之時，方告一段落。

當此之際，雖然昏迷近死者已無法正常地與家屬溝通，表達未了之心願，家屬陪伴在其身旁亦應控制自己之情緒，因已脫體之魂魄經常會逗留病床附近，且對家屬之各種心思、情緒相當敏感，故應特別注意。

　　值此人世將盡歸天之際，臨終者對此塵世俗緣必須有一圓滿的了斷，進入靈界之後得以了無遺憾地專修天道。生者應以虔敬之親和引導，化解臨終者對人世之固執念的牽絆、干擾，助其順利度過此一生命關卡，安然進入另一期生命之開展。切忌表現出不捨之哀泣、無知之失措，徒增臨終者之迷惑與不安。

（三）死後階段的臨終關懷

　　當臨終者經歷短暫的返照現象之後，和子就會完全脫離電子體，肉體生命也就正式宣告死亡，而進入真正死後的狀態。就該和子而言，此際一方面是其與電子組合關係之終結（肉體死亡），但另一方面也是該和子以另一種形態繼續存在的開端（靈體生命）。和子與電子分離之後，已無人身可以藉假修真，但因和子能保有其知覺與智慧，在無形靈界中還能繼續修行，不過必須有特殊的安排才能有此機會，只要環境條件許可，雖無肉體亦可晉升為高級和子，而得生命之超越解脫。是故，在此階段臨終關懷的重點即在於創造此一有利的條件，以下依死後生命流轉所經之不同階段分別敘述之。

1.靈性意識停滯階段

　　一旦進入真正的死亡狀態，此時由於和子內部各原素之變化，至使該和子發生靈性意識停滯現象，一般而言這種狀態可達七天之久。因性靈意識停滯陷入迷亂困惑之期，不知發生何事，故須有人導引。在此階段，家屬親友若能以精誠之念與其親和作導引，則可早日解除此靈性意識停滯狀態，從而進入靈性意識甦醒階段。

2.靈性意識甦醒階段

　　進入靈性意識甦醒階段之和子意識雖較靈性意識停滯狀態時清醒，但仍受到內部 X 原素中悟性與癡性的雙重影響，不易知曉自己已死脫離肉體成中陰身狀態。此時家屬親友亦能以精誠之親和，助其擺脫因癡性影響而執著之幻境，促其醒悟已死之事實。或

經由精誠親力之引導，與該和子清明悟性之和力產生共鳴，加速其醒悟。

3.道德意識審判階段

和子在經歷靈性意識甦醒階段之後，如該和子尚未能證入自由神或以上之果位，該和子會經歷一段回顧一生自我審視的意識回溯過程，此一階段大約在死後第十五天發生。不同於靈性意識甦醒階段悟性、癡性並存共同影響的狀況，在此階段則轉變為以其中之一為主。若以悟性為主，則該和子將可快速通過此階段而有利於進一步之淨靈作用。若以癡性為主，則仍將執迷於業力幻境，未得醒悟，執著生前所有，有再度轉世之念，而重墮輪迴。

4.旋風軌道剝削陰質電子淨化靈性意識階段

在此階段之淨靈作用，亦依以悟性或癡性為主而有不同的發展方向。依悟性引導的和子，若該和子能因其生前之功德而保持清明悟性，就能破除幻相，脫離中陰身狀態而與更高級的靈系靈族意識交流。若是生前未能積累功德，則只能繼續處於中陰身狀態，或者隨著業力作用轉入以癡性為主體的轉生途徑。而依癡性為主之和子，會產生強烈輪迴轉世之念。若該和子生前尚有些功德，還可能經由較高級和子之導引，破除部分迷惑。但若生前無功德，則將依其業力被動地輪迴轉世。

5.與靈系、靈族意識交流階段

能進入與靈系、靈族意識交流階段之和子，基本上生前都能培功立德，因其內在和能能階之高低，從而能夠引來相應之靈系、靈族意識和力之配合，進行另一階序之淨靈作業。在此交流時，依該和子本身生前所建立之功德高低，而有靈界進修、暫時享福與轉世投胎三種發展方向。此一階段大約發生在死後第二十二天至四十九天期間，甚至可達百日之久。

6.靈界考核階段

此為歸屬應元組織參與救劫、行劫之和子的特權，因其生前培功立德之奮鬥，而得到高級靈系、靈族意識之助力，得以直接跳過道德意識審判階段，通過旋風軌道剝削陰電子，直達所應歸位之靈界接受考核。在此，各和子依其生前之功德與內在和能之差異有不同之考核，而有不同之發展：或在靈界繼續進修提昇能階；或以「淨業和子」、「願力和子」之身分投胎轉世，行使教化人間之新人生使命，並將以此功德能量提升該和子內在和能能階；或接受天界之指派擔任神職，即依所領受之司職任務，直接在無形中參與應元組織系統之應化作業；或以極大願力和子之身分乘願轉世度化眾生。

在死後第二十二天起，對於來自家屬親友的祈祝親力與功德迴向，感應已漸趨微弱。此時起發揮作用的是該和子在生前建立功德所積累的內在和能能階高低。天帝教教義強調「生前不修，死後已無能為力」，其更深奧義即在此。[51]

五、結語：善終與生死超越

人生在世，終有一死。死亡是生命存在的終極問題，對此問題可以無知無識，可以故意忽略，可以不去面對，但無法迴避，它是一切生命必經之路。死亡在根本上乃構成生命實相基底的一個究竟環節，要能真正活出生命，就得直面死亡。直面死亡，在宗教上，就是對生命的終極關懷，其核心精神即在於：掌握生命實相，善生善死，得生死兩安之善果，這也是宗教了生死的解脫之道。

---

[51] 「生前不修，死後已無能為力」有兩層涵義：其一，生前不修，在世無功德，死後成自由和子，即完全受自然律之支配而無以自主；其二，在死後第22天起之和子存在狀態，他力已無能為力幫上忙，此時唯生前之功德大小為主導，若生前不修此時已晚。

　　二十世紀偉大的神學家保羅田立克（Paul Tillich，1886-1965）將宗教信仰界定為人類生命的終極關懷（ultimate concern）[52]，那是對整個大生命（相對於生死之間的個體人生）的究問：生從何來？死往何處？活著為何？「在世存有」是吾人生命活著之當下事實，然此生命存在究竟從何而來？又要往那裡去？此生存在又應該做什麼？它追究生命的來源以及最終的歸宿，並在此認知信仰之下而有此世當為不當為的生命評價抉擇與超越轉化。

　　就天帝教教義而言，大化流行，生生不息，人世間之生死現象，不過是單純個體肉體生命的開始與結束，對於性靈和子而言，來來去去，永存流轉。性靈和子的世界即精神的世界，以意識活動為主體。人在此世存有之前與結束之後是同一個性靈主體，肉身有限，一靈常在。但因和子能保持其知覺與智慧，所不同的是，在經此世肉體生命一生歷煉之後，即直接影響和子內部所累積之經驗內涵及其能量階位。是故，把握肉體之有限生命藉假修真及時奮鬥，至關緊要，所謂「生前不修，死後即無能為力」，個人靈魂之自救「操在人生之中，而不在人生之外」[53]，必待生前克盡人道修德立功，方得以培養在逝後靈界生存之條件，經審視淨化之後，且能依其願力繼續修持而層層遞升，上達更高次元之天界，凡此一切若至死後再求補救則為時已晚且無比艱辛。

　　天帝造化，生生不息，性靈和子於生死之間流轉，不斷朝覺性圓滿之至善方向發展。在此生生死死之流轉過程中，實即性靈和子精神生命不斷超越提昇之修圓歷程的展現，終致止於至善—回歸宇宙生命聖凡平等天人大同的圓滿境界，自修自證自圓成，「人生之究竟，即為自我創造與奮鬥」[54]，聖訓云：

---

[52] Paul Tillich, *Theology of Culture*, Oxford University Press, 1959, pp.7-8.

[53] 《新境界》，頁 59。

[54] 同上註，頁 68。

人類，生生死死，死死生生，不斷歷煉修圓之工作，此為了提昇人類的智慧，並藉煆煉人身之和子能與電子能，以期達至更高境界之精神世界，此循環不已之奮鬥過程，譜織出天行健君子以自強不息之人生觀。[55]

故有詩云：

> 生死由來無人免，只緣癡迷難直面；
> 有生有死業不息，修道解脫方功圓。
>
> 生死流轉幾時休，生前不修死後憂；
> 若得行善積功德，中陰有路上瀛洲。
>
> 和子電子聚又離，生生死死命不息；
> 培功立德作功夫，性靈進化上天梯。
>
> 生死事大無常速，至道稀聞更難悟；
> 既得福緣入帝門，真修實煉下功夫。
>
> 天帝造化永不息，生死流轉萬物齊；
> 歷劫修圓虔奮鬥，天人大同合道體。

---

[55] 無量壽佛聖訓，《天人文化聖訓輯錄》，頁 27。

哲學宗教類 AA0020

宗教與生死：宗教哲學論集

作　　者 / 劉見成
責任編輯 / 林泰宏
圖文排版 / 陳宛鈴
封面設計 / 王嵩賀

發 行 人 / 宋政坤
法律顧問 / 毛國樑　律師
印製出版 / 秀威資訊科技股份有限公司
　　　　　114 台北市內湖區瑞光路 76 巷 65 號 1 樓
　　　　　電話：+886-2-2796-3638　傳真：+886-2-2796-1377
　　　　　http://www.showwe.com.tw
劃撥帳號 / 19563868　戶名：秀威資訊科技股份有限公司
　　　　　讀者服務信箱：service@showwe.com.tw
展售門市 / 國家書店（松江門市）
　　　　　104 台北市中山區松江路 209 號 1 樓
　　　　　電話：+886-2-2518-0207　傳真：+886-2-2518-0778
網路訂購 / 秀威網路書店：http://www.bodbooks.tw
　　　　　國家網路書店：http://www.govbooks.com.tw
圖書經銷 / 紅螞蟻圖書有限公司
　　　　　114 台北市內湖區舊宗路二段 121 巷 28、32 號 4 樓
　　　　　電話：+886-2-2795-3656　傳真：+886-2-2795-4100

2011 年 4 月 BOD 一版
定價：400 元
版權所有　翻印必究
本書如有缺頁、破損或裝訂錯誤，請寄回更換

國家圖書館出版品預行編目

宗教與生死：宗教哲學論集 / 劉見成著. -- 一版.
-- 臺北市：秀威資訊科技, 2011.04
面 ； 公分. -- (哲學宗教類 ；AA0020)
BOD 版
ISBN 978-986-221-528-9(平裝)

1. 宗教哲學 2. 文集

210.1107   100003044

讀 者 回 函 卡

感謝您購買本書，為提升服務品質，請填妥以下資料，將讀者回函卡直接寄
回或傳真本公司，收到您的寶貴意見後，我們會收藏記錄及檢討，謝謝！
如您需要了解本公司最新出版書目、購書優惠或企劃活動，歡迎您上網查詢
或下載相關資料：http:// www.showwe.com.tw

您購買的書名：_____

出生日期：_____年_____月_____日

學歷：□高中 (含) 以下　　□大專　　□研究所 (含) 以上

職業：□製造業　□金融業　□資訊業　□軍警　□傳播業　□自由業
　　　□服務業　□公務員　□教職　　□學生　□家管　　□其它_____

購書地點：□網路書店　□實體書店　□書展　□郵購　□贈閱　□其他

您從何得知本書的消息？

　　□網路書店　□實體書店　□網路搜尋　□電子報　□書訊　□雜誌
　　□傳播媒體　□親友推薦　□網站推薦　□部落格　□其他_____

您對本書的評價：(請填代號　1.非常滿意　2.滿意　3.尚可　4.再改進)

　　封面設計_____　版面編排_____　內容_____　文／譯筆_____　價格_____

讀完書後您覺得：

　　□很有收穫　□有收穫　□收穫不多　□沒收穫

對我們的建議：_____

_____

_____

_____

11466
台北市內湖區瑞光路 76 巷 65 號 1 樓

秀威資訊科技股份有限公司　　　收

BOD 數位出版事業部

....

（請沿線對折寄回，謝謝！）

姓　　名：＿＿＿＿＿＿＿＿＿　年齡：＿＿＿＿　性別：□女　□男

郵遞區號：□□□□□

地　　址：＿＿＿＿＿＿＿＿＿＿＿＿＿＿＿＿＿＿＿＿＿＿

聯絡電話：(日)＿＿＿＿＿＿＿＿＿＿　(夜)＿＿＿＿＿＿＿＿＿＿

E-mail：＿＿＿＿＿＿＿＿＿＿＿＿＿＿＿＿＿＿＿＿＿